Writer's Manual

to Accompany

Modelos

An Integrated Approach for Proficiency in Spanish

Agnes L. Dimitriou
University of California, Berkeley

Juan A. Sempere Martínez
San Jose State University, California

Frances M. Sweeney
Saint Mary's College of California

PEARSON
Education

Upper Saddle River, NJ 07458

Publisher: Phil Miller
Senior Acquisitions Editor: Bob Hemmer
Assistant Director of Production: Mary Rottino
Assistant Editor: Meriel Martinez
Executive Marketing Manager: Eileen B. Moran
Editorial and Production Supervision: Kelly Mulligan/Carlisle Publishers Services
Prepress and Manufacturing Asst. Manager: Mary Ann Gloriande
Prepress and Manufacturing Buyer: Camille Tesoriero
Editorial Assistant: Peter Ramsey
Cover Design: Kiwi Design

This book was set Sabon by Carlisle Communications, Ltd. It was printed and bound by Bradford & Bigelow. The cover was printed by Bradford & Bigelow.

© 2003 by Pearson Education, Inc.
Upper Saddle River, New Jersey 07458

Printed in the United States of America
10 9 8 7 6

ISBN 0-13-032404-3

Pearson Education LTD., London
Pearson Education Australia PTY. Limited, Sydney
Pearson Education Singapore Pte. Ltd.
Pearson Education North Asia Ltd., Hong Kong
Pearson Education Canada, Ltd., Toronto
Pearson Educación de Mexico, S.A. de C.V.
Pearson Education—Japan, Tokyo
Pearson Education Malaysia Pte. Ltd.
Pearson Education, Upper Saddle River, New Jersey

CONTENIDO

Capítulo **1**

¿Yo, autor/a? Definiciones y espejos

Gramática:
- el tiempo presente indicativo
- los adjetivos

Redacción:
- crear la clave editorial
- leer para editar
- la nota de evaluación

Gramática

I. El presente de indicativo

Los tiempos del presente en español cumplen la misma función que en inglés. No obstante, hay algunas particularidades que deben tenerse en cuenta. (En el apéndice hay formas de los tiempos del presente y de los verbos irregulares.) Las formas de los verbos regulares son:

Verbos en -AR		Verbos en -ER		Verbos en -IR	
-o	-amos	-o	-emos	-o	-imos
-as	-áis	-es	-éis	-es	-ís
-a	-an	-e	-en	-e	-en

1. En español el presente se puede usar para indicar acciones futuras:

   Mañana salgo para México.

   Tomorrow I leave for Mexico.

   Te mando la transferencia bancaria al mes que viene.

   I'll send you the bank transfer next month.

   Si me doy prisa, acabo el proyecto en un año.

   If I hurry, I'll finish the project in one year.

2. El presente del español contrasta a menudo con acciones para las cuales se necesitaría el presente progresivo en inglés:

Este semestre estudio cálculo.

This semester I'm taking calculus.

Ya se duerme el niño.

The child is already falling asleep.

3. Para hechos que se iniciaron en un pasado y cuyo efecto continúa se utiliza el presente en español pero el pretérito perfecto en inglés:

Vivo en los Estados Unidos desde hace diecisiete años.

I have lived in the United States for seventeen years.

Asisto a esta universidad desde el año pasado.

I have been attending this university since last year.

4. En acciones no terminadas en las que el inglés utiliza *almost* y el español **casi, por poco, de a poco,** el español emplea el presente y el inglés el pretérito:

Casi me caigo.

I almost fell.

Por poco marca un gol.

He almost scored a goal.

5. En acciones apenas terminadas el español usa **acabar de + infinitivo,** mientras en inglés se requiere el pretérito perfecto:

Acabo de escribirles una carta a mis padres.

I have just written a letter to my parents.

Acaban de llegar los invitados.

The guests have just arrived.

6. Otros contrastes aparecen en los siguientes casos idiomáticos:

¿Apunto el ejercicio en la pizarra?

Shall I write the exercise on the blackboard?

¿Vamos a visitarlos mañana?

Should we go to visit them tomorrow?

El coche no se mueve.

The car won't budge.

Por el contrario, el inglés utiliza el presente en sugerencias cuando el español emplearía el imperativo o el presente de subjuntivo:

¡Vuelve a la derecha en el próximo semáforo!

You want to turn right at the next traffic light.

Más vale que no compres esa basura.

You don't want to buy that junk.

Algunas formas son irregulares solamente en la primera persona del singular:

conozco, ofrezco, agradezco, introduzco, traduzco (de verbos en -cer y -cir).

tengo, digo, valgo, salgo, traigo, oigo, pongo, hago, quepo, sé, doy, soy (de **tener, decir, valer, salir, traer, oír, poner, hacer, caber, saber, dar, ser**).

7. El tiempo presente (*present tense*) en español se usa en situaciones que el hablante considera como actuales o como habituales y en sugerencias.

ACTUAL: Ahora son las tres de la tarde.

It's three now in the afternoon.

HABITUAL: Todos los días escribo en mi diario.

Every day I write in my diary.

SUGERENCIA: ¿Me llevas al estadio?

Will you take me to the stadium?

8. El presente en español puede tener también significado de futuro usado con una proyección hacia una acción posterior (normalmente con un adverbio que indica futuro).

Después voy de compras.

Afterwards, I'm going shopping.

Más tarde me reúno con mis amigos.

Later I'm going to meet my friends.

Mañana salgo de viaje.

Tomorrow I leave on a trip.

9. El presente progresivo coincide con el uso del inglés en general:

Estoy comiendo ahora.

I am eating now.

10. No obstante, en español no se usa el presente progresivo para acciones en el futuro.

El mes que viene viajaré/viajo a México.

Next month I'm travelling to Mexico.

Ejercicios

A. Completa las oraciones con la forma apropiada del verbo en presente.

A veces yo (1)_____ (ir) a los baratillos—*flea markets*—y a las ventas de garajes. Yo no

(2)_____ (conocer) a mucha gente a la que le guste levantarse a las seis de la mañana los

fines de semana, pero es la única manera de encontrar gangas—*good deals*—. Normalmente, yo

no (3)_____ (tener) mucho tiempo y sólo (4)_____ (yo/estar) un par de horas en

los baratillos. Me gusta comprar ropa de los años sesenta, pues yo ya no (5)_____ (caber)

en la que usaba cuando era joven.

B. Completa las oraciones con la forma adecuada del presente de indicativo:

(1)_____ (yo/tener) 20 años y yo (2)_____ (yo/estudiar) español. En

clase (3)_____ (nosotros/aprender) mucho, pero la profesora siempre

(4)_____ (ella/decir) que (5)_____ (nosotros/deber) practicar también fuera de la clase. (6)_____ (yo/creer) que eso es cierto. Hoy, por ejemplo, (7)_____ (yo/ir) a ver una obra de teatro en español. No (8)_____ (yo/conocer) al autor ni (9)_____ (yo/saber) de qué se trata. Pero (10)_____ (yo/tener) mucho interés en asistir al teatro. Mis amigos me han invitado a ir con ellos en su auto. (11)_____ (ellos/decir) que (12)_____ (nosotros/caber) todos en el carro, pero (13)_____ (yo/creer) que (14)_____ (yo/no caber). En realidad (15)_____ (yo/preferir) ir en autobús, porque a esas horas el tráfico (16)_____ (estar) imposible.

C. Vas a una fiesta y le describes a una amiga lo que piensas hacer. No te limites a los verbos indicados.

dar	conducir	decir	bailar
ir	traer	tener	poner
ser	cantar	comer	tomar

D. Con un compañero, describe un día en tu vida diaria. ¿Cuándo te levantas, qué comes, cuándo y dónde trabajas y estudias? Concluye con el final del día cuando te acuestas.

Por ejemplo:

"Cada día me despierto a las 7:00. . ."

II. Los adjetivos

Los adjetivos son palabras que acompañan al nombre, describiéndolo y modificándolo. En español, la regla general consiste en situar los adjetivos detrás del nombre, aunque hay excepciones gramaticales y estilísticas. Leyendo el párrafo de Julio Cortázar de *"Preámbulo a las instrucciones para dar cuerda al reloj"*, podemos observar algunas de esas excepciones. Por ejemplo:

Te regalan un pequeño infierno florido.

1. Normalmente, un adjetivo como **pequeño** sigue al nombre: "un hombre pequeño", "una casa pequeña". Pero en la frase de Cortázar tenemos dos adjetivos, "pequeño" y "florido", por lo que su combinación, como la ha hecho el escritor, pone énfasis en "florido", dejando el adjetivo "pequeño" a un nivel secundario de importancia temática.

2. Hay unos adjetivos que normalmente preceden al nombre: **buena, buen, mala, mal, mejor,** y **peor:**

Es de buena marca.

Ha sido la peor experiencia.

un buen chico

un mal hombre

una mala acción

la mejor paella

3. Aparte de esos, existe una serie de adjetivos que cambian el significado según se pongan delante o detrás del verbo:

NUEVO: Mi auto nuevo (acaba de salir de la fábrica).

Mi nuevo auto (lo acabo de comprar, aunque sea de segunda mano).

GRANDE: Son unos libros grandes (voluminosos).

Son unos grandes libros (importantes).

En el singular **grande** se apocopa delante del nombre:

El Canal de Panamá fue una gran obra de ingeniería.

Schubert fue un gran compositor.

VIEJO: Mi amigo viejo (es un anciano).

Mi viejo amigo (es joven, pero hace mucho tiempo que lo conozco).

POBRE: ¡Pobre hombre! (Aunque sea rico no es feliz).

No puede alquilar un piso porque es un hombre pobre. (No tiene dinero).

4. También hay un tratamiento estilístico. El uso de "menudo picapedrero" trata de una cuestión estilística. Cortázar hubiera podido trastocar la frase en "picapedrero menudo". No obstante, el énfasis hubiera caído entonces en "picapedrero" y no en "menudo". Un análisis similar podemos hacer de:

"bracito desesperado"

La intuición del hablante es que a la inversa, "desesperado bracito" centraría la atención más en "desesperado" que en "bracito", como hace Cortázar en su planteamiento. Se trata, por lo tanto, de un recurso estilístico, ya que, gramaticalmente, el orden normativo es **nombre** + **adjetivo**, o sea: "picapedrero menudo", "bracito desesperado". Más adelante, Cortázar se adhiere a la norma al escribir "servicio telefónico" y no "telefónico servicio", frase que, aunque pueda parecer extraña, no es ni mucho menos imposible.

5. Finalmente cabe destacar:

"la seguridad de que es una marca mejor que las otras"

A pesar de que **mejor** normalmente precede al nombre, aquí ocurre lo contrario. Esto se debe a la inserción del artículo indefinido **un**. Recuerda que el símbolo "*" indica una oración incorrecta.

Es un nadador mejor/peor que los demás.

*Es un mejor/peor nadador que los demás.

Es mejor/peor nadador que los demás.

6. Los adjetivos califican a los nombres y en ocasiones ellos mismos se convierten en nombres.

Un	hombre	valiente
(artículo)	(nombre)	(adjetivo)

Un	valiente
(artículo)	(nombre)

7. Recordemos la concordancia obligatoria de género (masculino o femenino) y número (singular o plural).

El libro antiguo	Los libros antiguos
La cama antigua	Las camas antiguas

8. También hay adjetivos que limitan o determinan al nombre.

Mis	cuadernos	son	azules
(adjetivo posesivo)	(nombre)	(verbo)	(adjetivo calificativo)

El	quinto	piso	
(artículo)	(adjetivo numeral)	(nombre)	

Esa	silla	es	cómoda
(adjetivo demostrativo)	(nombre)	(verbo)	(adjetivo calificativo)

Ejercicios

A. En la lectura "Borges y yo" observamos el adjetivo "cancel", precedido del nombre "puerta", (línea 4) y "vanidoso" precedido del nombre "modo". ¿En qué otros lugares de la lectura encontramos adjetivos precedidos del verbo **ser**? También observamos ejemplos de adjetivos que limitan, como en la última línea "esta página". ¿En qué otros lugares de la lectura encontramos adjetivos determinativos (posesivos, numerales, demostrativos e indefinidos)? Finalmente, identifica otros adjetivos calificativos en el texto.

B. Prepara una descripción de una persona bien conocida para presentar en clase.

C. Rellena los espacios en blanco con un adjetivo:

En un país muy (1) _lejano_ había un niño (2) _pequeño_ que se llamaba Aladino. Un día, mientras caminaba por la playa, Aladino encontró una lámpara (3) _magica_ que tenía un genio (4) _azul_. Al frotarla salió el genio de la lámpara y habló con voz (5) _fuerte_. Aladino se asustó al principio, pero pronto se animó y le pidió al genio un deseo (6) _secreto_. Inmediatamente, el genio le concedió lo que había pedido y Aladino se vio convertido en un príncipe muy (7) _guapo_ y (8) _rico_. Entonces conoció a la (9) _hermosa_ princesa del lugar y se enamoró de ella. Cuando por fin Aladino consiguió su (10) _ultimo_ deseo, decidió utilizarlo para liberar al (11) _generoso_ genio de la lámpara.

D. Solos o en parejas: Describan dos de los siguientes lugares o situaciones según los hayan visto o según se los imaginen.

1. El Gran Cañón del Colorado

2. La ciudad de Nueva York o cualquier ciudad grande

3. Tijuana

4. El Museo del Prado

5. Un partido de béisbol

6. Una corrida de toros

7. Una fiesta de quinceañera

8. Un baile de fin de curso en la escuela

9. El Día de los Muertos en México

E. En parejas: Da un adjetivo calificativo y tu pareja debe encontrar un sinónimo o un antónimo. La persona que no recuerde un sinónimo o un antónimo recibe un punto de penalización y la que llegue a acumular 10 puntos pierde el juego.

Por ejemplo: JUAN: ¡Bonito!

LUISA: ¡Lindo! (sinónimo) o ¡Feo! (antónimo).

SITUACIONES

Estas situaciones nos ofrecen oportunidades para practicar oralmente las estructuras gramaticales y los temas de cada capítulo. En parejas, intenten crear un mini-drama que refleje las ideas del capítulo sobre identidades. Sean atrevidos al imaginar e incorporar lo que puedan para crear un diálogo amplio y chistoso. . .

Primero, decidan el papel de cada persona. Luego, tomen unos minutos para prepararse. Luego, empiecen la conversación intentando llegar a un acuerdo. ¡OJO! Deben incorporar los tres aspectos de una conversación: la introducción, el desarrollo y la conclusión.

1. Situación #1

¿El actor o la actriz ideal?

PRODUCTOR: Eres uno de los productores más famosos del mundo. Has creado una nueva película y buscas actores perfectos para hacer los papeles. Seguramente, esta película va a tener mucho éxito internacional. En este momento, un actor te ha llamado por teléfono. Él desea el papel para restablecer su carrera. Ahora vas a entrevistarlo. Explícale la película (su título, su trama) y entrevístalo haciéndole preguntas para ver si quieres contratarlo. ¿Pueden llegar a un acuerdo?

ACTOR: Tú quieres un papel en la próxima película de este productor por su fama y éxito. Has llamado al productor por teléfono. Necesitas describirte a ti mismo con mucho entusiasmo, explicando todas tus cualidades y tus atributos, y por qué eres la persona perfecta para el papel. (Eres famoso, pero has sufrido recientemente y necesitas una película exitosa para restablecer tu carrera). Intenta llegar a un acuerdo sobre el empleo.

2. Situación #2

¡Necesito compañero!

Mᴀʀíᴀ ᴅᴇ ʟᴀ Sᴜᴇʀᴛᴇ: Acabas de ganar un concurso ofrecido por una emisora de radio y has ganado un viaje para dos a Hawaii. El problema es que no tienes a nadie con quien ir. Eres una nueva estudiante en la universidad y no conoces a muchas personas. ¡Y no quieres llevar a tu madre! En tu residencia estudiantil, hay varias personas, hombres y mujeres, que quieren ser tu nuevo "amigo". Charlas con uno o con una que te explica por qué debes invitarlo. . .

Mᴀʀɪᴏ ᴅᴇ ʟᴀ Eꜱᴘᴇʀᴀɴᴢᴀ: Eres de un pueblito y siempre has querido ir a Hawaii. Ahora, conoces a María (la nueva estudiante en tu residencia) y piensas que debes ser tú el que vaya con ella a Hawaii. Explícale por qué eres la persona indicada para acompañarla. . .

Redacción

I. Estrategias para editar: Crear la clave editorial

¿Cómo sabemos si un ensayo es "bueno" o si necesita revisiones? Es muy difícil saber editar porque hay muchos aspectos en los que nos enfocamos. A veces ocurre que cada escritor y cada instructor tiene ideas diferentes de qué importa más en la escritura. Sin embargo, es muy importante saber editar bien, para mejorar tu propia escritura y para ayudar a los otros escritores en la clase.

En este capítulo, vamos a diseñar una clave editorial que puedes utilizar todo el semestre para tu clase.

1. Escribe una lista de los aspectos que te parezcan importantes al leer algo: el título, la tesis, la organización y el estilo. También piensa en los aspectos gramaticales, como la ortografía y la concordancia.

   _____

   _____

   _____

2. Piensa en una lista de metas personales que tienes para este semestre. ¿Hay unas que correspondan con lo que debe incluirse en la clave editorial?

   _____

   _____

   _____

3. En grupo, escriban las ideas en la pizarra. Deben separar los aspectos: "presentación", "contenido", "gramática", "estilo general", y así por el estilo.

4. Usando todas las ideas en la pizarra y las de los diferentes grupos, diseñen la clave editorial, con símbolos que representen cada cosa. Es bueno tener símbolos para comentarios positivos también. Por ejemplo, "BP" = buena palabra

   "_____" (subrayar) = buena oración

5. Compara tu clave con las dos claves que ofrecemos aquí. ¿Cuáles aspectos de éstas te parecen más/menos útiles? En grupo, creen una clave común que utilizarán todo el semestre.

Clave editorial (modelo uno)

Aquí tienen los símbolos para corregir las composiciones:

G	Un error de género	la problema
=	Error de concordancia	una muchacha simpático
OR	La ortografía no es correcta	un ombre alto
SV	Error de concordancia entre sujeto y verbo	Ellos está contentos.
C	La conjugación no es correcta	Nosotros tienemos
T	El tiempo del verbo no es correcto	Tu fuiste mañana.
M	El modo del verbo no es correcto	Veo que tu hagas todo.
ANG	Anglicismo inaceptable	Vamos a pegar el camino.
¿?	No se entiende	

Clave editorial (modelo dos)

Lenguaje y gramática:

TV	tiempo verbal incorrecto
P	uso de pronombres
C	falta de concordancia
O	error en ortografía

Contenido:

Amp	Ampliar esta idea
Ap	Apoyar mejor la idea
Tesis	Clarificar la tesis
Org	Buen/Mal uso de organización

Estilo:

BP	Buen uso de palabras
R	Demasiada repetición/redundancia
MC	Muy creativo

II. Usar la clave editorial

1. Los autores aquí son dos estudiantes universitarios. Intentaron su propia versión del estilo de Martí y de Borges. Escoge A o B y lee el ensayo.

2. Al leer, piensa en estas dos ideas: ¿Presenta una descripción completa de esta persona? ¿Ha escrito imágenes claras?

3. Usando la clave editorial, usa los símbolos para editar el ensayo. Luego, haz un comentario de tus ideas editoriales: ¿Cuáles palabras impactan de una manera positiva? ¿Cuáles necesitan más impacto? ¿Cuáles cambiamos? Como editor, ¿qué consejo le das a este autor?

A. "Un estudiante monstruo"

Yo soy un estudiante frustrado, de donde vienen las notas.

Estoy aquí en la escuela, estudiando como loco.

Yo soy un loco perdido, entre las páginas de Homero,

De Platón, y de la historia, el español y la psicología.

Yo soy un hombre perdido, un monstruo simpático

Me gustaría escribir canciones en mi guitarra (de mujeres)

En vez de composiciones aburridas.

Escucho el susurro de los profesores

Pero oigo la poesía de MTV.

Yo soy un amigo bueno, de donde existen amistades

Como una telenovela, dirijo mi vida

El futuro no me llama la atención todavía.

B. "Un autorretrato"

Me gusta mi vida. Tengo veinte años y estoy en el primer año de la universidad. Vivo aquí en el campus y cada día conozco a nuevos amigos. Me gustan mucho. Aquí tengo otra vida que la vida en la secundaria, la vida en mi ciudad de Fremont. En la universidad hago lo que yo quiero, pero en casa tenía que hacer lo que querían mis padres. Ya estoy libre. Soy joven y generosa. Me gusta reír y soy muy activa. Me gusta correr. Trabajo por las tardes, porque cuido a los niños de una señora que vive cerca de la universidad. Después de graduarme, quiero trabajar en una compañía de televisión.

PARA SER REDACTORES

1. ¿Ofrece el autorretrato aspectos claros del autor?

2. ¿Cuáles son los aspectos positivos? ¿Cuáles oraciones sirven para este propósito?

_____

3. ¿Cuáles oraciones cambiamos o eliminamos?

_____

III. La nota de evaluación: Evaluar un ensayo

Ya exploramos el uso de una clave editorial para evaluar un ensayo. Después de terminar la redacción de un ensayo, tenemos que calificar el ensayo. ¿Has pensado en cómo los profesores llegan a una decisión de la nota entre una "A", una "B", una "C", una "D" y una "F"? Conviene inculcar la costumbre de reconocer la diferencia en calidad entre obras, para evaluar tus propias obras tanto como las de otros mientras redactas. Aquí se te ofrece un conocimiento de cómo se evalúa un ensayo:

Un ensayo que recibe una A: Es una obra excelente para el nivel. Presenta una tesis clara, compleja y llamativa de manera intelectual. Tiene el ensayo una estructura lógica y coherente, con apoyo suficiente. El desarrollo muestra trabajo diligente al explorar y analizar el tema sin presentar un resumen. El escritor comparte la exploración del tema con el lector. La conclusión contiene interpretaciones e implicaciones del tema y no es una repetición de la introducción. El ensayo muestra una atención al uso del lenguaje apropiado y correcto, con índices de cierto toque personal que reflejan un interés en el tema y el contenido—y su presentación—de parte del escritor.

Un ensayo que recibe una B: Es una obra recomendable. En muchas formas se parece a un ensayo que recibe una A, pero con una tesis y desarrollo menos formulados. Cumple bien con la necesidad de tener una estructura organizada con apoyo suficiente. El ensayo muestra atención al contenido, a la presentación y al uso de lenguaje apropiado. La diferencia entre un ensayo que recibe una A y el que recibe una B es que éste tiene toda la información y argumentación de aquél, sin mostrar el mismo ínteres ni atención al uso de un lenguaje bien desarrollado. Logra cumplir con la tarea bien, pero sin ser tan pulido como el ensayo que recibe una A.

Un ensayo que recibe una C: Es una obra admisible. Este ensayo cumple con la asignatura pero de manera rutinaria, no excepcional. La tesis y el desarrollo se dirigen al tema, pero hay huecos en el argumento. No demuestra atención individual ni creadora al tema, a la estructura del desarrollo ni a la conclusión. El lenguaje utilizado es admisible, pero refleja descuido en los aspectos gramaticales o estilísticos. El ensayo, aunque cumple la tarea, no capta la atención del escritor ni del lector.

Un ensayo que recibe una D: Es una obra deficiente. Este ensayo se parece a un ensayo que recibe una C, sin la misma competencia en el argumento o la presentación. La tesis es vaga o general. No hay apoyo suficiente ni está incluido de una manera correcta. Hay errores en la organización y el desarrollo y resolución del argumento. Este ensayo se dirige al tema e intenta cumplir con la asignatura, pero de una manera incompleta.

Un ensayo que recibe una F o el que no recibe crédito: Puede haber muchas razones por no recibir crédito: l. El ensayo resulta ser resumen en vez de análisis completo. 2. No hay tesis ni argumento. 3. El ensayo muestra una completa falta de comprensión de la lectura o un mal uso del apoyo. 4. El ensayo parece ser una obra de plagio. 5. Al ensayo le falta el manejo apropiado del lenguaje correcto.

Práctica

1. Vuelve a leer los modelos universitarios y pon una nota de evaluación. Ofrece un comentario escrito según las características de cada nota.

IV. ACTFL Guidelines for Proficiency

Se encuentran *"ACTFL Guidelines for Writing Proficiency"* en los apéndices. Para terminar la discusión sobre la evaluación de la escritura, se recomienda un repaso de estas explicaciones de los niveles de aprendizaje en la escritura. Cada uno puede evaluarse según las descripciones ofrecidas por ACTFL para después determinar las metas personales del curso. Recordemos que cada estudiante es agente de su propia escritura y desarrollo. En los capítulos que siguen, estudiaremos cuatro áreas de la composición: el propósito del ensayo (el tema y la tesis), la organización y el desarrollo del ensayo, la selección de lenguaje (el estilo y la coherencia) y el uso correcto del lenguaje.

Práctica

1. Después de leer las explicaciones de cada nivel de aprendizaje, ¿cómo te caracterizas como escritor? Haz un breve comentario sobre tu nivel de aprendizaje.

_____

_____

_____

_____

2. Considerando tu nivel de aprendizaje, ofrece una lista de metas personales para este curso. Trata de ofrecer metas específicas dentro de las cuatro áreas que vamos a explorar: propósito, organización y desarrollo, estilo y selección de lenguaje, uso correcto del lenguaje.

_____

_____

_____

_____

Capítulo 2

Escritor fotógrafo

Gramática:
- los verbos **ser** y **estar**
- las comparaciones

Redacción:
- la coherencia del ensayo
- la primera oración

Gramática

I. Los verbos "ser" y "estar"

"Ser o no ser, ésa es la cuestión."

1. En la traducción de esas famosas palabras de Shakespeare constatamos que **ser** es el verbo fundamental en español para traducir *to be*. Aunque también debemos contar con **estar**.

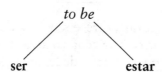

¿Cuál usaremos? Depende del significado. **Ser** indica esencia inherente, o sea característica intrínsica.

Elena es alta (ésa es su característica intrínsica).

Pedro es simpático (ésa es su característica o la esencia inherente de su carácter).

Claro que podemos decir:

Elena está alta.

Pedro está simpático.

Pero en estos casos nos referimos a la condición actual de Elena y Pedro. Tal vez Elena se ha puesto zapatos de tacón alto y la percibimos más alta que de costumbre. Por eso decimos que "está alta" (*she looks tall*). Igualmente, Pedro, el cual suele ser serio y reservado, hoy cuenta chistes y sonríe. Entonces decimos que "está simpático". Así mismo podemos referirnos a cosas:

El lago Tahoe es hondo (característica inherente).

Lake Tahoe is deep.

El lago Tahoe está hondo (cambio que se percibe después de que ha llovido mucho durante el año y el nivel de las aguas está más alto).

Lake Tahoe is deep right now.

2. Al referirnos al lugar donde alguien o algo se sitúa usamos **estar.**

   Los estudiantes están en la clase.

   Montreal está en Canadá.

3. Sin embargo, al referirnos a donde ocurre un evento utilizamos **ser.**

   ¿Dónde es la clase de español?

   Where is the Spanish class (held)?

   Notamos el contraste con:

   ¿Dónde están los alumnos?

   Where are (located) the students?

4. Es muy importante recordar que verbos como **hacer, haber** y **tener** cumplen la función de *to be* en algunos casos. Por ejemplo:

Hace calor.	*It's hot.*
Hace viento.	*It's windy.*
Tengo miedo.	*I'm afraid.*
Hacía 90 grados y yo tenía calor.	*It was 90 degrees and I was hot.*
Esta noche hay luna llena.	*There's a full moon tonight.*
Hay doce capítulos en el libro.	*There are twelve chapters in the book.*

5. Otros adjetivos cambian su significado idiomático según usemos **ser** o **estar.**

Ricardo es listo. (inteligente)	Ricardo está listo. (preparado)
La comida es buena. (saludable)	La comida está buena. (sabrosa)
La niña es mala. (comportamiento)	La niña está mala. (salud)

6. Hay algunos adjetivos que dependen de cómo ven los hablantes la duración o temporalidad de la condición adjetival. Así, pues, **sincero** se usa regularmente con **ser,** pues se supone que se trata de una cualidad intrínsica de la persona. No obstante, existen adjetivos que se prestan al uso de uno u otro verbo según se perciba un cambio en su temporalidad.

Ana es delgada. (Esa es una de sus características físicas.)

Ana is thin.

Ana está delgada. (Observamos un cambio en su condición física.)

Ana is thin now.

Ana looks thin (today).

Jesús es simpático. (Esa es una de sus características psicológicas.)

Jesús is nice.

Jesús está simpático esta tarde. (Observamos un cambio. Normalmente Jesús no habla mucho y se mantiene reservado. Pero esta tarde se muestra simpático.)

Jesús is (surprisingly) nice/animated this afternoon.

Ejercicios

A. En los años setenta había unas pegatinas (*stickers*) que definían los sentimientos. Por ejemplo: "El amor es saber perdonar". Completa las siguientes definiciones de forma lógica:

1. El amor es _____.

2. La amistad es _____.

3. La felicidad es _____.

4. Vivir bien es _____.

5. Divertirse es _____.

B. Combina palabras de la columna de la izquierda con las de la derecha de forma lógica.

Modelo: Mi dinero   ser/estar   en el banco

Mi dinero está en el banco.

1. Mi casa	ser/estar	en el archivo
2. La clase de español		en el teatro
3. El auto de mis padres		en el cajón
4. La Casa Blanca		en el garaje
5. La película		en el edificio H
6. La biblioteca		en Washington
7. La fiesta		en el aula
8. El concierto		en la mesa
9. La entrevista		en el cine
10. Los libros		al aire libre

C. Explica cuál es la diferencia de significado entre las frases siguientes:

1a. El almuerzo es en mi casa.

  b. El almuerzo está en mi casa.

2a. María es alta.

  b. María está alta.

3a. El puente estaba destruido.

  b. El puente fue destruido.

4a. La comida está excelente.

  b. Es un muchacho excelente y siempre lo será.

5a. Es profesora.

  b. Está de profesora.

6a. Está aburrido.

  b. Es aburrido.

D. En parejas.

1. Pregúntale a otro estudiante dónde se encuentran los lugares más importantes de la ciudad: la oficina de correos, el museo arqueológico, la estación de autobuses, el aeropuerto. Apunta las respuestas y presenta la información oralmente al resto de la clase.

2. Pregúntale a tu interlocutor cuáles son los lugares más interesantes de la ciudad y por qué. Apunta las respuestas y presenta la información oralmente al resto de la clase.

II. Las comparaciones

1. Se usa **menos** para indicar inferioridad, **más** para superioridad y **tan . . . como** para igualdad.

   La Estatua de la Libertad es menos alta que la Torre Eiffel.

   The Statue of Liberty is shorter than the Eiffel Tower.

   La Torre Eiffel es más alta que la Estatua de la Libertad.

   The Eiffel Tower is taller than the Statue of Liberty.

   La vida está tan cara en Madrid como en París.

   Life is as expensive in Madrid as in Paris.

2. Cuando **como** va precedido inmediatamente por **tan,** este último se cambia a **tanto, -a, -os, -as.**

   No es tanto como pensaba.

   It's not as much as I thought/I was thinking it would be.

   Han llegado tantas personas como suponíamos.

   All the people we thought would arrive have arrived.

3. En algunos dialectos del español **qué tan** se emplea para preguntas directas e indirectas acerca de dimensiones, altura o bien otras características inherentes de personas u objetos.

   ¿Qué tan lejos se encuentra la playa?

   How far away is the beach?

   En otros dialectos se diría *¿Cómo está de lejos la playa?*

4. El superlativo de adjetivos y adverbios se forma con el artículo determinado y **más** o **menos**:

Pelé es **el** futbolista **más** famoso de todos los tiempos.

Pelé is the most famous soccer player of all time.

La Antártida es **el** continente **menos** conocido.

Antarctica is the least known continent.

5. Si sigue un número a los adverbios de cantidad **más** o **menos,** entonces usaremos la preposición **de.**

Esta casa tiene más de 150 años.

This house is more than 150 years old.

Me quedan menos de diez pesos.

I have less than ten pesos left.

III. El comparativo de igualdad

1. **Tan** se combina con **como** para el comparativo de igualdad si a **tan** le sigue un adjetivo.

Elena es **tan** alta **como** su hermana.

Elena is as tall as her sister.

Tanto se combina con **como** para el comparativo de igualdad si a **tanto** le sigue un sustantivo.

En Madrid hace **tanto** calor **como** en Nueva York.

Madrid is as hot as New York.

2. Observemos la concordancia de género y número:

El Puebla tiene **tantas** posibilidades de ganar la liga de fútbol **como** el Guadalajara.

Puebla has as much chance to win the soccer league as does Guadalajara.

Hay **tantos** vuelos a Lisboa **como** a Madrid.

There are as many flights to Lisbon as there are to Madrid.

3. Unos cuantos adjetivos y adverbios forman el comparativo y el superlativo de forma irregular:

Formas básicas	Comparativos	Superlativos
bueno/bien	mejor	el/la mejor; los/las mejores
malo/mal	peor	el/la peor; los/las peores

4. Los adjetivos **mayor** y **menor** alternan con **más grande** y **más pequeño**, respectivamente. También se puede oír en lenguaje coloquial **más bueno** y **más malo**, pero no se recomienda su uso formal.

Ejercicios

A. Usa la forma adecuada en los espacios en blanco escogiendo entre las palabras a continuación: **más, menos, de, que, como, tan, tantos, tanta, tanto**

Tradicionalmente, los Estados Unidos ha sido un país de muchas oportunidades de empleo. Casi siempre hay (1)___más___ trabajo (2)___que___ en muchos otros países y en algunos estados se registran menos (3)___de___ cuatro desempleados por cada 100 personas. Naturalmente, no todos los sectores ofrecen (4)___tantas___ oportunidades (5)___como___ en la industria de la tecnología electrónica. En los Estados Unidos, la demanda de ingenieros es (6)___tan___ elevada (7)___como___ en cualquier otro país, pero en ningún estado de la Unión llega a ser esa demanda (8)___tan___ aguda (9)___como___ en California. Allí (10)___más___ de diez mil ingenieros de electrónica llegarán de otros países para incorporarse a puestos de trabajo donde, por lo general, ganan un salario mucho (11)___más___ alto (12)___que___ en sus países de origen.

B. Compara con tus compañeros los estudios y la vida en tu escuela actual con los de la escuela anterior (por ejemplo, la escuela secundaria con la universidad). Después de haber comentado al respecto, escribe un párrafo breve explicando las comparaciones más relevantes.

C. Compara la generación de tus padres con la tuya y explícales a tus compañeros las diferencias utilizando comparaciones. Después, escribe un diálogo fingido entre tú y tus padres acerca de tus diferencias generacionales.

D. Metáforas como comparaciones. ¿Recuerdas el uso de sinónimos en el Capítulo 1? Pues, además de sinónimos, utilizamos los símiles para describir precisamente una cosa, incorporando los verbos **ser** y **estar,** y el adverbio **como.** Crea un símil para cada adjetivo, o dos si se te ocurre más de uno.

Modelo: inteligente como un búho o astuto como un zorro

1. simpático _____

2. antipático _____

3. alto _____

4. generoso _____

5. viejo _____

6. responsable _____

7. perezoso _____

8. delgado _____

9. joven _____

10. estúpido _____

E. Más metáforas. Rellena los espacios.

Objeto #1	Tipo de comparación	Objeto #2
mi coche	animal	lento como una tortuga o _____
mi coche	sonido	susurra como un gatito
andar	animal	como una gacela o _____
comer	sonido	ruidosamente como una vaca
mis ojos	elemento	azules como el mar o _____
llaves	sonido	_____
zapatos	_____	_____
estudiar	_____	_____
familia	_____	_____
el pelo	objeto	suave como la seda o _____
trabajar	_____	_____

F. En parejas: Cada pareja debe hacer dos de las siguientes opciones: Crear comparaciones de las siguientes cosas. Tratar de incorporar formas comparativas o metáforas. Comparen sus respuestas con el resto de la clase.

1. comida de casa y comida universitaria

2. clases de la mañana y clases de la tarde

3. formas de ejercicio: correr, caminar, hacer ejercicios aeróbicos

4. fútbol norteamericano y básquetbol

5. mirar televisión, ver una película en el cine, ver un video

6. hablar por teléfono y escribir una carta

7. trabajar y asistir a la universidad

8. vivir en una residencia, vivir en una casa, vivir en un apartamento

SITUACIONES

1. Situación #1

¿Dónde está Pablito?

PADRE: Estás en el aeropuerto esperando el vuelo. Hay una demora como siempre. Desde hace media hora, te das cuenta de que tu hijo de seis años, Pablito, no está en la sala de espera. Vas a la oficina de información para buscar la ayuda del agente allí. El agente te pide información sobre tu hijo.

AGENTE: Trabajas en la oficina de información. Un padre llega a la puerta, triste y ansioso. Se le ha perdido su hijo. Necesitas información sobre el hijo para ayudarle a encontrarlo.

2. Situación #2

La cirugía

CIRUJANA: Eres una cirujana famosa. Tu especialidad es la cirugía plástica. Casi siempre tienes éxito, pero a veces ocurren accidentes. Un cliente te visita porque quiere cambiar su aspecto físico.

CLIENTE: Estás cansado de cierto aspecto de tu cuerpo y quieres hacerte unos cambios. [Piensa en cuáles son los cambios específicos que quieres]. Tienes miedo de la cirugía. En este momento tienes que tomar la decisión de continuar con el plan y visitas a la cirujana.

Redacción

I. Estrategias para editar: La coherencia del ensayo y la primera oración

Vamos a leer unos modelos estudiantiles, descripciones de los padres, para evaluar el nivel de coherencia. Incorporemos la clave editorial que creamos en el Capítulo 1 también, notando los aspectos sintácticos y estilísticos. Finalmente, prestemos atención a la primera oración—¿cumple con su papel como se debe?

Instrucciones

1. Escoge A o B y lee el ensayo.

2. Contesta a la pregunta, ¿qué me dice este escritor?

3. Usando la clave editorial, escribe una crítica de este ensayo.

4. Nota su manera de escribir y cómo ha intentado usar la descripción y la comparación. ¿Piensas que el escritor ha creado un ensayo coherente o ha incluido ideas superfluas? ¿Hay descripciones vivas e imágenes detalladas? ¿Hay palabras u oraciones extras o irrelevantes?

5. Subraya palabras, cláusulas u oraciones adecuadas. Circula palabras, cláusulas y oraciones que puedan mejorarse.

6. Ofrece otras versiones de oraciones que mejoren la descripción.

A. "El rito de la mañana de mi padre"

Mi padre se despierta y se levanta a las seis y media todas las mañanas. A las siete menos cuarto se lava en la ducha por diez y ocho minutos—exáctamente. Luego se afeita por siete minutos, siempre deja chorrear el agua en el lavabo. Primero se afeita el lado derecho; entonces el otro. En seguida se pone *Old Spice*— siempre *Old Spice*, mientras sus dientes están en un vaso limpiándose. A las siete y veinte, en punto, se pone sus dientes y usa el cepillo y entonces se pone una camiseta sin desarreglarse el pelo. Limpia el cuarto de baño y repone la toalla. Se pone su ropa y se pone sus zapatillas y va a la sala y mira afuera para ver el día. Mete agua caliente en el horno de microondas por dos minutos precisamente, para su café. Lo sitúa a mediados de microondas porque cree que así es mejor para tener el agua a la temperatura perfecta. Mientras el agua está aquí, va a la puerta por el periódico de la mañana. Antes de que el café esté listo, prepara su tostada. Son las siete y media y él pone la radio y escucha las noticias mientras prepara la comida. Él pone dos paquetes de azúcar y mucha leche en su café. Pone mantequilla en su tostada. Cuando termina el desayuno a las ocho en punto, limpia la cocina y el horno de microondas. Luego, comienza a leer el periódico de cabo a rabo, incluyendo los anuncios. A las nueve y media va afuera y entra a su jardín y comienza a pensar en su horario por el día.

B. "Polvo blanco"

Cada sábado, a las diez

Fuimos al *Cinema Café*

A veces pedí huevos, a veces sólo café.

Despúes fuimos a la galería para un juego de Pac-Man.

Recuerdo que éramos mejores amigos.

Recuerdo que él permitía que yo ganara.

No he visto a mi padre por muchos sábados.

Tal vez vaya a verlo el sábado que viene.

Hay una silla vacía en mi casa

La que está enfrente del escritorio en la sala.

Cuando pienso en esta silla. . . tengo memorias.

En esta silla mi padre nos estaba esperando

A las tres,

Cuando termina la escuela

Mi padre siempre quería ayudarnos con nuestra

Tarea o problemas del día.

Es una persona débil

Egoísta y débil

Pero yo sé que tiene

Corazón bueno.

La verdad le está circulando

Mientras está sólo.

Una barba cubre su cara

Drogas ciegan sus ojos, y su

Abogado recomienda que me llame.

¡Llámame!

¡No grites más!

¡No es mi culpa!

¡Ojalá que yo pueda amarte!

Es guai. . . dicen mis amigos.

Sólo un hábito de los fines de semana.

Di "discúlpame" si ella se enoja—

Cuando estás violento.

El es medio alto.

Es guapo

(considerando que tiene cincuenta años).

Media vida.

Pensaba que él era un experto.

Y que mi familia era fuerte. . .

Como las pirámides. Los que se ven

Por ser indestructibles y viejos.

Media.

Tiene su doctorado en la administración de los negocios.

Quizás su consejera no pueda detectar

Sus bromas y maneras de guardar . . .

Sus dulces

Su vida

Su subcultura

Sus amigos

Su método de copar

Sus drogas

En el baño

Con la puerta cerrada

A la medianoche

Existe mi padre.

1. ¿Ofrece el párrafo una buena idea de la persona?

   _____

2. ¿Cuáles son los aspectos positivos?

   _____

   _____

3. ¿Qué oraciones cambiamos o eliminamos?

   _____

   _____

   _____

4. Resumen editorial: basándote en los comentarios que has hecho del uso de descripciones y comparaciones, y consciente de la lista de verificación en el texto, ofrece un resumen de tus observaciones y una nota de evaluación.

   _____

   _____

   _____

   _____

   _____

Capítulo **3**

Escritor escultor

Gramática:
- los adverbios
- los pronombres reflexivos
- las sílabas
- el uso de los acentos

Redacción:
- la selectividad (la precisión y la concisión)

Gramática

I. Los adverbios

A. **El uso de los adverbios**

1. Los adverbios son palabras que pueden calificar o determinar verbos, adjetivos u otros adverbios. Hay adverbios de modo (**bien, mal, lentamente**), lugar (**aquí, allá, cerca, lejos**), tiempo (**cuando, hoy, entonces, ahora**), cantidad (**cuanto, poco, mucho, más**), orden (**antes, después**), afirmación (**sí, ciertamente**), negación (**no, nunca, tampoco**) y duda (**quizás, acaso, tal vez**).

2. Los adverbios con la terminación en **-mente** (**rápidamente**, por ejemplo) cambian la **-o** final en **-a**: rápid**o** > rápid**a**mente, lent**o** > lent**a**mente.

3. Cuando se combinan en la misma oración dos adverbios con la terminación en **-mente**, solamente el último adverbio de la secuencia mantiene esa terminación.

   El anciano se movió lenta y pausadamente.

   The elderly man moved slowly and carefully.

   Los soldados desfilaban elegante, firme, marcialmente.

   The soldiers marched elegantly, firmly, soldierly.

4. Algunos adjetivos como *rápido, cierto, profundo, distinto* y *claro* se usan como adverbios también. Así pues, se observan casos como:

   Hazlo rápido.

   Hazlo rápidamente.

   Escribe muy claro.

   Escribe muy claramente.

B. **Resumen de los adverbios según el significado**

adverbios de lugar

abajo, alrededor, ahí, afuera, fuera, aquí, arriba, allá, delante, junto

acá, atrás, allí, dentro, lejos, adonde, cerca, detrás, debajo

adverbios de tiempo

ahora, hoy, tarde, anoche, jamás, todavía, temprano, anteanoche

anteayer, mañana, ya, antes, nunca, ayer, pronto, después, recién

entonces, siempre, luego

adverbios de cantidad

además, excepto, nada, algo, medio, poco, bastante, menos, sólo

casi, mitad, tan, tanto, cuanto, mucho, muy, demasiado

adverbios de modo

apenas, aprisa, así, bien, como, cómo, despacio, mal, regular

adverbios de duda	de afirmación	de negación
acaso	asimismo	jamás
quizá, quizás	claro	nada
tal vez	sí	no
	también	nunca
		tampoco

adverbios relativos

como, cuanto, cuando, donde

adverbios interrogativos enfáticos y exclamativos

¿cómo?, cómo, ¡cómo!

¿cuándo?, cuándo, ¡cuándo!

¿cuánto?, cuánto, ¡cuánto!

¿dónde?, dónde, ¡dónde!

Ejercicios

A. Inserta el adverbio apropiado en el espacio en blanco.

nunca	pronto	cerca	como	poco
muy	recién	tampoco	dentro	inteligiblemente

En 1995, (1) _____ llegado a Nueva York, recorrí algunos de los barrios de la ciudad.

Caminé (2) _____ lejos del centro y muy (3) _____ me di cuenta de que estaba

perdido. Entonces decidí llamar un taxi, pero (4) _____ no hablaba el inglés (5)

_____, no me pude comunicar por teléfono. (6) _____ me había sentido tan

confundido. No podía llamar un taxi y (7) _____ tenía el teléfono de mi amigo en

Manhattan. Sin embargo, (8) _____ de allí vi llegar un autobús cuyo conductor hablaba

español. Tardé (9) _____ en llegar de nuevo al centro y encontré el hotel. Una vez que

estuve (10) _____ me sentí mejor.

B. Pensando en las historias, "Preámbulo a las instrucciones para dar cuerda al reloj" y "La prenda," usa la lista para crear oraciones de resumen o interpretación.

Modelo: antes "Antes de salir, el soldado y su novia recordaron la prenda".

1. tal vez _____

2. bastante _____

3. encima _____

4. pronto _____

5. temprano _____

6. lentamente _____

7. bien _____

8. así _____

9. nada _____

10. ya _____

C. Escribe un breve ensayo sobre la vida en el siglo XXII imaginando cómo será y comparándolo con el siglo XXI. Después compara tus predicciones con las que hayan escrito los compañeros y coméntalas con ellos.

Modelo: En el siglo XXII habrá tantos descubrimientos tecnológicos como hubo en el siglo XX y hay en el siglo XXI.

D. Completa la siguiente composición con un adverbio apropriado.

Eran ya las siete de la mañana y me levanté de la cama (1) _____. Me lavé y me duché (2)

_____ y salí de casa (3) _____. Como era tan (4) _____ temía perder el

tren y aceleré para llegar (5) _____. Tan pronto como llegué a la estación me di cuenta de

que el tren ya estaba (6) _____ y que los viajeros entraban y se sentaban. (7) _____

bajé del coche, descendí por las escaleras (8) _____ y me metí en el vagón. (9) _____

había llegado a tiempo y estaba en camino hacia mi trabajo. Me relajé y sentí cómo se me cerraban los ojos (10) _____. El viaje transcurrió (11) _____ y me dormí (12) _____. Cuando por fin desperté y abrí los ojos me llevé una sorpresa tremenda. El tren había llegado a su destino pero yo no me había despertado. ¡Ahora había regresado a la estación de donde había salido (13) _____!

E. Imagínate que un pariente tuyo ha venido a visitarte y tú le das direcciones para que encuentre los distintos lugares a los que necesita dirigirse. Siguiendo el modelo a continuación, dirige a tu pariente a los siguientes lugares.

Modelo: La parada del autobús

"Tienes que salir a la calle y cruzarla. Enfrente del banco verás un supermercado y al lado está la parada del autobús, señalada por un poste."

1. una pizzería

2. la estación del tren

3. la oficina de correos

4. un cibercafé

5. la biblioteca

6. la universidad

7. la comisaría de policía

8. el hospital

F. Describe el lugar donde creciste—la casa, el barrio, la ciudad—utilizando algunos adverbios de lugar de la lista de la página 28.

_____

_____

_____

_____

G. Explica en una lista tu rutina semanal (de lunes a domingo) utilizando algunos de los adverbios de tiempo de la lista de la página 28.

_____

_____

_____

_____

II. Los pronombres reflexivos

1. Hay ciertos verbos que se conjugan con pronombres reflexivos. Algunos coinciden con el concepto reflexivo del inglés: **afeitarse** (*to shave oneself/to shave*), **cortarse** (*to cut oneself*), **herirse** (*to hurt oneself*). Aunque en inglés, en muchas ocasiones el uso del pronombre reflexivo no sólo no es obligatorio, sino que no debe utilizarse, contrariamente a lo que ocurre en español.

Pronombres reflexivos:

Singular	Plural
1ª me	1ª nos
2ª te	2ª os
3ª se	3ª se

Veamos algunos de los verbos reflexivos más comunes en español:

acostarse	*to go to bed*	acordarse	*to remember*
acostumbrarse	*to accustom oneself*	bañarse	*to bathe*
cansarse	*to get/become tired*	darse cuenta de	*to realize*
ducharse	*to shower*	despertarse	*to awake*
divertirse	*to have a good time*	enojarse	*to get/become angry*
lavarse	*to wash oneself*	levantarse	*to get up*
llamarse	*to name oneself*	mudarse	*to move (residence)*
peinarse	*to comb one's hair*	ponerse	*to put on, to become*
preocuparse	*to worry about*	vestirse	*to get dressed*

2. Todos los verbos reflexivos se conjugan antecediendo el pronombre correspondiente al verbo conjugado.

divertirse

me divierto	**nos** divertimos
te diviertes	**os** divertís
se divierte	**se** divierten

3. No obstante, cuando se trata de infinitivos y de gerundios los pronombres reflexivos se colocan en posición final y no van separados del verbo, o bien se colocan en posición inicial con el verbo auxiliar.

Van a divertir**se** mucho ~ **Se** van a divertir mucho.

Están divirtiéndo**se** mucho ~ **Se** están divirtiendo mucho.

4. Los pronombres **nos, os,** y **se** cobran otro sentido al utilizarlos como pronombres recíprocos. Así, pues, **se miran** puede indicar una acción reflexiva *"they look at themselves"* o recíproca *"they look at each other"*, según el contexto. Así pues, refiriéndose a la rutina diaria de alguien podemos decir:

Cada día Juan se despierta a las siete, se lava y se seca, se peina, se viste, se prepara y sale hacia el trabajo.

Every day John wakes up at seven, washes and dries himself, combs his hair, gets dressed, gets ready, and leaves for work.

Como observamos, son acciones que Juan se hace a sí mismo. Por el contrario, si Juan le hace esas acciones a su hijito de cuatro años, diríamos:

Cada día Juan despierta a su hijo a las siete, lo lava y lo seca, lo peina, lo viste, lo prepara y salen hacia el colegio.

Every day John wakes his son at seven, washes and dries him, combs his hair, dresses him, gets him ready, and they leave for school.

Mientras los verbos señalados en la primera oración son reflexivos, o sea, la acción del verbo recae en la misma persona que la realiza, los verbos correspondientes en la segunda contienen un objeto directo distinto al agente, o sea la acción del verbo recae en una persona diferente (en el hijo) de quien la realiza (Juan).

5. Naturalmente, hay verbos reflexivos que reciben un complemento directo distinto al agente, en cuyo caso nos referimos a dichas oraciones como "indirectas de reflexivo".

Juan **se cepilla** los dientes.

John brushes his teeth.

En contraste con la oración "directa de reflexivo":

Juan se cepilla.

John brushes himself (understood as "his hair").

6. En general, los hablantes de español coinciden en el uso de los verbos reflexivos, aunque en algunos verbos existen variantes dialectales.

desayunarse o desayunar

demorarse o demorar

tardarse o tardar

enfermarse o enfermar

Ejercicios

A. Explica en un párrafo lo que hiciste ayer, utilizando los siguientes verbos:

Modelo: Ayer me desperté a las nueve de la mañana, me levanté a las diez y . . .

1. despertarse
2. levantarse
3. ducharse
4. lavarse los dientes
5. comunicarse con los amigos por teléfono
6. reunirse con los amigos
7. quejarse de la tarea
8. sentarse a la mesa
9. acordarse del examen
10. quedarse en casa por la tarde para estudiar
11. acostarse a las doce
12. dormirse a la una

B. Repite el ejercicio refiriéndote a lo que hizo tu amigo:

Modelo: Ayer mi amigo se despertó a las nueve. . .

C. En parejas, cado uno prepara una presentación del compañero basada en algunas de las siguientes ideas:

1. ¿Cómo se divierte el compañero?
2. ¿Cuándo fue la última vez que se mudaron los padres de donde vivían?
3. ¿A qué hora se acuesta durante la semana? ¿y el fin de semana?
4. ¿De qué suele olvidarse?
5. ¿Qué es de lo que más se enoja?
6. ¿De qué se preocupa normalmente?

D. Usando la imaginación, cuenta cómo es la rutina diaria de una persona famosa (el actor o deportista favorito, por ejemplo).

E. Piensa en la historia característica de una película romántica y escribe el argumento de ella.

Modelo: Primero se encuentran los protagonistas en la parada del autobús. Ella se da cuenta de que él la mira. . .

III. Las sílabas

1. Las palabras se dividen en sílabas, o sea en golpes de voz. En español cada sílaba contiene por lo menos una vocal, la cual puede ir acompañada de una o más consonantes. Cuando, por ejemplo, vemos escrita la palabra "cocodrilo", si la pronunciamos lentamente, separando las sílabas, la segmentamos así: co/co/dri/lo. Observamos, pues, que en español se prefiere la secuencia silábica que termina con vocal, ya que sería incorrecto segmentar dicha palabra como *co/cod/ril/o.

2. En caso de que haya dos consonantes entre vocales, una consonante terminará una sílaba y la otra comenzará la siguiente.

   angosto: an/gos/to. Nunca *ang/o/sto ni tampoco *a/ng/o/sto.

3. Naturalmente, las grafías **rr, ll, ch** no se separarán nunca, ya que representan un solo sonido.

carro	ca/rro
calle	ca/lle
muchacho	mu/cha/cho

4. Tampoco se separarán los grupos consonánticos **tr, dr, pr, br, pl, bl, cr, cl, fr, fl, gr, gl**, los cuales se agrupan con la vocal que los sigue.

siglo	si/glo
atraso	a/tra/so
abrir	a/brir
crecer	cre/cer
flagrante	fla/gran/te

5. Cuando se hallan tres consonantes juntas, las dos primeras se juntan con la vocal precedente y la tercera consonante con la vocal siguiente.

consternación	cons/ter/na/ción
abstracto	abs/trac/to

6. Para decidir dónde se coloca el acento escrito debemos tener en cuenta las observaciones mencionadas sobre las sílabas. Igualmente, deberemos considerar si la unión de dos o más vocales constituye una o más sílabas:

   hiato: En una palabra con dos o más vocales, si éstas se pronuncian con distintos golpes de voz; es decir en distintas sílabas, decimos que hay hiato.

reír	re/ír
leer	le/er
transeúnte	tran/se/ún/te
leíamos	le/í/a/mos

diptongo: Por el contrario, si dos vocales se pronuncian en un solo golpe de voz, o sea en una sílaba, entonces forman un diptongo.

peine	pei/ne
tiene	tie/ne
causa	cau/sa
aula	au/la

triptongo: Análogamente, si tres vocales se unen en un solo golpe de voz o sílaba hablamos de un triptongo.

buey	buey
Paraguay	Pa/ra/guay

(Nótese que a pesar de la grafía **-y,** el valor fonético de esta letra es vocálico.)

7. Tipos de palabras según el énfasis de la voz

   Agudas: Palabras que reciben el mayor énfasis en la última sílaba.

   compraré

   tratar

   selectividad

   Llanas: Palabras que reciben el mayor énfasis en la penúltima sílaba.

   cárcel

   importante

   Esdrújulas: Palabras que reciben el mayor énfasis en la antepenúltima sílaba.

   México

   único

   Sobreesdrújulas: Palabras que reciben el mayor énfasis en la sílaba anterior a la antepenúltima.

   Dígaselo.

IV. Uso de los acentos

El español utiliza acentos a fin de facilitar la lectura y comprensión de la escritura. Las reglas que rigen la acentuación se pueden resumir así:

1. 1ª regla: Las palabras que reciben mayor impulso oral en la última sílaba (**agudas**) se marcan con un acento escrito en la vocal de esa sílaba si terminan en **-n, -s** o una vocal.

marcarán	atún	jardín	avión	sartén
tendrás	Jesús	París	Galdós	cortés
vendrá	Perú	aquí	amó	iré

Aquellas palabras que tengan un diptongo (**a, o,** o **e** en combinación con **i** o **u**) seguirán la misma regla, o sea marcarán el acento escrito, aunque con las siguientes condiciones: primera: se pondrá siempre el acento sobre la vocal fuerte (**a, o, e**); segunda: si hubiera dos vocales débiles (**i, u**) se colocará el acento sobre la segunda vocal.

cantáis	tenéis	samurái
benjuí	argüí	paipái

pero no en las palabras terminadas en **-y:**

estoy	Carey	guirigay	Monterrey

Naturalmente, las palabras que no sigan la primera regla no se acentuarán en esa posición donde la mayor fuerza del impulso oral cae en la penúltima sílaba.

tardan	tribu	caqui	amo	hombre

Cuando se trate de palabras con diptongos, o sea, en el caso de la fusión de vocales fuertes (**a, e, o**) y débiles (**i, u**), no se marca ningún acento escrito si la mayor fuerza del impulso oral cae en la penúltima sílaba.

Mario	viene	cuales	jaula

No obstante, si la combinación de vocales fuertes y débiles o viceversa no se pronuncia en una sola sílaba, sino en dos (hiato), entonces se deberá marcar la falta de diptongo (ruptura de diptongo) con el acento escrito.

María	ríe	actúa	ataúd	tenía oír

2. **2ª regla:** Las palabras que reciben mayor impulso oral en la penúltima sílaba (**llanas**) se marcan con un acento escrito en la vocal de esa sílaba si terminan en cualquier consonante que no sea **-n,** o **-s,** o vocal.

néctar	Fernández	símil	árbol	cráter

Quedan excluidas aquéllas que no sigan esa pauta.

cantar	alud	abril	charol	meter

3. **3ª regla:** Las palabras que reciben mayor impulso oral en la antepenúltima sílaba (**esdrújulas**) o anteriormente a ella (**sobreesdrújulas**) se acentuarán siempre en la escritura.

Alcántara	espíritu	megalópolis	párpado	ánade	cómetelo

Obsérvese que la sufijación de pronombres causa que muchas palabras cuyo mayor impulso oral caía en la penúltima sílaba permuten la posición silábica a antepenúltimas o sobreantepenúltimas.

dime > dímelo	toma > tómatela	observe > obsérvese

4. **Los monosílabos.** Los monosílabos no se acentúan, a excepción de algunos homófonos que contrastan en significado.

el (artículo determinado) y **él** (pronombre personal)

El libro lo compró él.

The book, he bought it.

mi (adjetivo posesivo) y **mí** (pronombre personal)

Mi dinero es sólo para mí.

My money is only for me.

tu (adjetivo posesivo) y **tú** (pronombre personal)

Tú ya tienes tu parte.

You already have your share.

si (conjunción) y **sí** (adverbio)

Si lo quieres dile que sí.

If you love him tell him yes, you do.

mas (conjunción) y **más** (adverbio)

Quisiera darle más garantías, mas no puedo hacerlo.

I would like to give you more guarantees, but I can't do it.

de (preposición) y **dé** (forma imperativa de 2ª pers. sing. del verbo **dar**)

Queremos que nos dé algunas de sus cosas.

We want him to give us some of his things.

se (pronombre) y **sé** (1ª pers. sing. del verbo **saber**)

No sé la respuesta, se lo aseguro.

I (really) don't know the answer, I'm telling you.

te (pronombre) y **té** (nombre de la infusión)

Te prepararé una taza de té.

I will fix you a cup of tea.

5. Los bisílabos acentuados.

solo (adjetivo) y **sólo** (adverbio)

Sólo le molestaba tener que trabajar solo.

It only bothered him to have to work alone.

aun (con el sentido de incluso) y **aún** (con el sentido de todavía)

Aun colaborando todos los bomberos a la vez, no han podido apagar el fuego aún.

Even with all the firemen joining in, they still have not been able to put out the fire.

6. Los pronombres demostrativos. Las palabras **este, ese, aquel** y sus femeninos y plurales no se acentúan cuando son adjetivos demostrativos precediendo al nombre: *este libro, esas sillas, aquellos edificios.*

Pero **éste, ése, aquél** y sus femeninos y plurales son acentuados cuando son pronombres demostrativos, solos, en sustitución del nombre.

—¿Qué libro quieres?

—Ése.

No se acentúan los demostrativos de género neutro: **esto, eso, aquello.**

7. Las palabras interrogativas. Las palabras **qué, quién, cuál, cuándo, cuánto, cómo, y dónde,** se acentúan si se utilizan en preguntas directas o indirectas, así como en exclamaciones y énfasis.

Lo hace como quiere.

No sé cómo lo hace.

Vivo donde quiero.

Sabemos dónde vive.

Quiero que me llames.

Adivina qué quiere.

Cuando voy a clase estudio.

No me dijo cuándo vendría.

8. Las palabras compuestas. Solamente se marcará con acento la última palabra del compuesto.

décimo + séptimo: decimoséptimo

encéfalo + grafía: encefalografía

Además, si la primera palabra del compuesto llevaba acento escrito lo perderá en el compuesto.

así mismo: asimismo

Aunque se mantendrán todos los acentos si las palabras compuestas van unidas por un guión.

físico-terapéutico

trágico-cómico

Como hemos visto en la sección de las palabras esdrújulas, la acumulación de sílabas como pronombres adheridos al verbo convierte palabras agudas o llanas en esdrújulas y sobreesdrújulas:

di+ me+ lo > dímelo   toma+ te+ la > tómatela   observe+ se > obsérvese

Por otra parte, no hay modificación cuando se le añaden sílabas a palabras que ya tenían acento escrito. O sea que se deberá mantener el acento escrito original.

dé+ me > déme

9. Los adverbios en **-mente** retienen el acento original del adjetivo.

rápido, rápida: rápidamente   estúpido, estúpida: estúpidamente

pero:

solo, sola: solamente   estupendo, estupenda: estupendamente

10. La conjunción disyuntiva **o** se acentúa entre números a fin de evitar su confusión con el número cero.

8 ó 9 horas

11. A las palabras latinas se les asignará acento escrito según las normas del español: *currículum, etcétera, ibídem*. A las palabras de otros idiomas no se les añadirá la acentuación del español, a no ser que se trate de préstamos ya admitidos y adaptados al español como **estándar** y **estrés** (del inglés *standard y stress*). También se acentúan los topónimos y gentilicios de otros idiomas, si caen dentro de las reglas generales: **Irán, iraní.**

12. Hay algunas palabras que admiten dos tipos de acentuación, aunque se recomienda el uso de las formas de la primera columna:

alveolo   alvéolo

cardiaco   cardíaco

conclave   cónclave

chófer   chofer

gladíolo	gladiolo
medula	médula
omóplato	omoplato
ósmosis	osmosis
período	periodo
policiaco	policíaco
reuma	reúma

13. Finalmente, cabe indicar que las letras mayúsculas deberán llevar tilde como las minúsculas, tanto manual como tipográficamente.

SITUACIONES

1. Situación #1

CLIENTE: Acabas de comprarte uno de estos aparatos domésticos nuevos (licuadora, tostadora, lámpara, cafetera). Al tratar de enchufarlo, te das cuenta de que el aparato no funciona. Decides ir a la tienda y devolverlo. Explícale al vendedor el problema y pídele el reembolso de la plata.

VENDEDOR: Estás muy cansado de trabajar en "Aparatos Fenómenos" porque sabes que lo fenómeno es que nunca funcionan los aparatos. Entonces, viene otro cliente a hablarte sobre su nuevo aparato.

2. Situación #2

DEPENDIENTE: Trabajas para "Ropa Somos," una tienda de ropa de última moda. Tienes reputación de ayudar a los clientes a comprarse el perfecto conjunto para cualquier ocasión. Tienes que ayudar a cada cliente a sentirse superbien, aun si no es la verdad. . .

CLIENTE: Tienes una entrevista importante y necesitas comprarte un conjunto de ropa que te dé confianza con tu apariencia. Prefieres algo elegante pero no muy formal—algo que represente bien tu manera de ser. Solicita la ayuda de la dependiente/del dependiente para que te ayude con el tipo de ropa, el color y el estilo que mejor te vaya.

Redacción

I. Estrategias para editar: La selectividad (la precisión y la concisión)

Hasta ahora hemos estudiado maneras de escribir descripciones fuertes y coherentes, por los modelos del fotógrafo y escultor. Lo importante es representar bien el contenido con amplias descripciones sin repeticiones. Como estudiamos en el texto, la **precisión** es la técnica de escoger la palabra apropiada y presentar las ideas de una manera eficaz y la **concisión** consiste en usar sólo las palabras necesarias y evitar las superfluas.

Tenemos aquí un modelo estudiantil, de cinco párrafos, sobre un aspecto de ser policía. Vamos a editarlo.

Instrucciones

1. Lee el ensayo.

2. Usando la clave editorial, ofrécele consejos a la autora sobre a) el contenido, b) el uso de lenguaje, c) el estilo. Escribe los consejos en el ensayo.

3. Contesta las preguntas que siguen al ensayo.

A. "Pistolas de flores"

¶1. Capitán o teniente, detective o carcelero, el policía durante los años ha adquirido una fama de ser una persona dominante, reservada y creída. Plantado en un afán de ser poderoso, se esconde detrás de su pistola para poder crear una sensación de terror en los ciudadanos para asegurase que en realidad sí es muy poderoso. El policía está tan preocupado por su apariencia y su poder, que a veces se olvida de sus deberes hacia la comunidad. Conduce su vida como si fuera dueño del universo, en el cual siente que tiene derecho de usar su poder de policía cuando se le antoje. Sus acciones están llenas de una confianza en sus derechos como policía que a veces cruza la línea entre justicia y abuso de poder. Todos los días se trata de convencer que es invencible sin darle consideración al peligro que se encuentra todos los días cuando trata de producir justicia en su sociedad. Pero, en su deseo de ser poderoso, se convierte en un ser creído que piensa que es mejor que el ciudadano común. Se convierte reservado por la desconfianza que le tiene a otros en que piensa que están tratando de quitarle su poder, por su deseo de ser más poderoso que sus otros compañeros se aleja de ellos. Conduce su vida con la constante idea de que es mejor que cualquier otra persona y está en una constante lucha en su deseo por ser más poderoso. El policía siempre está confiado en sí mismo, pensando que su poder como policía no tiene límites.

¶2. La reserva es un recurso que los policías usan para poder tratar de convertirse en un policía dominante y más poderoso que sus demás compañeros. Tratan de competir con sus mismos compañeros y desconfían unos de otros por la simple idea de que piensan que alguien más les está tratando de quitar el poder. Porque cada vez que se abren a un compañero, se les hace más difícil competir con un amigo. La confianza es muy peligrosa porque puede ocasionar que compañeros usen información que se compartió en confianza para poder difamar a otro compañero que también está en busca de más poder.

¶3. El policía está en una constante batalla porque como se considera superior a otros por su poder, le tiene temor a la posibilidad de perder el poder que ha adquirido. Por eso las relaciones con otros compañeros es muy profesional porque todos están en una constante batalla por adquirir más poder del que ya tienen. El policía siempre está atento de sus compañeros y de la confianza porque puede ser peligroso en su fin. También se convierte en un ser reservado para que pueda adquirir una imagen de dominante donde es fuerte con la gente y no es una persona a la cual pueden tomarle el pelo. Usa la reserva como una forma de intimidación que le da un cierto nivel de poder porque el resto de la comunidad está aterrorizada.

¶4. El policía vive su vida con la constante idea de que es invencible porque tiene tanto poder y muchas veces no piensa en las consecuencias de sus actos. Por pensarse tan poderoso, en ocasiones se mete en situaciones que son peligrosas para su vida. Piensa que puede enfrentar cualquier problema y vencer a cualquier criminal, y a veces se mete en situaciones que no les puede encontrar una salida. Se cierra a la posibilidad de la ayuda de cualquier compañero porque piensa que puede solucionar cualquier problema él solo. El policía se deja llevar por la superficie, y cuando llega al trabajo y se pone su uniforme, piensa que se puso un uniforme que lo va a proteger de todos los males. Su uniforme es como una capa contra la maldad de la ciudad y se piensa que puede vencer cualquier obstáculo. El policía, aspira a crear un mundo ordenado y justo pero, se deja llevar por la idea del poder y no le da consideración al peligro y el sufrimiento de sus deberes. Y todos los días el policía se esfuerza para jugar el papel del personaje importante en las vidas de los ciudadanos, pero cuando interpreta ese papel se convierte en un ser que a veces es destructible a sí mismo y a su propia comunidad.

¶5. Las complicaciones que hay en el rol y la tradición del policía van más allá de su idea de ser extremadamente poderoso. Se cierran a la idea de tener amigos o crear justicia en una manera que no traiga castigo, sino que trae la oportunidad de aprender de los errores y de la oportunidad de perdonar. El policía tiene una peligrosa inclinación por ser poderoso y que puede controlar a otros, pero lo que a veces ocasiona es la injusticia y el riesgo de poner en peligro a gente inocente. Las luchas de los policías son difíciles porque tienen que actuar con inteligencia para traer justicia pero muchas veces se ciegan por la oportunidad de no tener poder.

PARA SER REDACTORES

1. ¿Qué opinas del título? ¿Es apropiado o no? ¿Por qué?

   _____

2. Lee la primera oración. ¿Qué te dice? ¿Recomiendas otra?

   _____

3. La coherencia del ensayo. Recuerda lo estudiado del capítulo dos sobre la coherencia y analiza el nivel de coherencia de este ensayo.

   _____

   _____

4. La precisión. ¿Hay precisión en el ensayo? Explica. ¿Dónde se puede efectuar un lenguaje más preciso?

   _____

   _____

5. La concisión. ¿Qué recomiendas para evitar ideas u oraciones redundantes?

   _____

6. Considerando la clave editorial, ofrece otros comentarios del ensayo, teniendo en cuenta una nota de evaluación, la descripción, el enfoque y el lenguaje.

   _____

   _____

   _____

Capítulo **4**

Escritor reportero

Gramática:	Redacción:
• el tiempo pasado	• consistencia con los tiempos verbales
• **se** impersonal	• mantener el hilo del tema
• otros usos de **se**	

Gramática

I. El pasado (pretérito e imperfecto)

El pasado en español se expresa principalmente de dos formas: con el pretérito (por ejemplo **canté, comí, sentí**) y con el imperfecto (por ejemplo **cantaba, comía, sentía**). En español los hablantes siempre tienen que escoger entre uno de esos aspectos para formar el pasado y, como veremos a continuación, la elección depende de cómo los hablantes perciben el pasado.

Formas del pretérito

cantar		beber, vivir	
-é	-amos	-í	-imos
-aste	-asteis	-iste	-isteis
-ó	-aron	-ió	-ieron

(Atención a los verbos irregulares como **hacer, poner, traer**. . . — véase el apéndice—).

Formas del imperfecto

cantar		beber, vivir	
-aba	-ábamos	-ía	-íamos
-abas	-abais	-ías	-íais
-aba	-aban	-ía	-ían

(Atención a los verbos irregulares **ir** y **ser**).

Pretérito

1. El pretérito expresa un evento que ocurrió en el pasado y se considera cerrado en su desarrollo de principio a fin. Este concepto se puede visualizar con un círculo:

pasado = O

Hace tres años fui de vacaciones a Cancún.

Three years ago I went on vacation to Cancún.

Imperfecto

1. El imperfecto expresa un evento que ocurrió en el pasado, el cual no se define ni en su principio ni en su fin. Este concepto se puede visualizar con una línea discontinua:

   pasado = – – – –

   Cuando era niño, iba a pescar con mi tío.

   When I was a boy, I used to go fishing with my uncle.

   Todos los días estudiaba desde las ocho hasta las diez.

   I always studied/used to study from eight until ten.

2. El imperfecto sirve para indicar acciones habituales, tiempo, edad y horas.

   Siempre *comía* a la misma hora.

   I always ate/used to eat at the same time.

   Era temprano.

   It was early.

   Tenía cuatro años.

   I was four years old.

   Eran las diez de la noche.

   It was ten at night.

3. Naturalmente, en una descripción del pasado pueden aparecer combinaciones de los aspectos pretérito e imperfecto y viceversa.

   pasado = – – – – O

   Caminaba hacia casa cuando vi a mi amigo.

   I was walking home when I saw my friend.

pasado = O – – – –

Vi a mi amigo cuando caminaba hacia casa.

I saw my friend when/while I was walking home.

El ejemplo que sigue demuestra el uso de las dos formas, con los símbolos para indicar pretérito (O) o imperfecto (– – – –):

Sabía (– – – –) que en Pamplona podían (– – – –) correr los toros por las calles durante las fiestas de San Fermín. Sin embargo, me sorprendí (O) cuando leí (O) lo que había pasado. Un turista murió (O) corneado mientras participaba (– – – –) en la fiesta popular pamplonica. Sólo tenía (– – – –) veinte años y no hablaba (– – – –) español. Por lo visto, ignoraba (– – – –) que era (– – – –) peligroso estar allí al alcance de los toros. Y cuando intentó (O) escapar no encontró (O) salida entre la muchedumbre. Traté (O) de comprender por qué la gente se exponía (– – – –) a tales riesgos, pero no pude (O).

4. Algunos verbos cambian de significado según se usen en el imperfecto o en el pretérito:

conocía	*I knew*	conocí	*I met for the first time*
quería	*I wanted*	quise	*I tried*
no quería	*I did not want*	no quise	*I refused*
sabía	*I knew*	supe	*I found out*
no podía	*I could not*	no pude	*I tried but couldn't*

5. Algo más: En español también es posible utilizar el presente de indicativo para referirse a acontecimientos ocurridos en el pasado. No obstante, esta práctica ocurre únicamente como una variante estilística.

En mayo de 1808 se subleva el pueblo de Madrid contra la invasión francesa. Ocurren numerosos fusilamientos de civiles, entre ellos los que inmortaliza el famoso cuadro de Francisco de Goya "Los fusilamientos del tres de mayo".

Ejercicios

A. Marca con una línea discontinua debajo de la forma verbal (imperfecto) o con un círculo (pretérito) las formas verbales en inglés del siguiente pasaje, indicando así qué tipo de pasado crees que representan (pretérito o imperfecto).

One day, a little girl with golden hair (1) got lost in the forest. After walking for a long time, she (2) came to a house where three bears (3) lived and (4) went inside. She (5) walked through the whole house, and (6) saw that somebody her age (7) lived there: After looking through the house, Goldilocks (8) ate some porridge from a little bowl. Then she (9) sat in the little chair until she (10) felt tired, and then she (11) went to sleep in the little bed. She (12) slept until the three bears (13) came back.

B. Marca con una línea discontinua (imperfecto) o con un círculo (pretérito) los verbos del siguiente pasaje, indicando así qué tipo de pasado representan.

En una ciudad muy lejana (1) **vivía** una muchacha guapísima. Se (2) **llamaba** Cenicienta, porque (3) **dormía** junto al fuego en la cocina y siempre (4) **tenía** la cara manchada de cenizas. (5) **Tenía** dos hermanastras muy feas y una madrastra muy cruel. Un día (6) **vino** un representante del Rey y (7) **anunció** que habría un gran baile en el palacio. El Rey (8) **quería** que su hijo conociera a su futura esposa. Todas las jóvenes del reino se (9) **prepararon** para el baile. Pero Cenicienta (10) **sabía** que (11) **no podía** asistir al baile, pues le (12) **faltaba** tela para el vestido. Pero entonces, (13) **apareció** un hada que (14) **llevaba** una varita mágica y le (15) **dio** a Cenicienta un magnífico vestido. (16) **Eran** las doce en punto cuando Cenicienta (17) **salió** del baile.

C. Completa las oraciones con la forma apropiada del pretérito:

El mes pasado el doctor (1) _me dijó_ (él/decirme) que yo debería adelgazar un poco, a fin de rebajar mi nivel de colesterol. Inmediatamente (2) _me puse_ (yo/ponerme) a planear. Ese mismo día (3) _hice_ (yo/hacer) ejercicio, (4) _anduvé_ (yo/andar) durante veinte minutos, (5) _fui_ (yo/ir) de compras caminando y por fin (6) _tuvé_ (yo/tener) que descansar un buen rato, pues no estaba acostumbrado a tanta actividad física. Pero después de unos días (7) _me sentí_ (yo/sentirme) mucho mejor y (8) _comenzé_ (yo/comenzar) a notar un cambio positivo en mi salud. Ayer (9) _me di cuenta_ (yo/darme cuenta) de que ya no me canso tan fácilmente. ¡(10) _pude_ (yo/poder) subir las escaleras de dos en dos!

D. Cambia la siguiente narración al pasado en el imperfecto.

1. Cada vez que regreso a mi pueblo suelo hacer lo mismo: Primero paseo lentamente por la alameda que lleva a la entrada de la población. 2. Miro las huertas, las colinas y las casas. 3. Siempre noto algún cambio en el paisaje. 4. Aquí hay unos nuevos postes eléctricos; allí están construyendo un nuevo edificio. 5. En esta pared siempre ponen carteles de propaganda política; el río parece tener menos peces. 6. Luego paso al centro del pueblo y empiezo a saludar a aquéllos que aún se acuerdan de mí. 7. Es agradable detenerse y charlar con viejos amigos. 8. Recordamos nuestra niñez en la escuela y casi siempre decimos que los tiempos son distintos y que ya no se vive como antes. 9. Más tarde, entro a un restaurante y pido un refresco. 10. A continuación almuerzo y pruebo los platos típicos de mi tierra. 11. ¡Qué sabrosa sabe la comida! 12. En seguida el aroma me trae a la mente los olores y sabores que casi he olvidado. . .

_____

_____

_____

_____

E. Cuéntales a los compañeros cómo pasabas los veranos en los años de tu niñez. ¿Recuerdas algún verano en especial? Explica.

F. En parejas. Escriban un diálogo sobre uno de los temas a continuación. Practiquen el diálogo y memorícenlo. Una vez memorizado, represéntenlo enfrente de los compañeros de clase.

1. **Situación:** Alguien robó ayer las joyas de la Marquesa de Pencas.

   Personajes: El detective Palomo y el sospechoso/-a.

   Diálogo: Interrogación sobre dónde estaba ayer el sospechoso.

2. **Situación:** Ud. compró una camisa que no le gusta y ahora Ud. la quiere devolver.

   Personajes: Ud. y el/la empleado/-a.

   Diálogo: Como Ud. compró la camisa de rebaja, el empleado no acepta la devolución. Ud. insiste.

II. El "se" impersonal

1. El pronombre impersonal **se** equivale al inglés *one, you, they* en sentido abstracto. Por ejemplo: *"One shouldn't do that"* y *"They ski up there" (some people)*. En este sentido **se** es la única forma y el verbo no cambia, aunque el nombre que sigue sea plural:

   Se vende casa.

   Se vende casas.

   They sell houses.

   No obstante, muchos hablantes prefieren la concordancia con el nombre y utilizarían "Se vende casa" y "Se venden casas", en cuyo caso la oración adquiere un significado pasivo (***ver pasiva refleja***).

2. La forma impersonal es muy importante en la prosa académica, periodística y en comunicados oficiales. Esto lo podemos observar en los párrafos siguientes:

   Se sabe que los idiomas indoeuropeos están relacionados a un nivel que varía según el tiempo de su separación; **se** cree que cuanto más similares aparecen dos idiomas, menos distancia los separa en el tiempo.

   We/People know that Indoeuropean languages are related according to their time they separated. Thus, we believe/it is believed that the more two languages are alike, the less time there is since they separated.

   Las temperaturas continúan muy altas por lo que **se** advierte a los ciudadanos que no utilicen sus autos, a no ser que los necesiten por alguna urgencia. **Se** deberá evitar el derroche de electricidad y **se** recomienda la atención especial a niños de corta edad y el cuidado de los ancianos. **Se** ruega no abandonar a niños en ningún momento en el interior de vehículos.

   Temperatures remain very high and they advise people not to use their cars except for emergencies. People should avoid the excessive use of electricity and are advised to take care with young children and the elderly. They are reminded not to leave children unattended in cars at any time.

III. Más usos de se: Incremento, causativo y de interés

A. Incremento

Algunos verbos pueden usarse con o sin pronombre **se**.

1a. Su tío murió anoche.

b. Su tío se murió anoche.

His uncle died last night.

2a. Los niños comieron toda la comida que les pusieron.

b. Los niños se comieron toda la comida que les pusieron.

The children ate (up) all the food they were given.

3a. Siempre que veían películas de Cantinflas, reían sin parar.

b. Siempre que veían películas de Cantinflas, se reían sin parar.

Every time they watched Cantinflas movies, they laughed without stopping.

4a. Hemos comprado una casa.

b. Nos hemos comprado una casa.

We have bought (ourselves) a house.

Intrínsicamente, aunque no existe un cambio de significado obvio entre las oraciones de la serie **a** y **b**, la mayoría de los hablantes perciben sutiles diferencias que coinciden en afirmar que en las oraciones sin el pronombre **se** hay menos participación o emotividad que en las que contienen **se**.

B. Causativo

En algunos verbos **se** cobra el significado de "causar" o "hacer que alguien haga algo para el hablante":

María se cortó el pelo.
María cut her (own) hair (herself). or *Maria got a haircut.*

Esta oración con sentido causativo significa que María fue al peluquero y éste le cortó el pelo a María. No obstante, con sentido reflexivo puede significar que María misma tomó unas tijeras y llevó a cabo esa operación.

Pedro se operó de la garganta.
Peter had his throat operated on.

Aquí el sentido causativo (un cirujano operó a Pedro) es más obvio, ya que resultaría improbable que Pedro se operase la garganta él mismo.

Otros verbos causativos incluyen "hacerse un traje/vestido", "construirse una piscina/jardín", "pintarse la casa", etc., los cuales, naturalmente, podrían también usarse sin sentido causativo si el hablante es sastre/modista, constructor o pintor.

C. Interés

Notemos también que un verbo con el pronombre de incremento **se** como "beber(se)" puede acumular otro pronombre considerado como de "interés":

a. Miguel murió.   *Miguel died.*

b. Miguel **se** murió.   *Miguel died.*

c. Miguel **se me** murió.   *Miguel died (on me and left me).*

Mientras el pronombre **se** en la oración b. lo consideramos de incremento; el pronombre **me** en la oración c. lo podemos calificar como de "interés". El paralelo en inglés lo encontramos en la traducción de c: *"Miguel died (on me and left me)"*.

Ejercicios

A. Muchas veces las recetas de cocina se escriben con **se**. Tenemos aquí la receta de la madre de Juan Sempere, de Valencia, de la famosa paella valenciana española. Lee la receta e indica qué oraciones son reflexivas, impersonales y pasivas. (Dice Juan que la mejor paella se cocina sobre fuego de leña y que se cubre en los últimos minutos con una servilleta de lienzo—¡a probar!)

Paella valenciana (mixta de carne y mariscos)

Ingredientes:

una taza de alubias verdes

un pimiento rojo

un conejo o medio pollo troceado

cuatro o cinco tazas de arroz

unas cuantas gambas o camarones

unas cuantas almejas o mejillones

un par de tomates

aceite de oliva (suficiente para cubrir el fondo de la paella)

una pizca de azafrán y sal a gusto de los comensales, colorante alimentario

Variante vegetariana: prescindir de la carne.

1. Primero (1) se lavan la carne y las verduras y a continuación (2) se les echa sal.

2. (3) Se sitúa sobre el fuego una paella valenciana y cuando el aceite comienza a echar humo (4) se agrega el tomate troceado al centro de la paella y (5) se pone la carne dándole vueltas hasta que (6) se dore.

3. (7) Se agrega el pimiento cuando la carne ya (8) se haya dorado y a continuación (9) se meten las alubias verdes y otra verdura si (10) se desea. Después, brevemente, (11) se mete el arroz. (12) Se remueve todo, (13) se echa agua y (14) se cubre con ella como medio dedo por encima del arroz y

los otros ingredientes. (15) Se echan las especias. Más tarde (casi al final) (16) se añade el marisco y (17) se cubre la paella con una tapa para que el vapor del agua ablande el arroz por encima.

4. Es esencial comenzar con un fuego fuerte y una vez añadido el arroz rebajar el fuego a una temperatura media pero estable, a fin de evitar que el arroz (18) se queme. Cuando el arroz esté blando por arriba, consideramos que la paella ya está lista. (19) Se saca entonces y (20) se deja reposar unos minutos. (21) Se evitará agregar agua extra durante su cocción para evitar que el arroz (22) se engrumezca.

5. (23) Sírvase con trozos de limón puestos por los bordes de la paella para los que gustan de su sabor en el arroz.

B. Escribe la receta de tu comida favorita siguiendo el modelo de la receta "paella valenciana".

C. Escribe un reportaje corto de una noticia importante reciente utilizando el pronombre impersonal **se**.

Modelo: Se dice que el precio de la gasolina va a subir todavía más a causa de la baja producción de los países exportadores de petróleo. Se espera que el lunes se anuncien medidas para aliviar la situación. . .

D. Explica la función y el significado de los pronombres en las siguientes oraciones:

1a. ¡No bebas la cerveza!

b. ¡No **te la** bebas!

c. ¡No **te me la** bebas!

2a. ¡No vayas!

b. ¡No **te** vayas!

c. ¡No **te me** vayas!

SITUACIONES

1. Situación #1

En parejas, intenten crear un mini-drama que refleje el ambiente y el tono de la relación entre Gregorio Cortez y el sherife.

Gregorio Cortez

GREGORIO CORTEZ: Has escapado de la ley. Es hora de entregarte. Eres persona con gran orgullo y amor por tu país y tu pueblo. Como tienes cierto respeto para el sherife, quieres dejarle con una memoria de tu vida. Cuéntale una historia de tu vida, dándole detalles e impresiones emotivos de un suceso particular.

EL SHERIFE: Vas a ser famoso por haber capturado al famoso Gregorio Cortez. Después de haberle perseguido varios años, ya le tienes cierto respeto. Esta persona famosa empieza a contarte una historia única de su vida y le pides más información sobre los detalles del suceso particular.

2. Situación #2

Una visita a Bogotá

1. Eres el Señor Salazar. Acabas de llegar a Bogotá, Colombia, como turista de México. Te gustaría saber más de la historia de la ciudad y los lugares turísticos. Piensa en varias preguntas específicas que le haces al Señor Martínez, un policía que acabas de encontrar fuera del hotel. Tienes mucho interés en la ciudad.

2. Eres un policía en Bogotá. Se te ha acercado el Señor Salazar, un turista mexicano. Te pide información sobre la ciudad y los lugares particulares. Ofrécele información sobre la historia de la ciudad y unos sucesos recientes. Preséntale una imagen atractiva de tu ciudad.

Redacción

I. Estrategias para editar: Ser consistentes con los tiempos verbales; mantener el hilo del tema

Con este modelo estudiantil, de un lugar y un suceso allí, estudiamos el uso de los tiempos verbales, presente y pasado. También prestamos atención a la diferencia entre el tema y la tesis; el uso de apoyo en cada párrafo, y la incorporación de lenguaje descriptivo dentro de la narrativa.

A. "¿La octava maravilla?"

¶1. Uno de los misterios de la naturaleza que siempre me ha fascinado es un géiser y aunque en realidad no sé si me fascina por su majestuosidad o por su belleza; desde pequeña he sentido una atracción especial por el géiser. Según el diccionario, un géiser es una fuente intermitente de agua caliente, aunque esa definición no muestra en verdad la magnitud y belleza que un géiser posee, sí es una definición acertada; claro está, si uno se refiere a sus características fisiológicas. Sin embargo, mi opinión sobre el géiser no se refiere sólo a su fisiología sino que se refiere a lo que este géiser en particular significa para mí.

¶2. Hace cinco años, yo radicaba en La Luz, un pequeño pueblo en Michoacán, México. Muy cerca del pueblo existe un géiser activo al que todos conocen por el nombre de Géiser de Ixtlán. Hasta hace poco tiempo, Ixtlán era un pueblo prácticamente vacío y ahora gracias al géiser, siempre está lleno de turistas. Anteriormente la gente no se interesaba en visitar el géiser debido a la falta de urbanización alrededor del géiser. Dicho géiser se encontraba todavía en medio de parcelas (tierras de cultivo) de modo que nadie se sentía atraído hacia el géiser. Como comúnmente sucede, el cambio de dueño de los terrenos en donde está el géiser resultó ser muy positivo para todos en Ixtlán y también para quienes visitan el géiser, ya que el nuevo dueño decidió invertir dinero para construir un parque acuático (balneario) utilizando las aguas termales provenientes del géiser. Esta atracción turística consta de piscinas, áreas verdes, restaurantes, en fin, un balneario en forma. Actualmente Ixtlán de los Hervores, es uno de los balnearios más visitados de todo el estado.

¶3. Naturalmente que con todos los cambios que le han hecho a los alrededores del géiser, éste ya no está en su entorno natural. Si bien se ha logrado cambiar la apariencia de lo existente alrededor del géiser, el géiser ha podido quedar intacto gracias a los esfuerzos del dueño, ya que para él lo más importante es promover la magnificencia del géiser.

¶4. Ahora el géiser está en medio de cinco piscinas, las cuales son diariamente llenas de agua proveniente del géiser y uno de los beneficios de estar cerca del géiser es que estas piscinas no necesitan calefacción ya que el géiser las provee con agua hirviente todo el día. Esto sucede cuando el géiser está activo, puesto que hay días, y en ocasiones semanas, en que se mantiene inactivo. Pero aun en esos días en los que decide no salir, el vapor proveniente del géiser mantiene el agua de las piscinas caliente.

¶5. Si bien toda la experiencia de estar cerca del géiser es asombrosa, el momento en el que el géiser se activa es un momento mágico. La activación del géiser comienza con un sonido tembloroso como si algo fuera a explotar; es entonces cuando el géiser toma la forma de una fuente gigantesca y llena de agua las piscinas. Lo mágico de este momento fue el ver que el agua proveniente del géiser tomaba forma de gotas de lluvia al caer y dejaba percibir la sensación de que Dios hizo llover sólo para ti, ya que en ningún otro lado del pueblo está lloviendo.

PARA SER REDACTORES

1. ¿Qué opinas del título y de la primera oración? ¿Recomiendas cambio o no?

2. ¿Cuál es el tema del ensayo? ¿Y la tesis?

3. Presenta un resumen breve del apoyo que intenta incorporar la escritora.

4. La coherencia del ensayo. Usando la clave editorial de la clase, relee el ensayo y ofrece sugerencias sobre el contenido, el lenguaje y el estilo. Subraya oraciones eficaces y circula oraciones que merezcan cambiarse.

5. El uso de los tiempos verbales. ¿Si hay cambios de tiempo verbal, funcionan bien o no estos cambios?

6. La precisión y la concisión. ¿Sugieres cambios?

7. Comentario general. Ofrece otros comentarios del ensayo teniendo en cuenta una nota de evaluación, la narración, el enfoque, el hilo del tema y el lenguaje.

Capítulo 5

Escritor pintor

Gramática:	Redacción:
• los pronombres	• análisis de los párrafos
	• las transiciones

Gramática

I. Los pronombres

A. La clasificación de los pronombres es la siguiente:

Pronombres Personales

Sujeto	Objeto directo	Objeto indirecto	Preposicional
1ª yo	me	me	mí
2ª tú	te	te	ti
3ª él	lo~le	le	él/sí
ella	la	le	ella/sí
Ud. (masc.)	lo~le	le	Ud./sí
Ud. (fem.)	la	le	Ud./sí
1ª nosotros, -as	nos	nos	nosotros, -as
2ª vosotros, -as	os	os	vosotros, -as
3ª ellos	los~les	les	ellos/sí
ellas	las	les	ellas/sí
Uds.	los~les	les	Uds./sí
Uds.	las	les	

B. Pronombres de sujeto

1. Los pronombres personales de sujeto suelen omitirse en español, puesto que la información ya la lleva el verbo. Por ejemplo, en "Ya lo sé", no es necesario incluir el pronombre "yo"

porque "sé" ya nos informa de que el verbo se refiere a la 1ª persona singular. Si se incluye el pronombre en esta oración se podría pensar en una afirmación enfática por parte del hablante:

Yo ya lo sé.

Ya lo sé yo.

I already know it!

2. En preguntas, el pronombre personal suele ir detrás del verbo. Por ejemplo "¿Qué quieres tú?, o antes del pronombre interrogativo: "¿Tú qué quieres? Pero en algunos dialectos, como el español cubano, el pronombre se coloca inmediatamente antes del verbo: "¿Qué tú quieres?".

3. En las regiones que utilizan el voseo, **vos** se emplea en lugar de **tú** y de **ti**. Por ejemplo "Vos lo decís" "Tú lo dices", "Esto es para vos" "Esto es para ti". No obstante, los pronombres de objeto directo e indirecto en esas áreas usan la forma derivada de **tú**. "Te lo dije a vos", "Te lo dije a ti", "Te vi a vos" y "Te vi a ti".

C. Pronombres de objeto

1. Los pronombres de objeto directo e indirecto (también llamados de **complemento**), tienen dos formas **lo, los** y **le, les** para personas del género masculino. O sea, que se consideran correctas las dos formas.

Lo vi a Pedro.

Le vi a Pedro.

I saw Peter.

A mis padres los visito los martes.

A mis padres les visito los martes.

I visit my parents on Tuesdays.

2. Sin embargo, no se considera correcto el uso de **le, les** con objetos o animales. Por ejemplo: "*Aquel libro le tengo", aunque este uso es común en Castilla. El uso de **le, les,** por **lo, los,** se denomina **leísmo.** También deben evitarse el **loísmo** y el **laísmo,** o sea la sustitución incorrecta de **le, les** por **lo, los, la** y **las.**

*La dije que viniera. Correcto: Le dije que viniera.

I told her to come.

II. Combinación de pronombres

1. En la combinación de pronombres, el pronombre de objeto indirecto siempre se sitúa antes del pronombre de objeto directo. Además, los pronombres de objeto indirecto **le, les** cambian a **se** (singular y plural) cuando se combinan con los pronombres de objeto directo.

Juan (le) entrega el libro a María. > Juan   se   lo   entrega.

                                              O.I.   O.D.

John delivers/gives the book to Mary. > John gives it to her.

2. Normalmente, los pronombres de objeto indirecto suelen incluirse, aunque se exprese la frase de objeto indirecto.

Pedro (les) regaló unos juguetes a los niños.

Peter gave some toys to the children.

3. Pero en la combinación de pronombre de objeto indirecto + objeto directo, dichos pronombres son obligatorios.

*Pedro los regaló (a los niños). Correcto: Pedro se los regaló (a los niños).

Peter gave them to them.

Aquí no es correcto suprimir el pronombre, aunque sí podríamos eliminar la frase a "a los niños" en un contexto en que ya se conoce el destinatario de los juguetes.

4. Los pronombres de complemento directo son obligatorios, aunque les acompañe una frase pronominal indicando el objeto directo.

La saludé a ella.

I greeted her.

No es gramatical eliminar "La" y decir "*Saludé a ella". Pero sí se debe omitir el pronombre de complemeto directo si en vez de una frase pronominal (por ejemplo "a ella") tenemos una frase nominal (por ejemplo "a mi abuela"):

¿Saludó Ud. a mi abuela?

Did you greet my grandmother?

5. Las combinaciones son las siguientes:

Me lo, la, los, las

Te lo, la, los, las

Se lo, la, los, las

Nos lo, la, los, las

Os lo, la, los, las

Se lo, la, los, las

III. El pronombre neutro de complemento directo "lo"

1. El pronombre neutro **lo** se utiliza para referirse a ideas, conceptos u objetos no clasificables en un género específico (masculino o femenino). Equivale al concepto del pronombre de objeto neutro "*it*" del inglés.

   Me lo dijeron ayer. (Donde "lo" se refiere a un concepto.)

   They told me (about) it yesterday.

   No lo veo muy bien desde esta distancia. (Donde "lo" se refiere a un objeto no identificable.)

   I don't see it very well from this distance.

Ejercicios

A. Cambia las siguientes oraciones según el modelo:

Modelo: Los alumnos le entregaron los deberes al profesor. > Ellos se los entregaron.

(Recuérdese que: "Ellos" sustituye a "Los alumnos", "se" a "al profesor", y "los" a "los deberes".)
La oración contiene los siguientes elementos:

Los alumnos	le	entregaron	los deberes	al profesor
SUJETO	O.I.	VERBO	O.D.	O.I.

1. La señora le regaló un juguete a su sobrino.

   _____

2. Las nietas les trajeron unos dulces a sus abuelos.

   _____

3. Las nietas les trajeron un pastel a sus abuelos.

   _____

4. Juan le da un beso a María.

   _____

5. Mis parientes me prestaron dinero.

   _____

6. Los ladrones le robaron la cartera.

_____

7. El dentista le sacará la muela del juicio a Roberto.

_____

8. La peluquera te ha cortado el pelo muy bien.

_____

9. Mis amigos no me dijeron la verdad.

_____

10. Sus familiares le cantarán una canción el día de su cumpleaños.

_____

B. Completa las oraciones según el modelo:

Modelo: Julio/traer/mañana/el dinero/a mí. > Él me lo traerá.

1. Rosa/contar/esta noche/un cuento/a sus sobrinos.

_____

2. Los futbolistas/marcar/esta temporada/muchos goles/a los otros equipos.

_____

3. El niño/pelar/ahora/la manzana/a su abuelo.

_____

4. La cantante/dedicar/anoche/las canciones/al público.

_____

5. Alfredo/cargar/ayer/las pilas/a su teléfono móvil.

_____

6. La maestra/enseñar/todos los días/la lección/a los alumnos.

_____

7. Los pintores/mostrar/dentro de tres semanas/sus cuadros/a los clientes.

_____

8. Los médicos/no resolver/siempre/las dolencias/a los pacientes.

_____

9. El presidente/otorgar/el año pasado/el premio literario/a la escritora.

_____

10. Mis primas/grabar/la semana que viene/mis discos favoritos/a mí.

_____

C. La siguiente adivinanza emplea varios pronombres de objeto. Identifícalos y explica el significado de los pronombres.

1. Te la digo y no la entiendes

   Te la vuelvo a repetir

   Te la repito mil veces

   y no me la sabes decir.

¿Sabe la respuesta de la adivinanza? ["Tela"]

IV. Pronombres preposicionales

1. Los pronombres precedidos por una preposición tienen la misma forma que los pronombres de sujeto, a excepción de las formas **mí** y **ti** (1ª y 2ª persona del singular).

   Me lo dan a mí.

   Te lo dan a ti.

   Se lo dan a él, ella, Ud.

   Nos lo dan a nosotros.

   Os lo dan a vosotros.

   Se lo dan a ellos, ellas, Uds.

2. La preposición **con** coincide con las formas de arriba, pero añade **-migo** y **-tigo** a la 1ª y 2ª persona del singular:

Están conmigo.	*They are with me.*
Están contigo.	*They are with you.*
Están con él.	*They are with him.*

3. Si el significado es reflexivo, las formas de la 3ª persona también cambian.

(Yo) lo traigo **conmigo**.	*I bring it myself/with me.*
(Tú) lo traes **contigo**.	*You bring it yourself/with you.*
(Él, Ella, Ud.) lo trae **consigo**.	*She brings it herself/with her.*
(Ellos, Ellas, Uds.) lo **traen consigo**.	*They bring it themselves/with them.*

4. Las preposiciones **como, entre, excepto, menos** y **según** utilizan **yo** y **tú** (en vez de **mí** y **ti**):

   Yo quiero una muchacha como tú.

   I want a girl like you.

Lo haremos entre tú y yo.

We will do it between us/ you and I.

Según tú, la botella está medio vacía; según yo, está medio llena.

According to you, the bottle is half empty; for me, it's half full.

No obstante, cuando **entre** conlleva el significado de **para,** se emplean las formas **mí, ti** y **sí:**

Pensé entre mí que saldría temprano.

I thought to myself that I would leave early.

Se dijo entre sí que no sería posible.

He told himself that it wouldn't be possible.

5. **Sí** como pronombre preposicional se usa como reflexivo:

Pensó para sí que lo haría.

He thought to himself that he would do it.

Este vehículo da mucho de sí.

This vehicle gives a lot of itself.

De por sí, el asunto no es relevante.

By itself, the issue is not relevant.

V. Pronombres indefinidos

Los pronombres indefinidos se emplean cuando no se conoce a la persona o la cosa que sustituyen. Entre los pronombres indefinidos más comunes se encuentran los siguientes:

alguien	*someone*
nadie	*no one*
quienquiera	*whoever*

algo	*something*
nada	*nothing*
alguno, -a, -os, -as,	*some _____*
ninguno, -a, -os, -as	*no _____, none*
cualquier (a)	*any*
uno, unos, -a, -as	*some*

1. **Alguien, nadie, quienquiera** se refieren a personas.

   Alguien te acompaña noche y día.

   Someone is with you night and day.

   Nadie te quiere ya.

   Nobody likes you anymore.

   Que lo diga quienquiera que lo sepa.

   Let whoever knows it, say it.

2. **Algo** y **nada** se refieren a cosas o abstracciones:

   Se me ha perdido algo.

   I have lost something.

   No hay nada que hacer.

   There is nothing to do.

3. Si el pronombre indefinido es negativo y se coloca detrás del verbo, deberá ir precedido del adverbio negativo **no**. Entonces tendremos una oración con doble negativo.

   No quiero nada.

   I don't want anything.

   No conocían a nadie.

   They didn't know anyone.

No encontrarás ninguno.

You will not find any.

4. Sin embargo, si el pronombre indefinido negativo precede al verbo, no se incluirá el adverbio negativo **no** y la oración no contendrá doble negativo.

Nada quiero.

I want nothing.

A nadie conocían.

They knew no one.

Ninguno encontrarás.

You will not find any.

VI. Pronombres demostrativos

Los pronombres demostrativos, además de sustituir a las personas u objetos a que se refieren, señalan el grado de proximidad respecto al hablante. En español se utilizan tres grados de distancia, equivalentes a los adverbios **aquí/acá, ahí** y **allí/allá.**

aquí/acá	ahí	allí/allá
éste, ésta, esto	ése, ésa, eso	aquél, aquélla, aquello
éstos, éstas	ésos, ésas	aquéllos, aquéllas

1. Notemos que los pronombres demostrativos neutros **esto, eso** y **aquello** no se acentúan, mientras que los pronombres demostrativos de género masculino y femenino sí llevan acento. Sin embargo, cuando se trata de adjetivos demostrativos, no se acentúan.

este libro

esa niña

esos cuadernos

aquellas señoras

2. Los pronombres demostrativos neutros se emplean para referirse a objetos cuyo género se desconoce o para conceptos.

¡Esto no se puede soportar!

This is not acceptable!

Eso es imposible.

That is impossible.

¿Qué es aquello que hay en el escritorio?

What is that there on the desk?

VII. Posesivos

Los pronombres posesivos se utilizan para indicar pertenencia o posesión y se caracterizan por ir acompañados siempre de una de las formas del artículo determinado (**el, la, los, las**). Además, en contraste con el inglés, los pronombres posesivos concuerdan con lo poseído y no con la persona poseedora. Por lo tanto, se deberá tener en cuenta si lo poseído es singular o plural y masculino o femenino.

Este cuaderno es el suyo (de Daniel).

This folder is his (Daniel's).

Esta libreta es la suya (de Daniel).

This notebook is his (Daniel's).

Estos cuadernos son los suyos (de Daniel).

These folders are his (Daniel's).

Estas libretas son las suyas (de Daniel).

These notebooks are his (Daniel's).

Formas de los pronombres posesivos

el mío
la mía
los míos
las mías
} *mine*

el tuyo
la tuya
los tuyos
las tuyas

yours

el suyo
la suya
los suyos
las suyas

yours (formal— singular y plural—), *his, hers, its, theirs*

el nuestro
la nuestra
los nuestros
las nuestras

ours

el vuestro
la vuestra
los vuestros
las vuestras

yours (informal—pl.—)

VIII. Pronombres posesivos en neutro

Estas formas son: lo mío, lo tuyo, lo suyo, lo nuestro, lo vuestro

En inglés la traducción de los pronombres posesivos en neutro es idiomática.

Lo mío es la natación.
Swimming is my thing.

Lo tuyo está en el maletero.
Your stuff is in the trunk.

Ejercicios

A. Completa las siguientes oraciones siguiendo el modelo y usando la preposición **con:**

Modelo: (Yo/salir/ella)

Salgo con ella.

1. (Ella/salir/yo)

   _____

2. (Yo/estudiar/tú)

   _____

3. (Nosotros/hablar/ellos)

   _____

4. (Ellos/traer el almuerzo/ellos mismos)

   _____

B. Completa las siguientes oraciones siguiendo el modelo y usando las preposiciones **para, por** o **de.** Según la preposición que se use el significado variará.

Modelo: (Yo/todo lo que tengo/ellos)

Todo lo que tengo es para ellos.

1. (Yo/todo lo que tengo/tú)

   _____

2. (Yo/pienso/yo)

   _____

3. (Ella/trabajó/yo)

   _____

4. (Nosotros/decidiremos/tú)

   _____

5. (Ella/no sabe nada/ellos)

   _____

C. Pablo y Eduardo van a mudarse porque es el fin del año. Discuten la división de sus posesiones; hablan de los libros, el gato, el coche viejo, el alquiler y otras cosas. Como en el ejemplo siguiente, en parejas hablen de esas posesiones con pronombres posesivos.

Modelo: La novela *Cien años de soledad* es mía.

| la computadora | el teléfono celular | el sofá | el microondas |
| los estantes | las plantas | las lámparas | los platos |

D. Llena el espacio en blanco con el adjetivo posesivo más apropiado:

Cuando hablé con María traté de disculparme. Sabía que la culpa era (1) _____ porque se

me había hecho tarde para la cita. Teníamos que ir al cine con (2) _____ amigos a las siete

y yo me había quedado dormido en el sofá. (3) _____ excusa no era buena porque debía

haber tenido en cuenta la cita, pero (4) _____ desvelos a causa de la tarea en la

universidad por fin me habían vencido y no me desperté cuando debía. Sonó el teléfono, contesté

sobresaltado y miré la hora. Al otro lado oía a María con (5) _____ reproches mientras

yo balbuceaba (6)_____ disculpas. (7) _____ noche se había arruinado por

(8) _____ culpa.

E. En parejas, describe tu familia (como los tíos, primos, sobrinos) y comenta acerca de la personalidad de tus parientes, los lugares donde viven, sus trabajos y sus aficiones.

Modelo: Mi tío Paco trabaja en la construcción y su casa es muy original. Su carácter es afable y sus aficiones son el bricolaje y el fútbol.

SITUACIONES

En parejas, intenten crear un mini-drama que refleje las ideas del capítulo sobre el arte y los artistas. Antes de empezar, creen una lista de palabras que se relacionen con el mundo del arte: pintar, dibujar, la pintura, la obra, el marco, los colores, la competencia, la exposición, el óleo, claroscuro, clásico, contemporáneo, abstracto, el impresionismo. . . .

1. Situación #1

La exposición de arte

PINTOR: Eres un pintor joven de Buenos Aires que ha viajado a la ciudad de México para presentar tus obras en una competición internacional. Acabas de conocer a la directora de la exposición. No sabes todavía si te van a incluir en el programa. Habla de tu arte, tu historia, y la importancia de tu arte para el mundo. . .

DIRECTORA: Eres la directora de una exposición de arte en México. Esperas que sea la exposición del año y tomas muy en serio el papel de enseñarle al mundo los artistas nuevos, especialmente los de la América Latina. Acabas de conocer a un pintor argentino cuyo arte presenta distintos enfoques de una manera novedosa.

2. Situación #2

La boda

HERMANA DEL NOVIO: Por ser la hermana del novio quieres arreglar una fiesta especial para los novios antes de que se casen. Hablas con el gerente del Hotel Miramar donde se va a celebrar la fiesta y quieres asegurarte de los preparativos. Ten en cuenta que es una fiesta "sorpresa." Hazle al gerente las preguntas para la fiesta.

El gerente del Hotel Miramar: Eres el encargado de facilitar las fiestas. El hotel tiene salones de distintos tamaños y comida de distintos precios. Hay que anticipar las necesidades de la hermana del novio, la cual organiza la fiesta. Intenta obtener toda la información necesaria.

Redacción

I. Estrategias para editar: Los párrafos y las transiciones

Leemos un modelo estudiantil sobre la vida de la mujer y las decisiones que toman las mujeres al comprar revistas de mujeres. Usamos el ensayo para lo estudiado hasta ahora acerca de la escritura descriptiva y la narrativa, del tema, de la tesis y el apoyo. Analizamos también la división de los párrafos y el uso de las transiciones. Y no nos olvidemos del uso de lenguaje y el estilo.

A. "¿Revistas para mujeres? No lo crean, hermanas"

¶1. Hermanas, amigas, y madres, ¿gastan dinero al comprar las revistas de mujeres para darles poder? ¿Para leer consejos positivos acerca de la vida femenina? Las publicaciones femeninas de hoy, como *Elle, Vogue* y *Cosmopolitan,* siempre hablan de liberar a la mujer. Tratan de los problemas específicamente relacionados con mujeres que quieren más oportunidades y derechos. Tienen artículos sobre la igualdad y la justicia; hay artículos sobre las mujeres poderosas e influyentes y otros que tratan la violencia contra las mujeres. Estas revistas cumplen mucho en discutir y publicar tales temas porque son informativos, educativos e interesantes; en fin, ayudan a la mujer. Pero, mientras que estas revistas apoyan a la mujer, también le impiden porque la conforman a una idea anticuada: una mujer tiene que ser hermosa para prosperar, sea para conocer un hombre para casarse o para tener buen éxito en el lugar de trabajo.

¶2. A fin de entender el argumento, las fotos, la mayor parte de estas publicaciones, es la materia más fea y perjudicial para mujeres. Éstas siempre son bonitas, delgadas y de moda. El problema es que la mayoría de mujeres no es así. Si mujeres actuales compran estas revistas, ¿por qué no presentan mujeres verdaderas? Es verdad que generalmente a muchas mujeres les interesa ser guapa y atractiva; también les gusta ver los nuevos estilos y maneras de pintarse que esas publicaciones les ofrecen. Pero, las imágenes poco realistas de las mujeres son mas perjudiciales que los consejos de belleza son beneficiosos.

¶3. Por otra parte, muchos de los problemas de mujeres hoy en día vienen de los ideales femeninos creados y exigidos por la sociedad. Enfermedades como la anorexia y la bulimia son muy comunes, especialmente entre las jóvenes que piensan que necesitan cuerpos perfectos, igual que las modelos de las revistas. Además, una mujer que siempre se preocupa de su cuerpo es más insegura; en vez de desarrollarse mentalmente y tomar sus propias decisiones, se impide en pensar demasiado sobre cómo puede aparecerse. Equivocadamente, piensa que todo su valor está relacionado con su cuerpo y para prosperar necesita ser bella.

¶4. Ya que el problema ha sido establecido, es necesario notar que estas revistas que contienden liberar a la mujer la objetifican y la limitan a su cuerpo. Presentan a la mujer como un objeto sexual. Por todas partes hay mujeres casi desnudas. Tal imagen sugiere que las mujeres tienen que demostrar su sexualidad para ganar la gracia de los hombres. Este estereotipo de mujer bella en busca de hombre no ayuda a las mujeres profesionales que quieren adelantarse por sus ideas y sus aspiraciones, sea la mujer soltera o casada.

¶5. Afortunadamente, las revistas para mujeres podrían apoyar la búsqueda para la liberación mejor si se enfocaran más en los temas de mujeres. Por ejemplo, podrían incorporar algunas mujeres "normales" a los anuncios. Sería una buena idea mostrar mujeres típicas para asegurar a una mujer que su cuerpo está bien. Además, en cada edición podrían presentar mujeres realistas y cómo han sobrevivido o prosperado, para dar inspiración a todas las mujeres. La mujer no encuentra la liberación de su espíritu en la belleza.

¶6. En fin, hay muy poco de "liberación" en muchas revistas para mujeres. Sin embargo, las mujeres siguen comprándolas porque las entretienen y tienen alguna información útil. Es improbable que estas revistas vayan a cambiarse para las pocas mujeres que no están de acuerdo con la explotación del cuerpo femenino. La única cosa que una mujer en contra de estas revistas puede hacer es tomar la decisión de no comprarlas, es decir, no apoyar una industria que se aprovecha de las mujeres.

PARA SER REDACTORES

Recuerda que igual que el aumento de la lista de verificación en cada capítulo, se aumenta la cantidad de directivas para los redactores. Es posible variar la manera de cumplir cada directiva; se puede hacerlas todas individualmente o dividirse en grupos para luego comparar los resultados. Será útil tener varias versiones de cada párrafo.

1. ¿Qué opinas del título y de la primera oración? Recomiendas cambios o no?

_____

2. Escribe el tema y la tesis de la lectura. ¿Cómo se compagina con el desarrollo? ¿Hay perspectiva expuesta?

_____

3. Presenta un resumen breve del apoyo que intenta incorporar la escritora.

4. La coherencia del ensayo. Usando la clave editorial, vuelve a leer el ensayo y ofrece sugerencias sobre el contenido, el lenguaje y el estilo. Subraya oraciones eficaces y circula oraciones que merezcan cambiarse.

5. La precisión y la concisión. ¿Sugieres cambios?

_____

6a. La separación de los párrafos. Evalúa la separación de los párrafos. ¿Se ve claramente el propósito de cada párrafo? Destaca la oración temática de cada párrafo. ¿Dentro de cada párrafo hay orden lógico de las oraciones? ¿Hay oraciones que deben estar en otro párrafo? ¿Otros cambios?

_____

6b. Con un párrafo particular, ofrece cambios.

7. ¿Y el uso de transiciones? Subraya las oraciones transicionales al final o al comienzo de cada párrafo. ¿Tiene el ensayo todas las transiciones necesarias o recomiendas otras transiciones?

_____

8. Comentario general. Considerando todos tus comentarios, ofrece un análisis breve del ensayo en general, incluyendo la nota de evaluación.

_____

Capítulo 6

Escritor cuentista

Gramática:
- el tiempo futuro
- la voz pasiva
- el condicional

Redacción:
- la clave editorial repensada
- la voz pasiva y la activa

Gramática

I. El futuro

A. Formas del futuro

1. El futuro se forma en español con el infinitivo como base y las terminaciones:

-é	-emos
-ás	-éis
-á	-án

cantar + -é	cantaré
	-ás	cantarás
	-á	cantará
	-emos	cantaremos
	-éis	cantaréis
	-án	cantarán

2. Algunos verbos irregulares como **caber, decir, haber, hacer, poder, poner, querer, saber, salir, tener, valer, venir** y sus compuestos, contienen cambios en la raíz del infinitivo y deben memorizarse sus formas (véanse las conjugaciones en el apéndice).

Infinitivo	Base
caber	cabr-
decir	dir-
haber	habr-
hacer	har-

poder	podr-
poner	pondr-
querer	querr-
saber	sabr-
salir	saldr-
tener	tendr-
valer	valdr-
venir	vendr-

3. Como se ha indicado arriba, las terminaciones **-é, -ás, -á, -emos, -éis, -án** se añaden a la base para formar el futuro.

Harán la tarea por la noche.

They will do the homework at night.

Saldré de casa a las siete.

I'll leave the house at seven.

B. Futuro perifrástico

1. Por otra parte, se utiliza el presente de indicativo del verbo **ir** (**voy, vas, va, vamos, vais, van**) + **a** + infinitivo para señalar acciones o acontecimientos en el futuro. Esta construcción recibe el nombre de **futuro perifrástico.**

Vamos a llegar temprano. = Llegaremos temprano.

We will arrive early.

2. Igualmente, se puede emplear el presente de indicativo con sentido de futuro con un adverbio de tiempo que señale el futuro.

Mañana llegamos temprano. = Mañana llegaremos temprano.

Tomorrow we will arrive early.

Lo hago de inmediato. = Lo haré de inmediato.

I'll do it immediately.

Termino en un santiamén. = Terminaré en un santiamén.

I'll finish in a jiffy.

C. Futuro de probabilidad

1. El futuro de probabilidad tiene valor de presente con forma de futuro, el cual conlleva un sentido hipotético.

   No conozco a ese señor. **Será** el nuevo conserje = **Debe de ser** el nuevo conserje.

   I don't know that man. He must be the new concierge.

   ¿Qué hora **será?** = '**Me pregunto** qué hora **es'**

   What time is it/must it be? I wonder what time it is/must be?

   Ese edificio **tendrá** más de cien años = Ese edificio **probablemente tiene** más de cien años.

   That building must be over 100 years old.

Ejercicios

A. Completa las oraciones con la forma verbal apropiada del futuro.

Mañana (1) _____ (yo/ir) a entrevistarme para el puesto. (2) _____ (Yo/tener) que

levantarme temprano, (3) _____ (yo/ponerme) mi mejor traje y (4) _____ (yo/salir) a

las siete hacia la empresa. No sé si todos mis documentos (5) _____ (caber) en el maletín,

pues si no caben (6) _____ (yo/haber) de encontrar otro maletín más ancho. Seguramente

(7) _____ (ellos/querer) que les cuente por qué deseo trabajar en su empresa y no sé si

(8) _____ (yo/poder) convencerlos con mis razones. No obstante, (9) _____

(yo/hacer) todo lo posible para demostrarles mi interés y creo que al final (10) _____

(yo/salir) airoso de la entrevista. Pronto (11) _____ (ellos/decirme) el resultado, pues calculo

que para el fin de semana ya (12) _____ (yo/saber) si conseguí el empleo. En caso de que no

me llamen, calculo que la contestación (13) _____ (venir) por correo.

B. Expresa con el futuro perifrástico las oraciones siguientes que representan los planes universitarios de Jorge. Ponlas en orden lógico.

Modelo: Iré a la playa. > Voy a ir a la playa.

1. Estudiaré para ingeniero.

   _____

2. Viviré en casa de mis padres.

   _____

3. Compraremos una impresora.

   _____

4. Montaré en mi bicicleta para ir a las clases.

   _____

5. Sacaré buenas notas en cada curso.

   _____

C. Marta habla de la casa que piensa comprar. Expresa con el futuro de probabilidad las siguientes oraciones.

1. Probablemente habla italiano.

   _____

2. Me pregunto cuántos dormitorios tiene.

   _____

3. Seguramente mis padres tienen razón porque tienen más experiencia que nosotros.

   _____

4. Los muebles de la tienda "El Grupo Dorado" deben de costar un dineral.

   _____

5. ¿Quién me llama a estas horas? Puede ser el agente de bienes raíces.

   _____

II. El condicional

A. Formas del condicional

1. El condicional se forma añadiendo los siguientes sufijos a la base del infinitivo:

-ía	-íamos
-ías	-íais
-ía	-ían

2. Sin embargo, hay una serie de verbos cuya base es irregular. Son los mismos verbos que en el futuro:

Infinitivo	Base
caber	cabr-
decir	dir-
haber	habr-
hacer	har-
poder	podr-

poner	pondr-
querer	querr-
saber	sabr-
salir	saldr-
tener	tendr-
valer	valdr-
venir	vendr-

3. Por su parte, el condicional perfecto se forma con la base de **haber, habr-,** los sufijos indicados y el participio pasado correspondiente.

habría	habríamos	
habrías	habríais	comprado, tenido, escrito, vuelto. . .
habría	habrían	

B. Usos del condicional

El condicional sirve para expresar toda una serie de enunciados verbales con diversos matices semánticos.

1. Opinión

Yo diría que va a llover.

(Creo que va a llover.)

I'd say it's going to rain.

Uno creería que el muchacho ha jugado al tenis toda su vida.

(Sorprende que juegue tan bien al tenis, a pesar de su falta de experiencia.)

One would think the boy has played tennis all his life.

Tendrían que vender las entradas con antelación.

(Pienso que es mejor que pongan a la venta las entradas antes del espectáculo.)

They should sell the tickets in advance.

2. Cortesía y petición

¿Tendría la amabilidad de decirme la hora?

(Por favor, ¿me puede decir qué hora es?)

Would you be so kind to tell me what time it is?

Could you please tell me the time?

Buenas tardes. Desearía comprar un traje.

(Buenas tardes. Deseo comprar un traje.)

Good afternoon. I'd like to buy a suit.

¿Me abriría Ud. la puerta?

(¿Hace el favor de abrirme la puerta?)

Would you please open the door for me?

(Could you [please] open the door for me?)

¡Podrían haberme avisado!

(Ojalá me hubiesen avisado.)

You could have warned me!

(I wish you would have warned me!)

¿Me permitirían dejar aquí las maletas?

(¿Me permiten que deje aquí las maletas?)

Would you let me leave the suitcases here?

3. **Discurso indirecto**

   Mis amigos me aseguraron que traerían los refrescos.

   My friends assured me that they would bring the drinks.

   Dijo que llegaría tarde.

   He said that he would arrive late.

   Preguntaron qué podrían hacer.

   They asked what they could do.

4. Constatamos que la forma condicional cumple la función de un futuro con respecto al pasado de los verbos **aseguraron, dijo** y **preguntaron.** Por lo tanto, en el siguiente ejemplo podemos apreciar el valor de futuro de **tendría:**

   Dijo que tendría la tarea lista para mañana.

   He said that he'd have the homework done by tomorrow.

C. Condicional de probabilidad

El futuro de probabilidad expresa un valor de presente. Por ejemplo: ¿*Dónde estará*? (Me pregunto dónde está.) Por otro lado, el condicional puede adquirir un valor de probabilidad en el pasado. En todos estos ejemplos, el condicional tiene un valor de pasado.

¿Dónde estaría?

(Me pregunto dónde estaba.)

Where must he have been?

Serían las tres cuando llegaron a casa.

(Probablemente eran las tres cuando llegaron a casa.)

It must have been three o'clock when they got home.

No llegarían a tiempo de tomar el vuelo.

(Dudo que llegasen a tiempo de tomar el vuelo.)

They must not have arrived on time to catch the flight.

D. El condicional con cláusulas de imperfecto de subjuntivo precedidas de "si"

1. En cláusulas contrarias a la realidad, el condicional aparece en la apódosis acompañando a la prótasis del subjuntivo.

   Me iría de vacaciones   si pudiera.

   APÓDOSIS   PRÓTASIS

   I would go on vacation if I could.

2. También se pueden trocar las cláusulas, obteniendo el mismo sentido.

   Si pudiera,   me iría de vacaciones.

   PRÓTASIS   APÓDOSIS

   If I could, I would go on vacation.

   El significado en ambos casos es el de una acción irrealizable. El hablante sabe que no podrá irse de vacaciones.

3. En los tiempos compuestos del condicional perfecto la acción ocurre en el pasado y tampoco fue realizable.

   Me habría ido de vacaciones   si hubiera podido.

   I would have gone on vacation if I could have.

Si hubiera podido,   me habría ido de vacaciones.

If I could have, I would have gone on vacation.

4. En los casos del condicional perfecto, es posible sustituir el condicional por el imperfecto del subjuntivo sin variar el sentido de la oración. Se trata de una alternativa de forma.

Me hubiera ido de vacaciones   si hubiera podido.

I would have gone on vacation if I could have.

Si hubiera podido,   me hubiera ido de vacaciones.

If I could have, I would have gone on vacation.

5. Finalmente, el concepto "*would*" no siempre se traduce del inglés al español como condicional. Cuando "*would*" conlleva el valor de una acción habitual en el pasado, de "*used to*", la traducción se hará con el imperfecto de indicativo.

condicional: *I would go on vacation if I could.*

Me iría de vacaciones si pudiera.

pasado habitual: *I would often go fishing when I was a child.*

Iba a pescar cuando era niño.

Ejercicios

A. Carlos completó sus planes de regresar a casa para celebrar su cumpleaños.

Modelo: Carlos aseguró que ____iría____ a casa. (ir)

1. Los papás dijeron que lo _____ (encontrar) en la estación.

2. Carlos sabía que _____ (haber) fiesta en casa.

3. El tío preguntó qué le _____ (gustar) tener de regalo.

4. Sus hermanas insistieron en que ellas _____ (cocinar) su plato favorito.

5. Su prima repitió que ella no _____ (llevar) un vestido tan formal.

6. Prometí que yo _____ (traer) unos discos de música bailable.

B. Conociendo a los compañeros. Escoge dos o tres de estas situaciones siguientes y entrevista a un compañero. Después de la entrevista, comparte las ideas del compañero con el grupo.

1. Si yo fuera rico. . .

2. Si no tuviera miedo. . .

3. Si yo pudiera hablar con el presidente de los EE.UU. . . .

4. Si me tocara la lotería. . .

5. Si yo naufragase y estuviera en una isla desierta. . .

6. Si yo me encontrase un saco lleno de dinero. . .

C. Imagínate que vas a alquilar un apartamento y deseas que el casero arregle varias cosas que ahora están descompuestas. Utilizando el condicional de cortesía y petición, solicítale al casero que se ocupe de los problemas.

D. Expresa tu opinión sobre acciones que el gobierno debería o no debería llevar a cabo. Usa diez verbos distintos en diez oraciones separadas.

Modelo: Creo que el gobierno tendría que ayudar más a los estudiantes sin recursos.

III. Voz pasiva con "ser"

1. El concepto de la voz pasiva se refiere al cambio de orden de palabras en una oración.

   A. Cervantes escribió *Don Quijote.* VOZ ACTIVA

   B. *Don Quijote* fue escrito por Cervantes. VOZ PASIVA

   En (A), la oración en voz activa, el orden es de sujeto o agente (Cervantes), verbo (escribió) y objeto (*Don Quijote*). En (B), la oración en voz pasiva, el orden es de objeto (*Don Quijote*), verbo (fue escrito) y agente (por Cervantes).

2. El español, como el inglés, hace uso de la voz pasiva frecuentemente, cuando el énfasis cae sobre el objeto.

   El puente fue destruido (por el terremoto).

   The bridge was destroyed (by the earthquake).

   Mañana será inaugurada la autopista Madrid-Valencia.

   Tomorrow the new highway from Madrid to Valencia will be inaugurated.

3. Sin embargo, en español es raro el uso de la voz pasiva con **ser** en el presente. Así, pues, mientras en inglés se oye, por ejemplo: "*It is known. . .*", "*It is said. . .*", en español no es idiomático "Es sabido. . ." o "Es dicho. . .". Aunque si el objeto directo es humano, la voz pasiva con **ser** en el presente ocurre con más frecuencia.

   Finalmente, el niño es rescatado y entregado a sus padres.

   Finally, the child is (has been) rescued and returned to his parents.

La testigo es interrogada por la policía.

The witness is/is being interrogated by the police.

IV. Voz pasiva con "se"

Para la voz pasiva en el presente, el español prefiere el uso de se. Por ejemplo, "Se sabe", "Se dice". La forma coincide con la del se impersonal y solamente observamos la diferencia entre la voz pasiva con se y el impersonal se en el plural. Por lo tanto, en

Se vende casa.

puede suponerse que es una construcción pasiva con se (*A house is sold = House for sale*), o una construcción impersonal con se (*Someone sells a house = House for sale*). Aunque en la siguiente oración:

Se venden casas.

observamos la voz pasiva con se a causa de la concordancia del verbo (venden) con el sujeto (casas).

Al contrario, en

Se vende casas.

consideramos que "se" actúa como pronombre impersonal con el significado de "uno", mientras "casas" cumple la función de objeto y no de sujeto.

Ejercicios

A. Un uso muy importante de la voz pasiva con se y del se indeterminado es el de evitar nombrar a los agentes de las acciones verbales. Con las ideas siguientes, selecciona las de más importancia para ti y apoya las recomendaciones en un párrafo breve sustituyendo las personas verbales por el pronombre se. No olvides conectar las oraciones con conjunciones (por ejemplo y, aunque. . .) así como con frases de transición interoracional (por ejemplo ya que, sin embargo, no obstante. . .).

Por ejemplo: Los médicos recomiendan dejar de fumar. . . = Se recomienda dejar de fumar. . .

La pregunta queda en pie: ¿Modificarán nuestras acciones el medio ambiente de manera irreversible?

1. Los científicos creen que el clima está cambiando.
2. Dicen que cada vez hace más calor.
3. Opinan que la causa es el deterioro de la capa del ozono.
4. Un experto asegura que podemos disminuir el peligro con medidas ambientales.
5. No obstante, otros explican la situación como uno de los muchos ciclos naturales que el planeta experimenta.

6. Los geólogos saben que la Tierra ha experimentado épocas glaciales y épocas muy cálidas.

7. Tal vez los ciudadanos no deban preocuparse demasiado.

8. Los alarmistas piensan que el mundo está en peligro.

9. Por otra parte, los optimistas aseguran que no hay nada que temer.

10. Yo presiento que los seres humanos debemos colaborar con la conservación del medio ambiente, pero tampoco debemos angustiarnos con este tema.

11. Seguramente, nosotros no veremos el resultado; pues un cambio en la situación ambiental puede durar siglos.

_____

_____

_____

_____

_____

_____

B. Con la ayuda de un compañero, crea un anuncio solicitando los servicios de una persona que reúna las condiciones necesarias para una posición de relaciones públicas, como el conocimiento de idiomas, un título universitario y el don de gentes. Utiliza la forma impersonal, empleando formas como "se necesita", "se valorará"... (Usen la imaginación). Compartan los anuncios con el grupo.

_____

_____

_____

_____

C. En grupos que representen un equipo político, ofrezcan un esquema indicando lo que haría el equipo si ganara control del gobierno.

Modelo: Si salimos elegidos, se construirán más escuelas donde se aprenderán oficios técnicos. Comenten también qué es lo que no se hará.

_____

_____

_____

1. Situación #1

¿El tiempo de invierno ideal?

PERIODISTA: Escribes un artículo sobre el tiempo extraordinario de este invierno. En vez de ser un clima frío, la temperatura ha subido a 79 grados F. Entrevista al meteorólogo estatal, pidiéndole la información útil para escribir el artículo.

METEREÓLOGO ESTATAL: Eres el encargado de los pronósticos lejanos. Intentas contestar de una manera simple las preguntas hechas por el periodista, explicándole lo difícil que es explicar estos cambios inesperados.

2. Situación #2

La ciudad de Sevilla

ABUELO: Has vivido mucho tiempo en la ciudad de Sevilla, España. Tras los años han ocurrido varios cambios en la ciudad, los cuales representan los avances tecnológicos. Viene a visitarte tu nieta desde Madrid, donde es estudiante de la universidad, concentrándose en la antropología y la sociología. Para una asignatura del curso, te pide información sobre la historia de la ciudad y de tu vida. Le cuentas una historia personal especial sobre las diferencias entre la vida de Sevilla y la de Madrid.

NIETA: Visitas a tu abuelo, un hombre que ha pasado varias décadas en la ciudad de Sevilla. Para una asignatura en tu curso de sociología, le entrevistas buscando información sobre su vida en Sevilla y los cambios durante su vida.

Redacción

I. Estrategias para editar: La clave editorial repensada

En el Capítulo 1 vimos dos modelos de la clave editorial y creamos una para nuestro grupo. Ahora que hemos estudiado la escritura descriptiva y narrativa, varios aspectos lingüísticos de la sintaxis española, y rasgos críticos sobre el proceso de escribir y editar personalmente y en colaboración con otros, vale la pena volver a considerar nuestra clave. Se ofrece aquí otro modelo de clave editorial.

La clave editorial (modelo tres)

Usemos estos criterios para ayudar a los compañeros (y a nosotros mismos) con recomendaciones:

Próposito

_____ el tema: Está expuesto bien el tema en la introducción.

_____ la tesis: Está expuesta bien la tesis en la introducción; el ensayo tiene un enfoque claro y lo suficientemente limitado; la tesis muestra una perspectiva acertada.

Desarrollo y organización

_____ el ensayo tiene un desarrollo y organización lógicos; el apoyo es apropiado y suficiente.

_____ la introducción es atrayente; expone bien la tesis y el argumento.

_____ los párrafos del cuerpo siguen una forma lógica; cada párrafo tiene oración temática.

_____ la conclusión no sólo resume los puntos anteriores sino que también ofrece la perspectiva de una manera clara.

Los aspectos gramaticales

_____ el ensayo muestra cuidado y atención en el uso del lenguaje; no contiene errores gramaticales; hay consistencia con los tiempos verbales; no hay descuidos de puntuación.

Los aspectos estilísticos

_____ el ensayo muestra cuidado y atención en la selección de lenguaje; hay variedad de oraciones y de vocabulario; el vocabulario refleja el tono del ensayo.

En grupo, comparen los modelos del Capítulo 1, la clave usada en clase y el modelo aquí. Según las metas para el curso, decidan sobre una clave, combinando el enfoque gramatical del Capítulo 1 y el trato completo de los aspectos de un ensayo: el propósito, el desarrollo y la organización, los aspectos gramaticales, y los aspectos estilísticos.

Modelo estudiantil

Usamos un modelo estudiantil para practicar con la clave editorial renovada. Enfoquémonos en la selección de voz activa y pasiva y el uso de tiempos. La escritora presenta una comparación de la universidad en el Siglo de Oro y la de hoy.

A. "La universidad en el Siglo de Oro y hoy"

¶1. ¿Cuáles serían los cambios en la educación universitaria del siglo XVI de España? ¿Tendrían hoy en día la misma importancia? La vida de los estudiantes universitarios del siglo XVI es demostrada con las siguientes descripciones: la admisión de estudiantes, vivienda de estudiantes, privilegios de estudiantes, la selección de profesores, la cual incluye la subordinación de estudiantes, el estilo de instrucción, interacciones con los profesores y los estudiantes y finalmente las materias que eran ofrecidas para la enseñanza. Una comparación de la vida actual en la universidad demuestra que lo principal de la educación del colegio mayor es lo mismo; es decir que lo bueno es el estudiar y aprender de los profesores, pero de la manera en que esto se ha hecho ha cambiado como resultado de la modernización. La educación ha sido expandida de su campo de influencia y se ha convertido más en una igualdad social. Además, la pureza de la sangre también era bien importante. El estatus de nacimiento al igual que el árbol familar era muy importante en el siglo XVI en España, pero hoy el lugar de una persona en la sociedad se da menos por el origen de nacimiento y hay un énfasis más grande en la educación y en una carrera exitosa.

¶2. En la época dorada de España, el estudiante universitario tenía estatus privilegiado en la sociedad porque estaba protegido por el canon de la iglesia y el canon del gobierno civil. Esto fue un resultado de la pragmática de Santa Fe en 1492, la cual fue una decisión de la iglesia por el rector, quien era responsable por el bienestar general del estudiante universitario. El estudiante estaba bajo la jurisdicción y protección de la universidad por el profesor de teología. Esta protección incluía una inmunidad ordinaria de leyes civiles y se exentaba del servicio militar y se incluía una exención de su propiedad; o sea que los estudiantes no tenían que ir al servicio militar y no tenían que pagar impuestos por su propiedad. En la universidad de hoy, todos estos derechos y privilegios están ausentes, excepto en la de la exención militar del estudiante.

¶3. La selección de los profesores universitarios era realmente distinta en comparación con la de hoy día. El profesor de esa época era seleccionado para su posición, no por sus colegas o por el decano de la universidad, sino por el voto popular de los estudiantes. Hoy los profesores son elegidos por el departamento de la universidad. Los estudiantes no tienen voz ni voto en el asunto, excepto al final del curso, cuando el estudiante da una crítica escrita de la ejecución de enseñanza de la clase del profesor. En esos días era de gran valor que los estudiantes dieran su crítica que hasta el profesor sobornaba a gente, o sea que le pagaba a alguien para que sobornara a los estudiantes para que le dieran una buena crítica. Ahora los estudiantes no tienen ninguna influencia en la situación del empleo del profesor, sino que los profesores son elegidos por el departamento de la universidad.

¶4. El trabajo del profesor, por supuesto, era el de enseñar. ¿Qué enseñaba? Las materias básicas estudiadas en la época dorada eran las de lógica, retórica, y ciencias naturales, las cuales comenzaron las carreras de teología, leyes y medicina. Mientras que hoy en día estos cursos similares son ofrecidos en la escuela de letras y ciencias, el espacio de este currículo es mucho más amplio porque hay más conocimiento y nuevos avances tecnológicos y científicos. En ese tiempo había muy pocos libros en circulación porque la imprenta costaba mucho dinero y apenas estaba comenzando. ¿Qué ocurriría hoy si no tuviéramos que comprar los textos? Hoy la universidad tiene diferentes tipos de escuelas. Entonces, ¿cuál sería el estilo de enseñanza de estos profesores de esa época? El modo de estilo era el de leer la lección y el título del profesor era el de un lector. En la época de hoy, el profesor trata de participar con los estudiantes, al igual que hacerles preguntas. En esos días, después que la lectura terminaba, los estudiantes lo podían "asistir al poste" al profesor donde le podían debatir y hacerle preguntas.

¶5. Los estudiantes eran seleccionados para la universidad por su clase social. Venían de familias de clase alta y clase media. La mayoría de los estudiantes en Salamanca venía de familias de la nobleza y la aristocracia. Sin embargo, había oportunidades para estudiantes con aspiraciones de la clase media para asistir a la universidad aunque fuera un gran sacrificio financiero para la familia del estudiante; así que en ese siglo había una pirámide de estructura social con el más rico en la cima. Hoy en la universidad no se puede distinguir quién es pobre y quién es rico entre los estudiantes y el origen de los padres no cuenta. Pero sí hay una similitud entre los estudiantes que batallan por ser aceptados a la Universidad de Salamanca al igual que por ser aceptados a las universidades hoy. Por supuesto que hoy en día hay ayuda financiera y becas que ofrece el gobierno, las cuales son fundadas por organizaciones privadas.

¶6. En Salamanca había el Colegio Mayor, el cual les daba ayuda y donaciones a los estudiantes pobres para que pudieran ir a la universidad.

¶7. En la época del Siglo de Oro, en la universidad las condiciones de vivienda, comportamiento de los estudiantes y la asistencia a clases eran controladas por la universidad. La mayor parte de los estudiantes vivía en casas para estudiantes. La universidad típica de hoy tiene muchas residencias para los estudiantes. En Salamanca había muchas reglas para los estudiantes. La universidad en el siglo XVI requería que los encargados de las residencias observaran el modo de estudiar y la moral de los estudiantes. Las reglas incluían que las puertas fueran cerradas después de las siete de la noche, todas las noches; que se inspeccionaran los cuartos para que nadie faltara; que se organizaran los períodos para estudiar; que se excluyeran las discusiones no académicas; y que se prohibiera el juego a los dados y a las cartas. En las residencias de la universidad de esta época, no hay regulaciones que requieran ese comportamiento de los estudiantes; casi no hay restricciones en el comportamiento del estudiante a menos que rompa las leyes civiles y criminales del estado. Hoy, a los estudiantes se les sugiere que asistan a las clases, pero algunos no van a clases y si algunos quieren jugar cartas o hacerse la pinta, nadie podrá detenerlos. En Salamanca la asistencia mandatoria a clases era obligatoria. No obstante hoy en día no debemos confundir que sí es obligatorio asistir a clases, pero los profesores de hoy en día no castigarán o a penalizarán al estudiante por no asistir a clases, con la excepción de algunos maestros que sí toman en cuenta la asistencia diaria como un requisito para salir bien en la materia.

¶8. En conclusión, ha habido muchos cambios en la educación universitaria del siglo XVI en España en comparación con hoy. La educación universitaria ha sido cambiada por la modernización. Hoy la educación está abierta para más solicitantes y la entrada está basada en las habilidades de los estudiantes; el estatus de nacimiento de los estudiantes así como su estatus financiero no son considerados. La vida del estudiante aún incluye privilegios especiales y también incluso los estudiantes siguen viviendo en residencias universitarias. El papel del profesor ha sido aumentado al incluir otras materias al igual que más énfasis en el aprendizaje de sus estudiantes. Además, el estilo de la enseñanza hoy requiere un análisis de las materias y en los tiempos medievales la enseñanza era diferente porque se requería memorización.

PARA SER REDACTORES

1. ¿Qué opinas del título y de la primera oración? ¿Recomiendas algún cambio?

   _____

2. Evalúa el tema y la tesis de la lectura. ¿Hay una perspectiva claramente expuesta?

   _____

3. Presenta un resumen breve del apoyo que existe en el ensayo.

   _____

4. La coherencia del ensayo. Usando la clave editorial, vuelve a leer el ensayo y ofrece sugerencias sobre el propósito, el desarrollo y la organización, el aspecto gramatical y el aspecto estilístico. Subraya oraciones eficaces y circula oraciones que merezcan cambiarse.

   _____

5. La precisión y la concisión. ¿Sugieres cambios?

   _____

6. La separación de los párrafos. Evalúa la separación de los párrafos y las transiciones. Destaca la oración temática de cada párrafo. ¿Hay oraciones que no la apoyen o que deban estar en otro párrafo?

   _____

7. El tiempo verbal y la voz pasiva o activa. ¿Sirve la selección del tiempo verbal y de la voz activa/pasiva? ¿Recomiendas cambios?

   _____

   _____

8. Comentario general. Considerando tus comentarios, ofrece un análisis general y una nota de evaluación.

   _____

   _____

Capítulo 7

Escritor crítico

Gramática:
• el subjuntivo y el indicativo

Redacción:
• distinguir entre resumen, opinión y crítica

Gramática

I. El modo subjuntivo y el indicativo

A. Introducción a los dos modos

El subjuntivo y el indicativo son términos que se refieren a modos, o sea a maneras en que los hablantes expresan su actitud ante la acción verbal. Con el modo indicativo se transmite información objetiva, basada en hechos.

Voy al cine.

I'm going to the movies.

Mañana lloverá.

Tomorrow it will rain.

Ayer me visitaron mis padres.

Yesterday my parents visited me.

El modo subjuntivo, por otra parte, se emplea para transmitir información subjetiva, basada en suposiciones como duda, por ejemplo: "No creo que llueva mañana"; hipótesis, por ejemplo: "Tal vez reciba la beca"; deseo, por ejemplo: "Quiero que me digas la verdad". El empleo del subjuntivo depende por una parte de la intención de lo que se dice y por otra del uso idiomático establecido. Ya hemos visto que la intención del hablante puede expresar duda, hipótesis o deseo, por ejemplo. Pero también hay que tener en cuenta casos como los siguientes:

Creo que lloverá.

I think it will rain.

Creo que no lloverá.

I think it won't rain.

No creo que llueva.

I doubt (that) it will rain.

Se podría argumentar que "No creo que llueva" conlleva más duda que "Creo que no lloverá", aunque esencialmente ambas oraciones son iguales en su significado. Incluso nos podríamos preguntar por qué no es idiomático decir "Creo que llueva", siendo como es el verbo "creer" un verbo que transmite información subjetiva. Por otra parte, verbos como "comprender" y "entender" causan el uso del subjuntivo en la oración subordinada. Por ejemplo: "Comprendo que quieran mejorar su nivel de vida". También puede sorprender el uso del subjuntivo en expresiones como "El hecho de que sea uno de los dueños, no le autoriza a vender la empresa". Cabe preguntarse por qué se utiliza el subjuntivo si es un hecho, o sea una realidad, que él es uno de los dueños de la empresa. Como veremos más adelante, el indicativo también aparece después de esta construcción.

B. Formas del subjuntivo

1. Las vocales temáticas en los presentes de indicativo y de subjuntivo son opuestas.

   En indicativo es "a" en la primera conjugación, mientras en subjuntivo es "e". Por ejemplo:

Indicativo	**Subjuntivo**
Cantas	Quieren que cantes
Hablamos	Es mejor que hablemos

   Lo contrario ocurre con las vocales temáticas de la segunda y tercera conjugación.

   En indicativo es "e" en la segunda y en la tercera conjugación, mientras en subjuntivo es "a".

   Por ejemplo:

Indicativo	**Subjuntivo**
Comes	Te ruego que comas
Asisten	Tal vez asistan

2. Respecto al imperfecto de subjuntivo, se forma con las mismas bases de las formas de la tercera persona plural del pretérito perfecto simple. Para ello, únicamente se elimina la terminación **-ron** y se le añade la terminación correspondiente del imperfecto de subjuntivo. Por ejemplo:

pretérito perfecto simple:	ellos cantaron > canta-
	ellos dijeron > dije-
	ellos supieron > supie-
	ellos tradujeron > traduje-

imperfecto de subjuntivo: -ra/-se

-ras/-ses

-ra/-se

-ramos/-semos

-rais/-seis

-ran/-sen

Deseaban que Ud. cantara/cantase.

They wanted you to sing.

Sería preferible que se lo dijeras/dijeses.

It would be preferable that you told them (for you to tell them).

Quizás ya lo supieran/supiesen.

Perhaps they already knew it.

Ojalá tradujeran/tradujesen más libros.

I wish they could translate more books.

C. El subjuntivo en impersonales

1. El uso del indicativo o del subjuntivo en la oración subordinada depende de si la oración impersonal indica certeza o no. Si indica certeza, se emplea el modo indicativo. De lo contrario, el verbo en la oración subordinada va siempre en subjuntivo.

Indicativo

Es verdad que la economía tiene altibajos.

It's true that the economy has ups and downs.

Era cierto que había llovido.

It was certain that it had rained.

Es evidente que la temperatura ha cambiado.

It's evident that the temperature has changed.

Es seguro que tendremos una buena cosecha este año.

It's safe to say that we will have a good harvest this year.

Ocurre que me he quedado sin dinero.

It so happens that I find myself without any money.

Sucede que no tengo ganas de salir.

It so happens that I don't feel like going out.

Subjuntivo

Es conveniente que revises las cuentas.

It's a good idea for you to (that you) review the accounts.

Sería extraño que no llamasen.

It would be strange for them not to call (that they don't call).

Será necesario que llames al mecánico.

It will be necessary for you to call the mechanic.

Era dudoso que hubieran llegado a tiempo.

It was doubtful that they would have arrived on time.

Es curioso que me preguntes eso.

It's curious that you're asking me that.

D. **El subjuntivo con "el hecho de que" y "el que"**

1. Se trata de oraciones subordinadas sustantivas en las que **el hecho de que/el que** actúan como sujeto de la oración. Tratándose de **el que,** siempre se emplea el modo subjuntivo.

   El que no lloviera en primavera causaría una mala cosecha.

   El que lleguen tan tarde a casa me tiene preocupado.

2. Sin embargo, **el hecho de que** puede usarse con el subjuntivo o con el indicativo.

   A. El hecho de que ahora no haya trabajo, no significa que no lo habrá en el futuro.

   B. El hecho de que ahora no hay trabajo, no significa que no lo habrá en el futuro.

   La diferencia entre A y B se explica como una cuestión de subjetividad y objetividad. En A el hablante considera la situación subjetivamente con un significado parejo a "considero que no hay trabajo", mientras en B el significado objetivo es "se sabe que no hay trabajo".

3. No se debe confundir **el que** en oraciones subordinadas sustantivas con **el que** en oraciones subordinadas adjetivas. En los ejemplos anteriores *actúa como sujeto de la oración,* mientras que en los ejemplos siguientes se trata de *un pronombre relativo y puede tomar el modo indicativo o subjuntivo.*

   A. Llévate el que más te gusta.

   B. Llévate el que más te guste.

En A el hablante sabe cuál es el libro favorito de la persona que se lo llevará; por eso, emplea la forma del indicativo. Pero en B no lo sabe y tiene que utilizar el subjuntivo, puesto que el referente es hipotético. A continuación estudiaremos este concepto en la sección de las oraciones subordinadas adjetivas.

Ejercicios

A. El dueño de la empresa habla a sus empleados. Completa las siguientes oraciones según tu criterio:

1. Es importante que _____

2. Era necesario que _____

3. No era verdad que _____

4. Es increíble que _____

5. Parece que _____

6. Sería conveniente que _____

7. Será mejor que _____

8. Es imposible que _____

B. Eres el entrenador del equipo universitario de básquetbol. Van a jugar el último partido de la temporada y necesitan ganar para participar en el campeonato estatal. Para animar al equipo, ofrece a los jugadores unos consejos.

Ejemplo: Será mejor que duerman bien esta noche.

_____

_____

_____

C. Describe lo que deseaban las siguientes personas, usando el imperfecto de subjuntivo del verbo entre paréntesis.

1. El mesero quería que ellos le _____ (dar) propina.

2. Yo quería que tú _____ (venir) a la fiesta.

3. Guillermo quería que Silvia le _____ (hacer) un favor.

4. Carmen quiso que Roberto le _____ (traer) el libro.

5. Yo insistí en que los niños me _____ (decir) la verdad.

6. Mi familia deseaba que yo _____ (buscar) trabajo.

7. Mis amigos me pidieron que yo les _____ (ayudar) con la tarea.

8. Mi hermano quería que yo lo _____ (llevar) al cine.

9. Los vecinos exigieron que nosotros _____ (bajar) el volumen.

10. El maestro deseaba que nosotros _____ (saber) la respuesta.

D. La pareja, Verónica y Pablo, están en el restaurante, celebrando el fin de un proyecto difícil. Completa las siguientes oraciones con la forma apropiada del verbo.

1. Pablo: Yo quería que tú _____ (recibir) el crédito que merecías.

2. Verónica: Ya sabes que Carmen quiso que Roberto _____ (ser) el encargado.

3. Pablo: Yo insistí en que Roberto te _____ (poner) de jefa.

4. Verónica: Te lo agradezco y estoy muy contenta de que todo _____ (haber salido) bien.

5. Verónica: Es verdad que los otros me _____ (apoyar) mucho.

6. Pablo: Bueno, me parece que el mesero espera que _____ (decidir) pronto.

E. Al manejar a casa, Dolores se pone muy frustrada. Completa las oraciones con la forma apropiada del verbo.

1. Dolores le exigió a su primo que le _____ (componer) su carro.

2. Siempre toma café cuando _____ (conducir) de madrugada.

3. Le gustaría que sus padres le _____ (comprar) otro carro.

4. Busca un mecánico que _____ (ser) competente.

5. Maneja como si _____ (tener) mucho tiempo.

6. Ojalá que _____ (poner) un semáforo en el cruce.

F. En parejas, escribe una lista de cinco recomendaciones para los nuevos estudiantes que seguirán este curso de español el próximo semestre.

SITUACIONES

Intenta incorporar oraciones al subjuntivo y al indicativo en los diálogos.

1. Situación #1

Festival de películas

ESTUDIANTE: Eres el líder del comité estudiantil que organiza un programa anual sobre las artes, un festival de películas. Este año piensas en un festival vanguardista, algo un poco controvertido. Al parecer, la administración de la universidad piensa en un programa a lo tradicional. Necesitas ofrecerle al decano motivos que le permitan estar de acuerdo contigo.

DECANO: Eres el administrador encargado de dirigir a los estudiantes que organizan el festival anual de películas. Es necesario presentar un festival que no resulte en molestias para la universidad. Te muestras firme contra los deseos del estudiante.

2. Situación #2

¿Opinión o crítica?

REDACTOR: Eres el redactor estudiante del periódico estudiantil, encargado de crear un periódico que presente los asuntos del campus de manera objetiva. Tienes un nuevo escritor con la tendencia de escribir artículos controvertidos, basados más en opinión que en hechos. Le hablas.

NUEVO ESCRITOR: Eres un nuevo estudiante, concentrándote en las ciencias de la comunicación. Acabas de conseguir un nuevo puesto de escritor para el periódico universitario y crees que los asuntos más críticos en el campus deben salir a la luz. Te niegas a escribir artículos que no le llamen la atención a la administración, pero sabes que el redactor quiere unos cambios. Intentas llegar a un acuerdo sobre el tipo de artículo apropiado para los estudiantes.

Redacción

I. Estrategias para editar: Distinguir entre el resumen, la crítica y la opinión

¿Cuál es la diferencia entre el resumen, la crítica y la opinión? Un resumen es una recapitulación concisa. Presenta el tema, la tesis y el argumento de la obra. No incluye ninguna evaluación de la obra. La crítica, como el resumen, presenta información sobre la obra, respecto al contenido y temas. También incluye una evaluación de la obra; si el resumen ofrece el "qué" de la obra, la crítica ofrece el "cómo" además del "qué". La opinión es la evaluación personal de una obra. Debe basarse en el resumen y la crítica; después de saber presentar el resumen y presentar una crítica, se da la opinión. Los tres caben en la escritura, especialmente en las reseñas; es cuestión de saber el propósito de la tarea y asegurarte de que has respondido de forma apropiada.

Vemos ahora dos modelos de reseñas. Al leer cada modelo, considera el contenido y el lenguaje: ¿Dónde hay resumen, crítica y opinión? ¿Hay generalizaciones que deben ser eliminadas?

A. "El sabor de comida me da la sensación"

¶1. La película "Como agua para chocolate", de la novela escrita por la autora Laura Esquivel, filmada y dirigida por Alfonso Arau fue absolutamente excelente. Es igual a agua hirviendo al punto para el chocolate caliente, con la elevación de pasión. Alfonso Arau, el director, supo usar varios elementos fantásticos y efectos especiales para crear y captar las tradiciones de la familia mexicana en los tiempos pasados. En un rancho en México, se desarrolla la historia de tres hijas y su madre dominante, una persona que no me gustaba para nada por su carácter rígido. Parece el estereotipo de las mujeres que no salen de la casa nunca. La película empieza con el nacimiento de Tita. Tita nació y creció en la cocina entre los olores de comida: cebollas y hierbas naturales. El ingrediente más importante es el cariño que le dan a la comida. Su nacimiento precedió el gusto y el amor por la cocina. Tita creció acompañada de Nacha. Nacha fue como una madre que no tenía en Mamá Elena.

¶2. Tita es la hija menor de la Mamá Elena, que no puede casarse porque le corresponde cuidar a su madre hasta el día que se muera. Tita obedece hasta que se enamora de un joven guapo, Pedro. Pedro y Tita se enamoran apasionadamente. El conflicto empieza cuando Pedro se da cuenta de que no se puede casar con Tita; entonces se casa con la mayor, Rosaura, para estar cerca de Tita. El amor entre los dos hizo que Tita sufriera.

¶3. Aunque el resto del reparto fue excelente, el personaje de Tita hizo que el público sintiera sus emociones. Por ejemplo, Tita tuvo que esconder sus sentimientos y mantenerse fuerte para hacer el pastel para la boda de su hermana. En ese momento la audiencia pudo sentir su dolor arduo. El personaje de Pedro dio una gran sensación sexual al estar al lado de Tita.

¶4. La película es narrada por la nieta-sobrina de Tita. El tono es un poco serio, amoroso, y místico de modo que crea otra dimensión a la película. Lo místico ayudó a desarrollar la película. Por ejemplo, al principio cuando nació Tita, las lágrimas de Mamá Elena se desbordaban sobre la mesa. El efecto de los rayos del sol evaporaron las lágrimas y dejando cinco kilos de sal. Estos elementos hicieron que la película no fuera otra historia de amor, sacrificio, y drama, sino una leyenda de ingredientes caseros, rebelión y deseo. El amor verdadero, al revelarse, nunca se puede detener.

¶5. La guionista, Laura Esquivel, escribió esta novela para presentar las tradiciones del campo. Su mezcla de comida y realismo mágico desarrolla el amor entre Pedro y Tita. Por ejemplo, la primera vez que los dos tuvieron relaciones sexuales, los fuegos artificiales empezaron a tronar al final y están muertos.

¶6. Fue una de las mejores películas que haya visto. El director creó elementos fantásticos; por ejemplo, números de extraños intercambios espirituales, para mejor expresar la novela de Laura Esquivel. Pero, es una lástima que al fin de la película deje un desagradable sabor.

B. "Una historia agridulce"

¶1. La fórmula, para aquellos que desacreditan la existencia del amor eterno, se encuentra en la chocolatosa y amargosa película, "Como agua para Chocolate." Aunque en ella surge una conmovida historia de amor que se inclina a crear melancolía y tristeza, la mezcla de elementos fantásticos con hechos reales borra por completo las lágrimas del espectador. Pero no hay que dejar atrás la contribución del guión, lleno de palabras directas y sumamente indiscretas, producto de la famosa escritora Laura Esquivel, quien ganó el distinguido premio Ariel por el mejor guión del año. Los actores, tanto la protagonista Tita (Lumi Cavazos) como la antagonista, Mamá Elena (Regina Torné) interpretan a los personajes como ningún otro actor podría realizarlos.

¶2. El contraste de personajes entre las tres hermanas, Tita, Rosaura, y Gertrudis es evidencia que la película, al tomar parte durante la revolución mexicana, muestra el cambio de papel en la mujer en cuanto al sexo y la tradición. Pero, para esto, la actriz debe convertirse en una mujer de las primeras décadas del siglo veinte, algo que las tres jovencitas ya mencionadas logran hacer perfectamente. Sin embargo, el joven actor Marco Leonardi con el papel de hombre enamorado, deja al espectador con un ataque nervioso tanto por su personaje como por su desagradable actuación. Pobre. Mejor hubiera sido Enrique Guzmán (lástima que no fue lanzada en los sesenta). Lumi Cavazos, por otra parte, sí sabe del arte. Es impresionante la manera en que ella se desenvuelve. Su claridad de voz con toque de acento mexicano la convierte en la estrella del oriente.

¶3. Por otro lado, siempre se ha dicho que "más sabe el diablo por viejo que por diablo" pero hay que creerlo ya que la tal Mamá Elena marca el amargo destino que sufre su hija. Pero debemos tener cuidado de no mezclar su papel de actriz con el de su personaje. Esta talentosa mujer bien que sabe interpretar el guión. Su mirada diabólica permanece grabada en el espectador días después de haber visto el filme. Esto no es dicho para espantarlos sino para enfatizar su buena actuación.

¶4. "Como agua para chocolate" sostiene unas escenas magníficas en donde se transmite el ambiente de las décadas revolucionarias y las relaciones entre razas. Las fiestas presentan a mexicanos con costumbres ladinas intentando ser burgueses con mestizos o indígenas como sirvientes. Los trajes, los muebles, y la música son también participantes esenciales de este gran elemento sociocultural que es transmitido a través de la película.

¶5. La irónica historia de amor que es ilustrada a través de la pantalla grande y chica llena al espectador con coraje cuando los enamorados no logran probar su amor completamente.

¶6. El filme es recomendado a todos aquellos que les gusten las inocentes historias de amor que amargan pero no entristecen a las pupilas. "Como agua para chocolate"—¡la película que se debe ver tomando una taza de chocolate calentita con unas gotitas de limón!

PARA SER REDACTORES

Pueden dividir la clase en parejas o grupos para revisar cada ensayo y luego comparar el trabajo entre todos.

1. ¿Qué opinas del título y de la primera oración? ¿Recomiendas cambios o no?

_____

_____

2. Escribe el tema y la tesis de la lectura. ¿Hay una perspectiva claramente expuesta?

_____

3. Presenta un resumen breve del apoyo que intenta incorporar la escritora.

_____

4. La coherencia del ensayo. Usando la clave editorial, vuelve a leer el ensayo y ofrece sugerencias sobre el propósito, el desarrollo y la organización, el aspecto gramatical y el aspecto estilístico. Subraya oraciones eficaces y circula oraciones que merezcan cambiarse.

_____

5. La precisión y la concisión. ¿Sugieres cambios?

_____

6. La separación de los párrafos. Evalúa la separación de los párrafos y el uso de transiciones.

_____

_____

7. El tiempo verbal y la voz pasiva o activa. Comenta la selección y recomienda cambios.

_____

8. El resumen, la crítica y la opinión. ¿Hay oraciones que debemos editar o quitar porque son generalizaciones u opiniones sin apoyo?

_____

9. Comentario general. Considerando todos tus comentarios aquí, ofrece un análisis y pon una nota de evaluación.

_____

_____

_____

Capítulo 8

Escritor abogado

Gramática:
- el subjuntivo y la subordinación
- las conjunciones
- el infinitivo y el gerundio

Redacción:
- variedad de oración
- la coordinación y la subordinación
- la introducción y la conclusión

Gramática

I. El subjuntivo y la subordinación

A. La subordinación

1. Para continuar el estudio del modo subjuntivo, enfoquémonos en su uso dentro de la subordinación. Como su nombre indica, las oraciones subordinadas dependen de oraciones principales que las rigen. Así, por ejemplo, en la oración "Ella quiere que el niño regrese a casa temprano", "que el niño regrese a casa temprano" es una oración subordinada de la oración principal "Ella quiere". Sintácticamente, esta oración subordinada actúa como si se tratase de un sustantivo.

Sujeto	Verbo	Objeto
Ella	quiere	que el niño regrese a casa temprano.
		(eso)

She wants the boy to come home early.

La oración subordinada sustantiva "que el niño regrese a casa temprano" se considera que hace oficio de sustantivo, ya que equivale al pronombre demostrativo neutro "eso", el cual a su vez cumple la función de un sustantivo.

2. Veremos que las oraciones subordinadas sustantivas llevan un verbo en el modo indicativo o en el subjuntivo, según la naturaleza semántica del verbo—o sea, según el significado del verbo. En verbos de la oración principal que indiquen emoción (felicidad, tristeza, enojo, temor, sorpresa, satisfacción, esperanza. . .), deseo (ganas, preferencia, petición. . .), duda y negación (sospecha, recelo, incredulidad. . .) siempre se usará el subjuntivo en el verbo de la oración subordinada.

Verbo de Emoción (Oración Principal)	Verbo en Subjuntivo (Oración Subordinada)
Me alegro de	que puedas venir a la fiesta.

I'm happy that you can come to the party.

Sentimos	que tengan que marcharse tan pronto.

We're sorry that you have to leave so soon.

Verbo de Deseo	Verbo en Subjuntivo
(Oración Principal)	(Oración Subordinada)
Prefirieron	que les llevases la comida a su cuarto.

They preferred that you bring their meal to their room.

Me apetece	que me traigan un postre.

I'd like you to bring me dessert.

Verbo de Duda y Negación	Verbo en Subjuntivo
(Oración Principal)	(Oración Subordinada)
Desconfiaba de	que por fin le pagaran lo que le debían.

He was doubtful that they would ever pay him what they owed him.

Dudo de	que se acuerden de mí.

I doubt they remember me.

Negó	que lo hubiera hecho.

He denied that he had done it.

3. Sin embargo, con aquellos verbos que no denotan ninguna de las categorías semánticas indicadas, se utiliza el modo indicativo en la oración subordinada.

Confiaba en	que por fin le pagarían lo que le debían.

He trusted that they would finally pay him what they owed him.

No dudo de	que se acuerdan de mí.

I don't doubt that they'll remember me.

I'm sure they'll remember me.

Sabemos	que lo había hecho.

We know (that) he had done it.

4. Para constatar la importancia del contenido semántico del verbo en la oración principal, consideremos las dos construcciones siguientes:

Dicen	que gastamos el dinero en lo necesario.

They say that we are spending/spend the money on what is necessary.

Dicen	que gastemos el dinero en lo necesario.

They are telling us to spend the money on what is necessary.

La primera oración compleja (combinación de una oración principal y una subordinada) emplea el modo indicativo porque a "Dicen" se le da un significado de información o comunicación. Pero en la segunda oración compleja, a "Dicen" se le asigna el significado de mandato u orden, por eso el verbo en la oración subordinada recibe el modo subjuntivo. Esto se observa más claramente si sustituimos los verbos de las oraciones principales con otros verbos sinónimos.

Informan/comunican que gastamos el dinero en lo necesario.

Ordenan/mandan que gastemos el dinero en lo necesario.

5. Similarmente, el contenido semántico en las siguientes oraciones presenta distintos resultados en las oraciones subordinadas:

Siento que a mi amigo le ocurre algo. (Tengo el presentimiento.)

I think that something is happening to my friend.

Siento que a mi amigo le ocurra algo. (Tengo tristeza.)

I'm sorry that something is happening to my friend.

6. Las diferencias semánticas son a veces sutiles.

Comprendo/entiendo/me hago cargo de que tenga que faltar a clase.

(Razonamiento subjetivo)

I understand that she may have to miss class.

Me doy cuenta de/estoy consciente de que tiene que faltar a clase.

(Razonamiento objetivo)

I realize that she has to miss class.

Admito que llegan tarde. (Reconozco ese hecho.)

I recognize that they are arriving late.

Admito que lleguen tarde. (Permito ese hecho.)

I'll allow them to arrive late.

Repito que llegan tarde. (Insisto en que ocurre ese hecho.)

I repeat (that) they are arriving late.

Repito que lleguen tarde. (Ordeno una y otra vez que cumplan con mi deseo.)

I repeat, (that) they ought to arrive late.

B. El subjuntivo en oraciones impersonales (subordinación sustantiva)

1. Las oraciones impersonales son construcciones sin sujeto explícito.

Sujeto	Verbo	Objeto
Ø	Es mejor	que hagas la tarea.
	It's best (that) you do the homework.	
Ø	Sería preferible	que dejases de fumar.
	It would be preferable if you stopped smoking.	

C. El subjuntivo en oraciones subordinadas adjetivas

1. Las oraciones subordinadas adjetivas actúan como si fueran adjetivos de la oración principal. O sea, modifican nombres o pronombres de la oración principal y en ese sentido las oraciones subordinadas adjetivas funcionan como adjetivos. Por ejemplo:

	Adjetivo
Tengo un loro	muy hablador.
I have a very talkative parrot.	

(Oración Principal)	**(Oración Subordinada Adjetiva)**
Tengo un loro	que habla mucho.
I have a parrot that talks a lot.	

En la oración subordinada "que" es un pronombre relativo cuyo antecedente es "un loro." Como podemos observar, el verbo en la oración subordinada está en el modo indicativo. No obstante, en los siguientes casos el verbo de la oración subordinada recibe el modo subjuntivo:

A. Si se desconoce o no existe el referente de la oración principal.

No conozco a nadie que pueda resolver el problema.

I don't know anyone who can solve the problem.

No había nada que pudiéramos hacer.

There was nothing that we could do.

Se necesitan profesores que sepan español e inglés.

They need professors who know Spanish and English.

Me matricularé en la clase que Ud. diga.

I'll register for whatever class you say/tell me.

¡Haz lo que quieras!

Do whatever you want!

B. Estas oraciones contrastan con sus equivalentes en las que se conoce el referente:

Conozco a alguien que puede resolver el problema.

I know someone who can solve the problem.

Había algo que podíamos hacer.

There was something that we could do.

Se necesitan los profesores que saben español e inglés.

The professors who know Spanish and English are needed.

Me matricularé en la clase que Ud. dice.

I'll register for the class you tell me (to take).

¡Haz lo que quieres!

Do what you want!

C. En todos estos ejemplos se conoce el referente y por lo tanto el verbo en la oración subordinada recibe el modo indicativo.

Si se desconoce la existencia del referente y éste es una persona, se omite la "a personal" (excepto con **alguien** y **nadie**).

Busco una persona que sepa hablar guaraní.

I'm looking for a person who knows how to speak Guaraní.

Busco a alguien que sepa hablar guaraní.

I'm looking for someone who knows how to speak Guaraní.

Busco a una/la persona que sabe hablar guaraní.

I'm looking for a/the person who knows how to speak Guaraní.

Conozco a alguien que sabe hablar guaraní.

I know someone who knows how to speak Guaraní.

Pero:

No conozco a nadie que sepa hablar guaraní.

I don't know anyone who knows how to speak Guaraní.

D. El subjuntivo en oraciones subordinadas adverbiales

1. Las oraciones subordinadas adverbiales cumplen una función adverbial, puesto que modifican a los verbos de la oración principal.

    Adverbio

    Viajaba   de incógnito

    He travelled anonymously/incognito.

Oración Principal	**Oración Subordinada**
Viajaba	sin que supieran su identidad.

    He travelled without anyone knowing his identity/incognito.

2. La oración subordinada funciona en el ejemplo como una alternativa de la frase adverbial "de incógnito". Notemos que el modo en la oración subordinada es el subjuntivo "supieran". Pero esto no es siempre así. Si bien la conjunción **sin que** requiere siempre una forma verbal en subjuntivo, hay otras conjunciones que alternan entre el indicativo y el subjuntivo, según su contenido semántico.

    Subjuntivo

    conjunciones condicionales y finales (subjuntivo):

a menos que	*unless*
a no ser que	*unless*
salvo que	*unless/except*
en caso de que	*in case*
sin que	*without*
antes de que	*before*
con tal (de) que	*provided that*
a condición de que	*with the condition that*
para que	*so that*
a fin de que	*so that*

    Indicativo o Subjuntivo

    conjunciones temporales de acciones futuras (subjuntivo) o pasadas (indicativo):

cuando	*when*
hasta que	*until*

tan pronto como	*as soon as*
apenas	*when, as soon as*
después de que	*after*
en cuanto	*as soon as*
al mismo tiempo que	*at the same time*
a la vez que	*at the same time*
mientras	*while*
una vez que	*once*

conjunciones concesivas de acciones hipotéticas (subjuntivo) o verdaderas (indicativo):

aun si	*even if*
aun cuando	*even when*
aunque	*although*
a pesar de que	*although*
pese a que	*although, in spite of*
no obstante	*in spite of*
siquiera	*even if*

conjunciones causales de acciones finales (subjuntivo) o efectuales (indicativo):

como	*if, since*
de modo que	*so that*
de manera que	*so that*
según	*according*
porque	*so that, because*

Indicativo

conjunciones temporales que indican acción terminada:

puesto que	*since*
ya que	*now that, since*
como	*since*
ahora que	*now that*
desde que	*since*

3. ¿INDICATIVO O SUBJUNTIVO? Como se ve en las listas de conjunciones, el uso del indicativo o el subjuntivo en la oración subordinada adverbial está condicionado por el tiempo en que se desarrolla la acción del verbo en la oración principal y por el motivo deseado. Si el verbo de la oración principal está en futuro o en condicional, el verbo en la oración subordinada estará en subjuntivo. Si hay motivo condicional, final o hipotético, se usa el subjuntivo; con motivo causal o temporal con acción futura, se usa el subjuntivo. De lo contrario, el verbo de la oración subordinada irá en indicativo. Veamos unos ejemplos:

Oracion subordinada en subjuntivo:

a menos que	No podré salir a menos que encuentre las llaves.
a no ser que	" " a no ser que " "
salvo que	" " salvo que " "
en caso de que	En caso de que llamen, diles que no estoy.
sin que	No se irán sin que les paguen lo que les deben.
antes (de) que	Cierra la puerta antes de que te vayas.
con tal (de) que	Te dejo el libro con tal de que no me lo estropees.

Oración subordinada en subjuntivo o indicativo:

Aunque estudio mucho, no saco buenas notas. (INDICATIVO)

Aunque estudie mucho, no sacaré buenas notas. (SUBJUNTIVO)

Aunque estudié mucho, no saqué buenas notas. (INDICATIVO)

Aunque estudiara mucho, no sacaría buenas notas. (SUBJUNTIVO)

Esta diferencia entre el indicativo y el subjuntivo se marca en inglés con diferentes conjunciones; con *"even though"* (equivalente al uso del modo indicativo) y con *"even if"* (equivalente al uso del modo subjuntivo).

A pesar de que no le gustaba, el niño se comió la sopa. (INDICATIVO)

A pesar de que no le guste, el niño se comerá la sopa. (SUBJUNTIVO)

Cuando me levanto me cepillo los dientes. (INDICATIVO)

Cuando me levante me cepillaré los dientes. (SUBJUNTIVO)

El banco nos envía un aviso en cuanto nos quedamos sin fondos. (INDICATIVO)

" "	tan pronto como	" "
" "	en seguida que	" "
" "	apenas	" "

"   " al punto que   "   "

"   " luego que   "   "

El banco nos enviará un aviso en cuanto nos quedemos sin fondos. (SUBJUNTIVO)

"   " tan pronto como   "   "

"   " en seguida que   "   "

"   " apenas   "   "

"   " al punto que   "   "

"   " luego que   "   "

Siempre me avisan después de que llega la carta. (INDICATIVO)

Me avisarán después de que llegue la carta. (SUBJUNTIVO)

No me acuesto hasta que no termino la tarea. (INDICATIVO)

No me acostaré hasta que no termine la tarea. (SUBJUNTIVO)

Una vez que termino de comer, doy un paseo. (INDICATIVO)

Una vez que termine de comer, daré un paseo. (SUBJUNTIVO)

4. Respecto al orden de las oraciones, no es obligatorio colocar la oración principal antes o después de la subordinada y sería perfectamente gramatical decir:

No saco buenas notas, aunque estudio mucho.

Aunque estudio mucho, no saco buenas notas.

No sacaré buenas notas, aunque estudie mucho.

Aunque estudie mucho, no sacaré buenas notas.

No saqué buenas notas, aunque estudié mucho.

Aunque estudié mucho, no saqué buenas notas.

No sacaría buenas notas, aunque estudiara/estudiase mucho.

Aunque estudiara/estudiase mucho, no sacaría buenas notas.

II. Secuencia de tiempos verbales con oraciones subordinadas

Se debe tener en cuenta la correlación verbal conocida como "secuencia de los tiempos verbales." Hemos visto, por ejemplo, la secuencia:

Presente de Indicativo

No saco buenas notas,

Presente de Indicativo

aunque estudio mucho.

Futuro de Indicativo

No sacaré buenas notas,

Presente de Subjuntivo

aunque estudie mucho.

Pretérito Perfecto Simple

No saqué buenas notas,

Pretérito Perfecto Simple

aunque estudié mucho.

Condicional

No sacaría buenas notas,

Pretérito Imperfecto de Subjuntivo

aunque estudiara/estudiase mucho.

La secuencia de tiempos podemos compendiarla con las siguientes combinaciones:

Presente de Indicativo

Cuando estudio

Presente de Indicativo

escucho la radio.

Pret. Imperfecto de Indicativo

Cuando estudiaba

Pret. Imperfecto de Indicativo/Pretérito Perfecto Simple/Pretérito Pluscuamperfecto

escuchaba/escuché/(ya) había escuchado la radio.

Pretérito Perfecto Simple

Cuando estudié

Pretérito Perfecto Simple/ Pret. Imperfecto de Indicativo/ Pretérito Pluscuamperfecto

escuché/escuchaba/(ya) había escuchado la radio.

Pret. Perfecto Compuesto

Cuando he estudiado

Pret. Perfecto Compuesto/ Pretérito Pluscuamperfecto

he escuchado/(ya) había escuchado la radio.

Pretérito Pluscuamperfecto

Cuando había estudiado

Pretérito Perfecto Simple/ Pretérito Pluscuamperfecto

escuché/(ya) había escuchado la radio.

Presente de Subjuntivo

Cuando estudie

Futuro de Indicativo/Futuro Perfecto de Indicativo

escucharé/habré escuchado la radio.

Pret. Imperfecto de Subjuntivo

Cuando estudiara/estudiase

Condicional/Condicional Perfecto

escucharía/habría escuchado la radio.

Pret. Perfecto de Subjuntivo	Futuro de Indicativo/Futuro Perfecto de Indicativo
Cuando haya estudiado	escucharé/habré escuchado la radio.
Pret. Pluscuamperfecto de Subj.	**Condicional/Condicional Perfecto/Pret. Pluscuamperfecto de Subj.**
Cuando hubiera/hubiese estudiado	escucharía/habría/hubiera escuchado la radio.

Ejercicios

A. Jorge está preocupado porque todavía no tiene trabajo y va a graduarse pronto. Lo encontramos pensando en su situación financicra. Llena el espacio con la forma correcta del verbo en el subjuntivo.

1. Haré las reservas para la cena de graduados tan pronto como _____ (llegar) el cheque.

2. Cerraré la cuenta en cuanto _____ (cambiar) de banco.

3. No podré comprarme un traje hasta que _____ (terminar) de pagar todo lo que debo.

4. Antes de que tú _____ (irse), te voy a pedir un préstamo.

5. No me permiten quedarme en el apartamento a menos que yo _____ (pagar) el alquiler.

B. Completa la oración como si fuera tu primera semana de estudios universitarios, decidiendo entre el subjuntivo y el indicativo.

1. Busco una casa que. . .

2. Conozco a alguien que. . .

3. No conozco a nadie que. . .

4. Dudo que. . .

5. Yo sé que. . .

6. Tengo miedo de que. . .

7. Estoy orgulloso de que. . .

8. Lamento que. . .

9. Entiendo que. . .

10. Me doy cuenta de que. . .

C. El tiempo. El meteorólogo ofrece los pronósticos siguientes. Llena los espacios con la forma correcta.

Es seguro que el tiempo caluroso (1) _____ (ir) a seguir. Sin embargo, es posible que (2) _____ (llover) el lunes. Creemos que (3) _____ (durar) la lluvia poco tiempo y es bueno porque no conozco a nadie a quien no le (4) _____ (gustar) la estación de primavera.

Este fin de semana, vayan a buscar una playa donde (5) _____ (pasar) una tarde agradable.

D. En parejas, escriban una carta al ministro encargado del medio ambiente, ofreciendo sus opiniones sobre el uso excesivo de petróleo y sugerencias posibles.

(la energía solar, el coche eléctrico, transporte público)

Modelo: Es preciso que no malgastemos los recursos de petróleo en este país.

III. El indicativo y el subjuntivo en otros contextos

A. Oraciones subordinadas con "si"

A una oración se le puede añadir otra oración con una condición.

Compraré la casa si tengo dinero.
I will buy the house if I have money.

Este es un tipo de subordinación adverbial. El orden de las oraciones puede invertirse.

Si tengo dinero, compraré la casa.
If I have money, I will buy the house.

La secuencia de tiempos y modos es la siguiente:

Si + presente de indicativo, imperfecto de subjuntivo o pretérito pluscuamperfecto de subjuntivo.

Oración subordinada		Oración principal
Si + presente de indicativo	+	futuro

Si puedo, iré al concierto.
If I can, I'll go to the concert.

Oración subordinada		Oración principal
Si + imperfecto de subjuntivo	+	condicional

Si pudiera/pudiese, iría al concierto.
If I could, I would go to the concert.

Oración subordinada		Oración principal
Si + pret. pluscuamperfecto de subjuntivo	+	condicional perfecto o pret. pluscuamperfecto de subjuntivo

Si hubiera/hubiese podido, habría/hubiera/hubiese ido al concierto.
If I had been able (to go), I would have gone to the concert.

Éstas son las únicas combinaciones idiomáticas en la actualidad con **si**. No es gramatical emplear otros tiempos o modo.

*Si podré iré

*Si podría iría

En muchos dialectos se utiliza de forma coloquial la siguiente secuencia:

Pret. Imperfecto de Indicativo	**Pret. Imperfecto de Indicativo**
Si podía	lo hacía.

En vez de la secuencia normativa:

Pret. Imperfecto de Subjuntivo	**Condicional**
Si pudiera	lo haría

En otros dialectos se dice:

Si pudiera fuera.	Si pudiera, iría.
Si la tuviera, qué feliz fuera.	Si la tuviera, qué feliz sería.
Si no fuera por los emigrantes, este país no tuviera una buena economía.	Si no fuera por los emigrantes, este país no tendría una buena economía.

Este uso era común en el Siglo de Oro y se trata de un arcaísmo que se ha mantenido en muchos dialectos, pero que ha sido relegado desde la perspectiva normativa.

B. Como si, igual que si

Como si, igual que si + imperfecto de subjuntivo o pretérito pluscuamperfecto de subjuntivo.

Estos condicionales de comparación únicamente se utilizan en dichos tiempos y modo.

Por lo tanto, no son gramaticales las siguientes oraciones:

*Actúa como si lo sabe/sabrá/sabría/sepa/sabía/supo.
He acts as if he knows/will know/would know/might know/knew, etc.

Ejemplos gramaticales:

Habla como si lo supiera/supiese todo.
He speaks as if he knew it all.

El equipo jugó como si ya hubiera/hubiese perdido la eliminatoria.
The team played as if it had already lost the playoffs.

Conduce igual que si estuviera en una carrera.
She drives like/as if she were in a race.

C. Ojalá (que) y ¡quien. . .!

Para expresar un deseo o una esperanza, se emplea **ojalá** y el modo subjuntivo.

Ojalá (que) lleguen a tiempo de tomar el vuelo.

(Se espera que se cumpla el deseo de lo que aún no ha sucedido).

Ojalá (que) hayan llegado a tiempo de tomar el vuelo.

(Se espera que la realización del deseo esté ya cumplida).

Ojalá (que) llegaran/llegasen a tiempo de tomar el vuelo.

(Se espera que se cumpla el deseo de lo que aún no ha sucedido, pero se tienen dudas de que se pueda lograr).

Ojalá (que hubieran/hubiesen llegado a tiempo de tomar el vuelo.

(Se sabe que el deseo no se cumplió y se lamenta de lo sucedido).

D. ¡Quién. . . ! + pretérito imperfecto de subjuntivo o pretérito pluscuamperfecto de subjuntivo

Siempre va acompañado de los signos de exclamación y su significado es también de deseo.

¡Quién pudiera reunir a toda la familia!

(Se espera que se cumpla el deseo de lo que aún no ha sucedido, pero se tienen dudas de que se pueda lograr).

¡Quién hubiera/hubiese podido comprar entradas para la final de copa!

(Se sabe que el deseo no se cumplió y se lamenta de lo sucedido).

Ejercicios

A. Completa las oraciones con la forma verbal adecuada.

Mañana iré a la entrevista con la compañía Pemex. Cuando yo (1) _____ (llegar), hablaré con el jefe. Habitualmente, mientras yo (2) _____ (esperar) me gusta leer una revista, pero mañana, mientras yo (3) _____ (estar) en la sala de espera, pensaré en lo que tengo que decir. Me han dicho que ellos (4) _____ (buscar) una secretaria que (5) _____ (saber) hablar y escribir español bien. Antes de que me (6) _____ (hacer) preguntas, les demostraré que yo (7) _____ (saber) hablar el español muy bien. Siento mucho que mis padres no (8) _____ (vivir) en esta ciudad, pues me gustaría que ellos (9) _____ (comprobar) mi progreso. A menos que yo les (10) _____ (pagar) el viaje ellos no podrían venir a verme, por lo tanto tendría que ahorrar para que ellos

(11) _____ (poder) venir. Pero hasta que yo no (12) _____ (terminar) los estudios universitarios, no podré enviarles dinero. Podrían viajar si esta empresa me (13) _____ (dar) el empleo, pero estoy pensando como si yo ya (14) _____ (tener) el puesto. En fin, tan pronto como ellos me lo (15) _____ (decir) haré mis planes.

B. Completa las oraciones según los acontecimientos de tu propia vida.

1. Ojalá que. . .
2. ¡Quién. . .
3. El que. . .
4. El hecho de que. . .
5. Si. . .
6. Pienso como si. . .
7. Me porto igual que si. . .
8. Estudiaría derecho si. . .
9. Habría comprado una moto si. . .
10. Viviríamos mejor si. . .

IV. El infinitivo

A. El infinitivo en oraciones subordinadas

1. Las oraciones subordinadas sustantivas utilizan el modo subjuntivo o indicativo según el contenido semántico del verbo en la oración principal. No obstante, si el sujeto es el mismo en ambos verbos (oración principal y oración subordinada) y el verbo indica deseo, se debe usar el infinitivo en la subordinada, sin la conjunción copulativa "que".

Prefiero que	traigas un diccionario.
" "	traiga " "
" "	traigamos " "
" "	traigáis " "
" "	traigan " "

Pero:

Prefiero	traer un diccionario.
Prefieres	" "
Prefiere	" "
Preferimos	" "

Preferís   "   "

Prefieren   "   "

Es incorrecta la construcción "*Prefiero que (yo) traiga un diccionario."

2. Con oraciones impersonales ambas construcciones son posibles, o sea el empleo del subjuntivo o el del infinitivo sin *"que."*

> Es mejor que yo lo haga.
>
> Es mejor hacerlo yo.
>
>
>
> Es mejor que tú lo hagas.
>
> Es mejor hacerlo tú.

3. Si las oraciones impersonales que regularmente requieren el subjuntivo con "que" no especifican el sujeto, se utiliza el infinitivo. Por ejemplo:

Es conveniente hacerlo.	*It's convenient to do it.*
Era imposible entrar.	*It was impossible to enter.*
Sería fabuloso viajar a Marte.	*It would be fabulous to travel to Mars.*
Es necesario dormir lo suficiente.	*It's necessary to get the right amount of sleep.*

4. Notemos que las oraciones impersonales que requieren el indicativo no pueden utilizarse en infinitivo.

> *Es evidente hacerlo.
>
> *Era verdad entrar.

5. El infinitivo aparece también en las oraciones subordinadas aunque se trate de diferentes sujetos en una serie de verbos de influencia o mandato, como **aconsejar, autorizar a, dejar, exigir, impedir, mandar, ordenar, pedir, permitir, prohibir** y **recomendar.**

Les aconsejo que presten atención ~ Les aconsejo prestar atención.

I advise you to pay attention.

Lo autorizaron a que saliera del país ~ Lo autorizaron a salir del país.

They authorized him to leave the country.

Nos prohibieron que hablásemos de política ~ Nos prohibieron hablar de política.

They prohibited us from talking about politics.

6. En oraciones subordinadas adverbiales hemos visto el uso de subjuntivo o del indicativo, según fuera el contexto de los adverbios o nexos adverbiales que las acompañaban.

Cerrarán la puerta cuando me vaya.

They will close the door when I leave.

Su equivalente preposicional es:

Cerrarán la puerta después de que me vaya.

Es posible eliminar la conjunción *"que,"* en cuyo caso en vez de una forma en subjuntivo o indicativo obtendremos una forma en infinitivo:

Cerrarán la puerta después de irme.

B. El infinitivo como sustantivo

1. El infinitivo puede cumplir la función de un sustantivo y ser así el sujeto de una oración. El artículo determinado puede acompañarlo.

   Sustantivo

   La natación   es un gran ejercicio.

   Swimming is a great exercise.

   Sustantivo

   (El) nadar   es un gran ejercicio.

   Swimming is a great exercise.

2. En español el infinitivo aparece precedido de las preposiciones **sin, antes** y **después de,** entre otras. En inglés a los equivalentes de esas tres preposiciones (*without, before* y *after*) no les siguen infinitivos, sino gerundios.

Se marcharon sin avisarnos.	*They left without telling us.*
Antes de entrar, dejen salir.	*Before entering, allow others to exit.*
Después de graduarme, buscaré trabajo.	*After graduating, I'll look for a job.*

3. Otra función del infinitivo es la de sustituto de oraciones adverbiales.

Oración Adverbial	**Oración Principal**
Cuando se matriculen	recibirán una tarjeta.
Al matricularse	recibirán una tarjeta.

4. Finalmente, nótese que el infinitivo puede sustituir al indicativo o al subjuntivo en la prótasis de las oraciones condicionales.

   Si lo encuentro, te lo comunicaré ~ De encontrarlo, te lo comunicaré.

   Si lo hubiera/hubiese encontrado, te lo hubiera/hubiese comunicado. ~

   De haberlo encontrado, te lo hubiera/hubiese comunicado.

V. El gerundio

1. El gerundio en español se forma añadiendo **-ando** a la raíz de los verbos de la 1ª conjugación y **-iendo** a los de la 2ª y la 3ª. Por ejemplo:

    CANT-   + -ando, cantando

    COM-   + -iendo, comiendo

    SAL-   + -iendo, saliendo

2. Los usos coinciden por lo general con los del gerundio inglés, pero se debe tener en cuenta que mientras en inglés se utiliza para indicar acciones futuras, en español no es así.

    En agosto me voy de vacaciones.

    In August, I'm going on vacation.

    No es gramatical: **En agosto me estoy yendo de vacaciones.*

    Tampoco equivale la forma "*going to*" con un gerundio del español, puesto que indica futuro.

    Vamos a descansar un rato.

    We are going to rest for a while.

3. Cuando el gerundio se usa con los verbos **ser** y **estar**, los equivalentes del inglés también son distintos.

    Estando en Madrid conocí a un famoso actor.

    While I was in Madrid, I met a famous actor.

    Carmen recibió el premio siendo todavía muy joven.

    Carmen received the award when she was still very young.

VI. El participio presente

A. **Las formas del participio:**

    -ante

    -(i)ente (en algunos verbos irregulares **-iente** > **-yente**)

1. Estas terminaciones forman el participio presente en español que, con valor adjetival, corresponde a formas equivalentes del inglés como *-ing*, *-ent*, *-ant*, o *-er*, entre otras.

hablante	*speaking*
residente	*resident*
durmiente	*sleeping*
oyente	*listener, auditor*

2. No hay reglas fijas para determinar el empleo de una u otra forma, por lo que adjetivos como éstos se deberán memorizar según se aprenden.

SITUACIONES

1. Situación #1

¿Vale la pena?

PROFESOR: La universidad ocupa un terreno bastante grande, pero sólo una tercera parte forma el núcleo de la universidad. Como profesor del departamento de estudios del medio ambiente, te das cuenta de que la universidad va a vender el terreno que sobra para financiar más becas para los estudiantes. En la conversación con el vicepresidente de asuntos financieros, necesitas persuadirlo de que no apoye tal decisión.

VICEPRESIDENTE DE ASUNTOS FINANCIEROS: Siempre faltan los fondos necesarios y el único remedio que encuentras es vender el terreno de sobra para que se construya un centro comercial, despojándoles a los estudiantes de un tesoro natural. Necesitas persuadir al profesor del beneficio para que se venda este terreno.

2. Situación #2

¿Vale la pena de nuevo?

ESTUDIANTE EXTRANJERO: Eres un estudiante que pasa el verano en Costa Rica en un programa estudiantil. Cada fin de semana todo el grupo visita una de las riquezas naturales del país. Este fin de semana, tienes la oportunidad de conocer Tortuguero en la costa del Caribe, donde llegan cada verano las tortugas grandes para poner huevos. Pensando que no es justo que los grupos molesten este proceso natural y crítico, vas a convencer a tu compañero para que no vaya con el grupo.

OTRO ESTUDIANTE EXTRANJERO: Tu amigo no ve bien ir a ver las tortugas grandes, pero quieres ir para conocer la tierra y presenciar ese evento tan especial. Tratas de convencer a tu compañero de que vale la pena ir porque es algo educativo.

Redacción

I. Estrategias para editar: La introducción, la conclusión y la variedad de oración por la coordinación y la subordinación

Tenemos aquí un modelo estudiantil de una hipótesis sobre el medio ambiente. Leamos el ensayo prestando atención a la introducción y la conclusión. También evaluamos la variedad de oración y el uso de subordinación con los modos indicativo y subjuntivo.

A. "¿Cómo se puede iniciar un cambio?"

¶1. Ahora estamos en un período de cambio social y medioambiental en el cual grandes poblaciones de gentes, culturas y numerosas partes integrales del medio ambiente están desapareciendo, lo cual amenaza el futuro humano. Durante los últimos siglos se han desarrollado unas sociedades y grupos culturales contemporáneos en que se requieren más recursos del medio ambiente global que antes. El poder que puede evocar una luz en las mentalidades de todos de que estamos en un momento de cambio decisivo para el futuro de la humanidad es ambiguo, pero el poder monetario que realmente puede financiar cambios tecnológicos para que los países desarrollados tengan menos impacto negativo al medio ambiente y a las vidas de otras personas queda en las manos de las grandes compañías y los gobiernos de los países no endeudados. Si fuera reconocida y promovida por la gente, los gobiernos y las compañías que sí hay necesidad urgente de reducir el impacto humano en el medio ambiente y en las sociedades extranjeras mundiales, los centros tecnológicos de los países desarrollados se podrían convertir rápidamente en centros de tecnologías sostenibles, lo cual podría ayudar a reducir una gran parte del impacto humano en el medio ambiente y otras sociedades mundiales. A pesar de que la importancia de uso sea difícil de percibir desde nuestro punto de vista aquí en los Estados Unidos, es la hora para que los países desarrollados agarren su poder financiero e ideológico para convertir el poder tecnológico en formas sostenibles y no dañosas al medioambiente y para las diferentes gentes mundiales.

¶2. Ahora nuestras sociedades contemporáneas están dañando a un nivel nunca previsto en muchas partes integrales del medio ambiente y las sociedades mundiales distintas a las nuestras las están perdiendo. Primero, en cuanto al medio ambiente, los diversos ecosistemas en todos los países mundiales se están sufriendo mayormente por causa de las demandas y las supuestas necesidades del primer mundo por los recursos naturales mundiales. En cuanto al medio ambiente aparecen numerosos problemas: los bosques tropicales están desapareciendo, los gases se están acumulando en la atmósfera, aumentando el riesgo de la subida de la temperatura mundial, la biodiversidad está bajando rápidamente, las personas de diversas sociedades se están dispersando porque no encuentran una manera de sobrevivir en terrenos ya vaciados de sus recursos naturales. No es decir que todo esté mal en el mundo, pero ahora es importante que todos reconozcan que la mayoría de estos fenómenos son resultados de las acciones de un pequeño porcentaje de la población mundial que ha consumido (y sigue consumiendo) un alto porcentaje de los recursos naturales. Son las nuevas tecnologías y las tendencias de comprar y usar muchos recursos diariamente que hemos incorporado a nuestras vidas que causan mucho daño al mundo natural.

¶3. Es ahora más que nunca, con una población mundial creciente y las demandas crecientes de los consumidores mundiales, que los recursos naturales y los ecosistemas mundiales se están dañando tanto que ahora se está poniendo en peligro el futuro, la flora y la fauna del mundo, y como consecuencia, el futuro de nuestras sociedades. Muchas poblaciones del mundo privilegiado ahora están acostumbradas a vivir en una manera en la cual consumen un porcentaje muy alto de los recursos naturales o dañan a un nivel extremo la naturaleza. Por ejemplo, en los Estados Unidos, un cuatro por ciento de la población mundial produce el 25% de los gases que eliminan la zona protectora, los cuales son famosos por causar la calentura mundial. Es urgente ahora que se aumente la educación sobre el daño que hacemos al medio ambiente como seres humanos y que dirijamos nuestra capacidad inventiva a crear nuevas tecnologías útiles para reducir este impacto.

¶4. Si se enfocara nuestra energía en desarrollar tecnologías menos dañosas al medio ambiente y en transformar nuestras costumbres que afectan al medio ambiente, el primer mundo realmente podría efectuar cambios muy grandes en cuanto al tipo de producción y consumición mundial. Es obvio que cada día se desarrolla tecnología más avanzada en las áreas de computadoras, coches, energía, comunicación, transporte, y aviación, lo cual revela la capacidad inventiva de nuestra gente mundial. Si esta capacidad fuera dirigida al desarrollo tecnológico sostenible ya empezaríamos a tener más opciones más fáciles de vivir en una manera no tan dañina al medio ambiente. En los Estados Unidos la formación de una campaña de educación nacional unida y apoyada por los ciudadanos ya interesados, el gobierno y las grandes compañías multinacionales sobre temas medio ambientales y la importancia de usar y comprar productos sanos para el medio ambiente y la población, por lo menos, podría mostrar la importancia de incorporar nuevas costumbres y tecnologías a nuestras vidas diarias. Las compañías, con el apoyo del gobierno y bastantes sectores de la población, podrían enfocar su trabajo en la tecnología sostenible, algunos ejemplos siendo la energía solar, los coches solares y eléctricos, y sistemas de transporte público extensivos. La creación de sistemas de transporte público extensivos podrían bajar nuestra dependencia en el coche, nuestra dependencia en el petróleo, y ayudar a bajar nuestra alta producción de los gases que causan la subida de la temperatura. Es esencial que reconozcamos el problema como clave de iniciar cambios.

¶5. Aunque tuviéramos la capacidad tecnológica y financiera de crear sociedades más sostenibles, hasta ahora nos quedamos sin el apoyo de los grupos más fundamentales. En otras palabras sí que tenemos el "Knowhow" o poder tecnológico para cambiar las cosas pero ahora no tenemos la infraestructura para realmente implementar cambios. En cuanto a la población americana, hay una cierta tendencia de negar que existan los problemas medio ambientales mientras nuestro gobierno se niega a firmar un acuerdo para bajar las emisiones de gases un 5% en el Protocolo de Kyoto, lo cual significa que nos negamos a reconocer que los problemas que causamos ahora volverán a ser más fuertes en el futuro. Un bloqueo al movimiento hacia el cambio es que cualquier individuo podría oponerse a cambiar sus costumbres dañinas al medio ambiente por muchas razones distintas personales. Diferentes sectores de la población no pueden o no quieren modificar su manera de vivir, sea por la falta de conexión general con el medio ambiente, por la convicción general de que todos los demás no cambiarán; entonces no vale la pena cambiar tampoco, por la falta de opciones fáciles de alterar su manera de vivir de forma más sostenible, o por el costo. No es fácil bajar nuestro impacto en el medio ambiente y hay que ejercer mucho esfuerzo para hacerlo. Por otra perspectiva, las grandes compañías tecnológicas se opondrían a enfocarse en crear y desarrollar nuevas tecnologías por varias razones. Tendrían que tomar el riesgo de gastar dinero para crear o desarrollar las nuevas tecnologías, mientras ahora se encuentran bien en un buen mercado libre con sus tecnologías existentes. La inversión en nueva tecnología es un riesgo y un gasto de dinero en la cual no se miden los beneficios de hacer cambio ahora, en vez de pagar por las repercusiones después. Otra dificultad es que los gobiernos, por ejemplo el de los Estados Unidos, tienen ahora demasiado interés en preservar el sistema actual, en el cual los ciudadanos y las grandes compañías del primer mundo se están ganando, aunque mucho del comercio y los negocios pueden mal afectar el medio ambiente y otras sociedades. También, mucha gente en el mundo que ahora no se aprovecha de los desarrollos actuales que mal afectan el medio ambiente no pueden pensar en reducir los impactos al medio ambiente ahora porque sólo pueden pensar en el alcanzar un nivel de vida decente y en sobrevivir.

¶6. Aunque es importante el desarrollo de tecnología más sostenible y el aumento de la educación de la gente sobre la necesidad de cambiar nuestras costumbres que son demasiado dañinas al medioambiente, ahora no hay nada de seguridad que cambie la situación global. Pero, mientras sea casi imposible en estas circunstancias cambiar de dirección y modificar el impacto humano de seis billones de personas en el medio ambiente del planeta, las sociedades avanzadas tecnológicamente, las cuales son responsables por la mayoría de esta destrucción medio ambiental, podrían por lo menos, empezar ahora a poner un mensaje y un ejemplo muy fuerte a todo el mundo por implementar nuevas maneras de vivir. Existen ahora muchos constituyentes de las sociedades modernas que ahora no tienen una iniciativa bastante visible para poder hacer el esfuerzo serio de cambiarse. Es imprescindible que desarrollemos esta iniciativa.

1. ¿Qué opinas del título y de la primera oración? ¿Recomiendas algún cambio o no?

2. Escribe el tema y la tesis del ensayo.

3. Presenta un resumen breve del apoyo.

4. La coherencia del ensayo. Usando la clave editorial, vuelve a leer el ensayo y ofrece sugerencias sobre el propósito, el desarrollo y la organización, el aspecto gramatical y el aspecto estilístico. Subraya oraciones eficaces y circula oraciones que merezcan cambiarse.

5. La precisión y la concisión. ¿Sugieres cambios?

6. La separación de los párrafos. Evalúa la separación de los párrafos y el uso de transiciones.

7. Nota la variedad en el tipo de oraciones. ¿Qué tal el uso de oraciones coordinadas y subordinadas? ¿Añaden variedad o hay oraciones largas y confusas? Redacta los párrafos para efectuar más claridad y variedad.

8. Evalúa la selección de tiempo verbal y la voz activa/pasiva.

9. El resumen, la crítica y la opinión. ¿Hay oraciones que debemos editar o quitar porque son generalizaciones y opiniones sin apoyo?

10. La introducción. Repasando la materia en el texto sobre la introducción, contesta lo siguiente y ofrece unos cambios: ¿Cómo empieza el ensayo? ¿Tiene una introducción que nos dirija al tema o no? ¿Capta la atención? ¿Presenta la tesis de forma clara o no? ¿Qué cambios sugieres?

11. La conclusión. Pensando en lo estudiado en el texto de la función de la conclusión, ¿es una conclusión fuerte? ¿Es un resumen de las ideas en el texto o añade otras implicaciones? ¿Es demasiado redundante o tiene aspecto original?

12. Comentario general. Considerando todos tus comentarios, ofrece un análisis y una nota de evaluación.

Capítulo 9

Escritor crítico literario

Gramática:
- los pronombres relativos
- los falsos cognados

Redacción:
- el registro
- las técnicas literarias

Gramática

I. Los pronombres relativos

A. Las formas de los pronombres relativos

que	*that, which*
el cual, la cual, lo cual, los cuales, las cuales	*(that) which*
quien, quienes	*who*
cuyo, cuya, cuyos, cuyas	*whose*

B. Los usos de los pronombres relativos

1. **Cuyo, cuya, cuyos, cuyas** no se usan como pronombres interrogativos, por lo que no es idiomático preguntar, por ejemplo *¿Cúyo libro es éste? Otro detalle a tener en cuenta es que el pronombre no concuerda con la persona poseedora, sino con lo poseído.

   María, **cuyo hermano** vive en Los Ángeles, estudia en San José.

   María, **cuya hermana** vive en Los Ángeles, estudia en San José.

   María, **cuyos hermanos** viven en Los Ángeles, estudia en San José.

   María, **cuyas hermanas** viven en Los Ángeles, estudia en San José.

2. Mientras *cuyo* y sus derivados se colocan delante del sustantivo que los sigue, los otros pronombres relativos se colocan siempre detrás del sustantivo, o sea, de su antecedente. En cuanto al uso interrogativo, se emplea **¿de quién/quiénes?**

   ¿De quién es esa casa?

   Whose house is it?

   ¿De quién son esos libros?

   Whose books are those?

El uso de **¿de quiénes?** en vez de **¿de quién?** depende de la idea de que hay más de un poseedor.

—¿De quiénes es aquella pelota?

Whose ball is that?

—De los jugadores del Atlas.

It's (that of) the Atlas players' ball.

—¿De quiénes son aquellos balones?

Whose balls are those?

—De los jugadores del Atlas.

They're (those of) the Atlas players' balls.

3. El pronombre relativo **que** sirve para designar personas, cosas y conceptos o ideas.

La profesora que viste es la decana.

The professor (that, whom) you saw is the dean.

El árbol que cortaron era muy alto.

The tree that they cut down was very tall.

Eso que dices no es verdad.

(That idea) What you say is not true.

En estas oraciones **que** tiene un antecedente: la profesora, el árbol y la idea.

4. Solamente se usa **quien, quienes** para referirse a personas. Por ejemplo:

La nadadora, quien ya había ganado en la competición anterior, se llevó tres medallas.

The swimmer, who had already won in the earlier competition, carried off three medals.

Los estudiantes, quienes habían estudiado mucho, pasaron el examen.

The students, who had studied a lot, passed the test.

Notemos que cuando aparecen **quien y quienes** como pronombres relativos es preciso que vayan precedidos de una coma, equivalente a una pausa a nivel hablado. De lo contrario, la oración no sería gramatical.

*La nadadora quien ya había ganado en la competición anterior se llevó tres medallas.

5. Las oraciones que los pronombres relativos introducen pueden ser especificativas o explicativas. En las especificativas (no tienen pausa o coma), el pronombre relativo limita o especifica el significado del antecedente.

Los estudiantes que habían estudiado mucho pasaron el examen.

The students who had studied a lot passed the test.

Aquí se entiende que únicamente pasaron el examen aquellos estudiantes que habían estudiado mucho—o sea, un grupo específico de estudiantes.

Por otro lado, en las oraciones explicativas (tienen pausa o coma), el pronombre relativo no limita o especifica, sino que explica o incluye un detalle relevante, relacionado con el enunciado.

Los estudiantes, que habían estudiado mucho, pasaron el examen.

The students, who had studied a lot, passed the test.

La idea principal es la de que los estudiantes pasaron el examen. Pero, además, se incluye la explicación de que "habían estudiado mucho", casi como un pensamiento secundario, pero cercanamente relacionado a la oración principal. También se podría utilizar el pronombre **quienes** para la oración explicativa, como hemos visto arriba:

Los estudiantes, quienes habían estudiado mucho, pasaron el examen.

6. Debemos notar que no todas las oraciones explicativas encuentran su correspondiente oración especificativa. Esto se debe a razones semánticas. Por ejemplo, en una sociedad en que no se practica la poligamia no se considera normal la siguiente oración:

Mi esposa que vive en Nueva York es dentista.

My wife who/that lives in New York is a dentist.

Mientras que la misma oración pero con una oración explicativa no presenta ninguna anomalía:

Mi esposa, que vive en Nueva York, es dentista.

My wife, who lives in New York, is a dentist.

Esto se debe a que en la construcción con la oración especificativa se entiende que se especifica o limita el sujeto gramatical "mi esposa", lo cual deja abierta la suposición de que existe otra o más esposas residiendo en diferentes lugares. Por supuesto, esas construcciones serían semánticamente aceptables con otros sujetos como "mi hermano, -a, mi primo, -a, mi amigo, -a" o cualquier otro sujeto del que se suponga que puede haber más de uno.

7. Los pronombres **el cual, la cual, los cuales, las cuales** pueden sustituir a **que, quien, quienes** en oraciones explicativas, pero no en especificativas.

Mi familia, **la cual** es muy numerosa, está muy unida.

My family, which is very large, is very close.

Los jugadores, **los cuales** estaban cansados, perdieron el partido en la prórroga.

The players, who are very tired, lost the game in overtime.

8. El pronombre **lo cual** puede sustituir a **que** en oraciones explicativas, referidas a conceptos, pero no en especificativas.

Que haya niebla, **lo cual** me molesta, no impide que yo salga de viaje.

The fact that it's foggy, which/that bothers me, is not stopping me from leaving on this trip.

II. Los pronombres relativos con preposiciones

1. Los pronombres relativos pueden seguir a ciertas preposiciones. Así, con **que** y el artículo determinado se forman: **el que, la que, los que,** empleados después de las siguientes preposiciones:

a + el > al (al que), a la que, etc.	*to*
de + de > del (del que), etc.	*of*
ante	*before*
bajo	*under*
con	*with*
contra	*against*
en	*on, in*
entre	*between, among*
hacia	*towards, to*
hasta	*until*
para	*for*
por	*for, through, by*
sin	*without*
sobre	*about*

Veamos unos ejemplos:

al que: Tu primo, al que vi ayer, es muy simpático.

Your cousin, whom/that I saw yesterday, is very nice.

ante: Los edificios ante los que estamos se construyeron hace siglos.

The buildings before which we are standing were built centuries ago.
The buildings we are standing before were built centuries ago.

bajo: El puente bajo el que nos encontramos está hecho de hierro.

The bridge (that) we are under is made of iron.

con: Las amigas con las que salgo asisten a la universidad.

The friends with whom I go out go to the university.
The friends I go out with go to the university.

contra: El equipo contra el que jugamos está imbatido.

The team (that) we're playing against is unbeaten.

de los que: Los discos de los que te hablé ya han aparecido.

The records I told you about have appeared.

en: La situación en la que se encuentra es delicada.

The situation in which he finds himself is delicate.

hacia: La ciudad hacia la que se dirige el tren está inundada.

The city toward which the train is headed is flooded.
The city the train is headed toward is flooded.

hasta: El extremo hasta el que llegó le endureció el carácter.

The extreme to which he had to go hardened his character.

para: Las enfermedades para las que no hay remedio deben investigarse con más afán.

The sicknesses for which there are no cures should be investigated more aggressively.

por: Los ideales por los que lucharon se habían mantenido.

The ideals for which they fought were maintained.

sin: Mis padres, sin los que no hubiera conseguido lograr mi objetivo, siempre me apoyaron.

My parents, without whom I would not have been able to reach my goal, always supported me.

sobre: El bastón sobre el que se apoyaba era de caña de bambú.

The cane on which he supported himself was made of bamboo.

tras: La luz tras la que se dirigió conducía a la salida.

The light (behind which) he followed guided him to the exit.

2. La preposición **según** no admite el uso de **el que** y sus derivados, pero sí el de **el cual** y sus derivados:

   *Las direcciones, según las que debíamos torcer a la derecha, estaban equivocadas.

   Las direcciones, según las cuales debíamos torcer a la derecha, estaban equivocadas.

3. Dichas preposiciones pueden ir seguidas también por la combinación del artículo determinado + **cual/cuales**. Igualmente, **quien/quienes** se combina con cualquiera de las preposiciones arriba indicadas.

   Ésa es la razón por la que/la cual terminé la carrera.

   Ésa es la persona por quien/la que/la cual terminé la carrera.

4. Sin embargo, **que** está limitado a seguir tan sólo a tres preposiciones: **con, de** y **en.**

   El hacha con que cortó el árbol es muy afilada.

   El maestro de que te hablé no imparte clases este semestre.

   El avión en que vine era bastante cómodo.

   Pero no es gramatical: **Ésa es la razón/persona **por que** terminé la carrera.*

5. En frases preposicionales largas (de más de una palabra) se emplea **el cual** y sus derivados en vez de **el que/quien/que: por causa de, al lado de, delante de, enfrente de,** etc.

   La nieve, por causa de la cual no pude salir de casa, tardó varios días en derretirse.

   The snow, the cause of which I couldn't leave the house, took some days to melt.

   El viajero, al lado del cual me sentaba, no cesaba de fumar.

   The traveller that I sat next to didn't stop smoking.

6. El pronombre neutro **lo que** se refiere a conceptos.

Todo lo que tengo es tuyo.

All I have is yours.

Lo que me dices es increíble.

What you're telling me is incredible.

III. "el que" y derivados vs. "el cual" y derivados

1. Se debe considerar que existen diferencias semánticas entre estos pronombres relativos.

Mi primo, **el que** estudia derecho, es mayor que yo.

*My cousin, **the one who studies law**, is older than I am.*

Mi primo, **el cual** estudia derecho, es mayor que yo.

*My cousin, **who** studies law, is older than I am.*

O sea, que **el que** y sus derivados no es un equivalente exacto de **el cual** y sus derivados, puesto que **el que** señala individuos o elementos que contrastan con otros individuos o elementos similares. **El cual**, por otro lado, simplemente repite el antecedente sin contrastarlo.

2. Los pronombre relativos **quien, quienes** y **el que** (con sus derivados) pueden aparecer solos, funcionando como sus propios antecedentes.

Los que/quienes lleguen tarde no tendrán asiento.

Those who arrive late won't have a seat.

Quien bien te quiere te hará llorar.

He who really loves you will make you cry.

Sus equivalentes en inglés son "*Those who. . .*" y "*He who. . .*" respectivamente.

3. Concordancia con el sujeto del verbo **ser** o con el de la oración de relativo.

Cuando el sujeto del verbo **ser** es la primera persona del singular o la segunda persona del singular, el verbo en la oración de pronombre relativo puede concordar con una de esas personas o con la tercera persona singular.

Fui yo quien rompí los platos.

It was I who broke the plates.

Fui yo quien rompió los platos.

I was the one who broke the plates.

En el primer ejemplo **rompí** concuerda con **yo**, en el segundo **rompió** concuerda con **quien**.

Eres tú la que tienes la culpa.

It is you who is to blame.

Eres tú la que tiene la culpa.

You are the one who is to blame.

En el primer ejemplo **tienes** concuerda con **tú**, en el segundo **tiene** concuerda con **la que**.

4. Cabe mencionar que los adverbios relativos **como**, **cuando** y **donde** actúan también como pronombres relativos.

La forma **como** lo trataban era injusta.

Cf. La forma **en que** lo trataban era injusta.

The way how/in which they treated him was unfair.

El mes pasado, **cuando** me fui de vacaciones, me divertí mucho.

Cf. El mes pasado, **en el cual** me fui de vacaciones, me divertí mucho.

Last month, when/in which I went on vacation, I had a good time.

El hotel **donde** se hospedó estaba céntrico.

Cf. El hotel **en el que** se hospedó estaba céntrico.

The hotel where/in which he stayed was in a central place.

IV. Interrogativos

A. Las formas

qué	*what*
cuál, cuáles	*which, what*
quién, quiénes	*who*
cuánto, cuánta, cuántos, cuántas, cuánto (neutro)	*how many, how much*

1. Aunque normalmente los pronombres interrogativos van flanqueados por los signos de interrogación "¿?", también aparecen sin ellos en preguntas indirectas e igualmente deben acentuarse.

   No sabemos quién es.

   We don't know who it is.

   Nos preguntaron qué queríamos.

   They asked us what we wanted.

2. **Quién, quiénes** se usan únicamente para personas y **qué** para cosas. Pero **cuál** y **cuáles** sirve para referirse a personas y cosas.

3. Diferencias entre **qué** y **cuál**:

   Se emplea **qué** para pedir una definición.

   ¿Qué es el número de acceso personal? Es un número que el banco asigna a sus clientes para poder utilizar el cajero automático.

   What is a pin code? It's the number the bank assigns to each client to use an ATM.

   Por otra parte, con **cuál** esperamos recibir un dato concreto o específico.

   ¿Cuál es tu número de acceso personal? Es el 6373.

   What is your pin code? It's 6373.

   De la misma manera:

   ¿Qué desea? Quisiera un refresco.

   What do you want? I'd like a soft drink.

   ¿Cuál de ellos? El de naranja.

   Which one? Orange.

   En el primer caso se define el objeto deseado, respondiendo a la pregunta "¿qué?;" en el segundo ejemplo se especifíca el tipo de refresco, respondiendo así a la pregunta "¿cuál?".

V. Exclamativos

Los pronombres exclamativos ponen énfasis en los sustantivos, adjetivos, adverbios o verbos que ponderan. Siempre se acentúan. Las combinaciones son:

¡qué! + sustantivo, adjetivo o verbo	*What. . . ! How. . . !*
¡quién! + verbo	*Who. . . !*
¡cómo! + verbo	*How. . . !*
¡cuánto! + verbo	*How much. . . !*
¡cuánto, -a, -os, -as! + sustantivo	*How many. . . !*

Ejemplos:

¡Qué suerte tienes!	*What luck you have! How lucky you are!*
¡Qué bonito!	*How pretty!*
¡Qué bien!	*How great!*
¡Cómo corren!	*How (fast) they run!*
¡Cuánto cuesta!	*How much it costs!*

Ejercicios

A. Identifica la función gramatical de cada una de las siguientes palabras:

¿Cómo como? Como como como.

B. La conversación ridícula del vestíbulo. Hay muchas personas en el vestíbulo del hotel Miramar. El conserje contestas muchas preguntas y escucha las conversaciones espontáneas de otros. Completa las oraciones con uno de los siguientes pronombres:

que, quien, quienes, lo que, la que, el que, los que, las que, lo cual, la cual, el cual, cuyo, cuya, cuyos, cuyas.

[which]

1. "La señora a __quien__ se le perdieron los guantes ha llamado."

2. "El barrio __cuyos__ edificios se han derrumbado es muy antiguo."

3. "Gano poco dinero, __lo cual__ me impide comprarme un auto nuevo."

4. "¿Con __quien__ piensas ir al baile esta noche?"

5. "Mi primo, __que__ emigró a Australia, es ahora millonario."

6. "¿De __quien__ son los lentes que hay en el sofá?"

7. "Me pasé la tarde en un atasco que hubo en la autopista, __lo cual__ me molestó muchísimo."

C. Los siguientes refranes y expresiones populares necesitan un pronombre relativo en el espacio en blanco. Colócalo y explica brevemente el significado de cada refrán. ¿Hay un equivalente en inglés?

1. No hay mal _____ por bien no venga.

2. A _____ le pique que se rasque.

3. ¿ _____ se atreverá a ponerle el cascabel al gato?

4. _____ calla, otorga.

5. _artes_ se va a Sevilla pierde su silla.

6. A _____ madruga, Dios lo ayuda.

7. _____ teme, algo debe.

8. Donde fueres, haz _____ vieres.

9. _____ roba a un ladrón, tiene cien años de perdón.

10. _para_ tiene boca, se equivoca, _para_ tiene pies, anda al revés.

VI. Los falsos cognados

Muchas palabras del español se corresponden al inglés al tener una raíz común. Por ejemplo: **inteligente = intelligent, libertad = liberty**. Otras, a pesar de tener casi siempre una forma relacionable, no significan lo mismo. Tales palabras reciben la calificación de "falsos cognados". A continuación presentamos un listado de los más relevantes. Naturalmente, la lista no es exhaustiva y los bilingües de español e inglés deberán estar siempre atentos a los posibles falsos cognados.

Inglés	=	Español	(Significado del falso cognado)
to accord		ponerse de acuerdo	acordar *'to decide'*
accost		abordar	acostar *'to put to bed'*
actual		verdadero, -a	actual *'present'*
to advise		aconsejar	avisar *'to warn'*
affluence		riqueza	afluencia *'influx'*
alumnus		antiguo alumno	alumno *'student'*
ancient		antiguo	anciano, -a *'elderly'*
apology		excusa	apología *'eulogy, defense'*
application		solicitud	aplicación *'effort'*
arena		estadio	arena *'sand'*
argument		discusión	argumento (teatro) *'plot'*
assist		ayudar	asistir a *'to attend'*
to attend		asistir a	atender *'to look after'*
attested		corroborado	atestado, -a *'crowded'*
bizarre		extraño	bizarro *'gallant'*

bland	suave	blando, -a 'soft'
border	frontera	borde 'rim'
camp	campamento	campo 'countryside'
casual (ropa)	informal	casual 'fortuitous'
casualty	baja (militar o civil)/víctima/accidente	casualidad 'coincidence'
character	personaje (en película)	carácter 'personality'
collar	collar	collar 'necklace, collar'
college	universidad	colegio 'elementary school'
command (gramática)	imperativo	comando 'commando'
commercials	anuncios, propagandas	comerciales 'saleables'
commodity	producto	comodidad 'comfort'
commotion	confusión	conmoción 'shock'
complacent	satisfecho, despreocupado	complaciente 'helpful'
comprehensive	completo	comprensivo, -a 'understanding'
to concede	reconocer, admitir	conceder 'to grant'
concourse	explanada	concurso 'contest'
condescending	soberbio, -a	condescendiente 'kind'
conditioner	suavizante	condicionante 'conditioning'
conductor (trenes)	revisor	conductor 'driver'
to contest	impugnar	contestar 'to answer'
corpulent	gordo	corpulento 'well-built'
custodian	conserje	custodio 'guardian'
deception	engaño	decepción 'disappointment'
to demand	exigir, reclamar	demandar 'to sue'
demonstration (política)	manifestación	demostración 'display'
disgusted	asqueado, -a	disgustado, -a 'upset'
dismay	consternación	desmayo 'fainting'
distinctive	característico	distinto 'different'
domestic flights	vuelos nacionales	doméstico 'domestic'
douche	ducha medicinal	ducha 'shower'
education	educación escolar	educación 'manners'
embarrassed	avergonzado, -a	embarazada 'pregnant'
exhibition (arte)	exposición	exhibición 'display'
exit	salida	éxito 'success'
extravagant	derrochador, -a	extravagante 'eccentric'

fabric	tejido	fábrica *'factory'*
faculty	profesorado	facultad *'school (university), department'*
fastidious	delicado	fastidioso, -a *'annoying'*
fatality	víctima	fatalidad *'misfortune'*
figures	cifras	figuras *'images'*
fracas	gresca	fracaso *'failure'*
gallant	valiente	galante *'polite'*
gracious	cortés	gracioso *'funny'*
grades (escuela)	notas	grados *'degrees'*
groceries	comestibles	groserías *'rude remarks'*
to ignore	no hacer caso de	ignorar *'to be unaware of'*
informal	familiar, de confianza	informal *'unreliable'*
injury	herida	injuria *'insult'*
instance	ejemplo	instancia *'petition'*
intoxicated	borracho	intoxicado *'poisoned'*
to invest (finanzas)	invertir	investir *'to give rank to'*
involved	involucrado, -a	envuelto *'wrapped'*
jubilation	alegría	jubilación *'retirement'*
large	grande	largo *'long'*
library	biblioteca	librería *'bookstore'*
manners	modales	maneras *'ways'*
mantel	repisa	mantel *'tablecloth'*
mascara	mascarilla	máscara *'mask'*
mayor	alcalde	mayor *'bigger, older'*
miserable	triste, desdichado	miserable *'mean, stingy'*
to molest	abusar sexualmente de	molestar *'to bother'*
to move	mudarse (de residencia)	mover *'to move (something)'*
to negotiate (obstáculo)	salvar	negociar *'to do business'*
to order	pedir	ordenar *'to command'*
occurrence	acontecimiento	ocurrencia *'witty remark'*
ordinary	común	ordinario, -a *'vulgar'*
parade	desfile	parada *'stop'*
parent	padre o madre	pariente *'relative'*
patron	cliente	patrón *'boss'*
picture	fotografía, retrato, grabado	pintura *'painting'*
policy	política, normas	policía *'police'*

to presume	suponer	presumir *'to show off'*
privacy	intimidad	privación *'deprivation'*
to process	preparar	procesar *'to put on trial'*
promotion (rango)	ascenso	promoción *'class, year'*
to propitiate	apaciguar, conciliar	propiciar *'to favor'*
protester	manifestante	protestante *'protestant'*
to quit	dejar	quitar *'to take away'*
quiet	callado, -a	quieto *'motionless'*
to realize	darse cuenta de	realizar *'to do, to fulfill'*
recipient	destinatario	recipiente *'container'*
to record	grabar	recordar *'to remember'*
to register	inscribirse, matricularse	registrar *'to search'*
to remove	retirar	remover *'to stir'*
rendition	interpretación	rendición *'surrender'*
resignation	dimisión	resignación *'conformity'*
to resume	reanudar	resumir *'to sum up'*
to retire	jubilarse	retirar *'to remove'*
sane	cuerdo, -a	sano, -a *'healthy'*
scenario	guión	escenario *'stage'*
sensible	cabal, sensato	sensible *'sensitive'*
sequestered	aislado, -a	secuestrado, -a *'kidnapped'*
suave	fino, -a	suave *'smooth, bland'*
subject	tema	sujeto *'individual'*
to submit	presentar, entregar	someter *'to subject'*
suburb	periferia, zona residencial	suburbio *'slum'*
success	éxito	suceso *'incident'*
to support	mantener, sostener	soportar *'to put up with'*
sympathetic	compasivo, -a	simpático, -a *'pleasant'*
syndicate	sociedad, agencia editorial	sindicato *'labor union'*
tariff	arancel	tarifa *'price'*
tense (gramática)	tiempo	tenso *'tight'*
to trace	rastrear	trazar *'to design'*
to trespass	allanar	traspasar *'to go through'*
union (laboral)	sindicato	unión *'union, unity'*
vicious (crimen)	atroz	vicioso *'depraved'*

1. Situación # 1

Los amigos

AMIGO #1: Por una situación personal te has puesto muy enojado con tu amigo íntimo de muchos años. Tienes toda la razón, pero decides que es mejor estar en paz con los amigos. Lo llamas por teléfono para remediar la situación.

AMIGO #2: Tu amigo te llama, una llamada inesperada porque se pelearon hace dos semanas y no han vuelto a hablarse. Tenías la razón, pero al fin y al cabo son amigos. ¿Cómo sigues después de darte cuenta de que te llama?

2. Situación #2

Ropa Somos

EMPLEADO: Trabajas en Ropa Somos, una tienda de ropa fina y cara. Hay una cliente que siempre quiere devolver prendas de ropa, incluso después de haberlas tenido varias semanas. No lo ves justo. Estás harta de este trato, pero según el dueño de la tienda, "la cliente siempre tiene la razón." Esta cliente acaba de llegar. Decides hacer valer tus principios aunque arriesgas el trabajo.

CLIENTE: Quieres devolver un nuevo vestido que sólo te has puesto seis veces. Parece justo que lo devuelvas si no te queda bien.

Redacción

I. Estrategias para editar: El registro y las técnicas literarias

En el texto exploramos el uso del registro y el reportorio de técnicas literarias posibles para efectuar un ensayo completo. Vemos aquí un modelo largo de una crítica literaria de los dos personajes que entablan una conversación en una estación de ferrocarril. Trata del cuento, "El guardagujas" de José Arreola, un escritor mexicano. Al leer este ensayo, piensa en estos criterios: propósito, desarrollo, organización y lenguaje.

Modelo estudiantil.

A. "La cordura del subconsciente"

¶1. En cada día de la existencia mortal, como el reloj con péndulo infinito, todas las personas reciben un bombardeo de ideas, opiniones, ficciones y verdades más extrañas que las ficciones mismas. Si los recuerdos de hoy, ayer y diez años en el pasado corren por los pasillos de la mente sin un carcelero digno de confianza, la paz mental será perturbada y el consciente experimentará más complicaciones. No es un golpe de suerte que haya un carcelero responsable que designa cuartos separados para el subconsciente y el consciente. El subconsciente puede engañar al carcelero y escapar para comunicarse sus deseos y memorias por medio del método de los sueños; sin embargo, es el consciente racional en el cuarto opuesto el que tiene la palabra final en las decisiones tomadas. Y así debe ser. El único problema es que el carcelero responsable prefiere que solamente un preso solitario tenga libertad en el mismo momento—no hay muchas oportunidades para una discusión entre los dos. En el cuento "El guardagujas," la conversación entre el forastero y el guardagujas revela las perspectivas opuestas de dos personas de antecedentes muy distintos que no experimentan el mismo medio ambiente—una experiencia muy similar a los presos de la cárcel ya antes mencionada. Es entonces lógico que el forastero represente al consciente y el guardagujas represente al subconsciente reprimido, y esto explica muchos aspectos de este fabuloso cuento.

¶2. Desde las primeras oraciones del cuento, la falta de los nombres personales y características físicas que distinguen al forastero y al guardagujas como individuos únicos parece algo curioso. Por ejemplo, el guardagujas del título nunca recibe más que la descripción "viejecillo de vago aspecto ferrocarrilero." El uso de la letra "T" para designar la destinación querida por el forastero, y la aldea "F" también son omisiones notables para el lector; las omisiones impiden que el lector se entere del lugar o territorio en donde se encuentra la estación. Estos detalles nunca aparecen en el cuento porque el propósito del autor es que los personajes y el ambiente del cuento sean presentados como tipos universales. Si el forastero tuviera el nombre de José Luis o una chaqueta azul brillante, perdería su potencial poderoso como una representación universal de una idea más grande que el desarrollo literal del cuento. En rigor, la ausencia de los detalles sirve para enfocar al lector en el progreso de la conversación entre los dos, lo cual es un progreso muy importante.

¶3. El progreso de la conversación y el comentario más y más extraño del guardagujas lleva a la suposición de que el guardagujas vive en un mundo que contradice las experiencias racionales más bien conocidas de los lectores. En circunstancias usuales, la función del guardagujas será asistir a los pasajeros con sus preguntas y ansiedades. En el cuento de Arreola, el guardagujas evita las preguntas del forastero con respuestas de preguntas diferentes, "Usted perdone, ¿Ha salido #30?" En adición, las respuestas causan una confusión y exasperación en el forastero. Es un laberinto mental. Las palabras de un sistema de espías y grandes trampas para fundar pueblos nuevos son los ingredientes de fábulas y sueños; no son los ingredientes del mundo predecible y racional que espera el forastero y tampoco el consciente del lector.

¶4. El argumento extraño e ilógico del guardagujas, entonces, presenta un contraste noble con la posición lógica y familiar del forastero. "En ese caso redoble usted. . . ." Como el guardagujas se niega a cooperar con el impaciente forastero, el forastero empieza a oír los avisos importantes del guardagujas. Este progreso de la conversación del cuento también ocurre en la vida del lector, como pesadillas que hacen los triunfos más memorables del subconsciente. Muchas personas creen que las pesadillas avisan del posible futuro que resulta de una decisión del cerebro consciente y los recuerdos horribles compelen a que la persona tome en cuenta los miedos escondidos en lugar de una racionalidad solitaria. El papel del guardagujas (el subconsciente) es el de recordarle al consciente olvidadizo del pasado: las memorias y los miedos que están encarcelados en la celda con el subconsciente. El papel del forastero es oír las fabulaciones del guardagujas y decidir si son una causa justa por el abandono de los planes para el viaje a la estación T.

¶5. Este papel del consciente no es un trabajo fácil; tiene mucha adversidad en la forma de la ilusión que prevalece en el cuento, con ambas, las palabras literales del guardagujas y la veracidad cuestionable de lo que dice éste. El forastero (consciente) necesita decidir si puede superar las ilusiones de llegada que tienen los viajeros que descienden a las falsas estaciones. "Sólo le recomiendo que se fije". Para los viajeros que creen en las falsas estaciones, la ilusión es la que es más importante, en vez de la llegada a la estación verdadera; las ventanillas de espejismo permiten que los pasajeros "lleguen" a donde quieran llegar. Desde un punto de vista metafórico, los avisos del guardagujas pueden proteger al forastero de los peligros del viaje apurado. Éste le permite que el sentido lógico analice las opciones con una racionalidad fría.

¶6. La discusión de los horarios tiene un propósito similar a la revelación de las estaciones. El guardagujas (subconsciente) propone que aunque los rieles existen, su existencia no asegura que los trenes lleguen, o que los horarios tengan un propósito útil. Los trenes no tienen regularidad ni destinaciones queridas por los viajeros. . . y los viajeros creen que son las elecciones suyas. "Es motivo de orgullo."

(33). Los trenes directos y los boletos para las destinaciones ciertas de modo que engañan a los pasajeros que no oyen sus instintos o la voz del subconsciente. Es importante notar que el forastero decide abordar el tren en vez de escuchar todas las pesadillas del servicio del tren que discute el guardagujas. Aunque el forastero ha oído los avisos del subconsciente, toma un riesgo en lugar de obedecer la voz de la cordura: con un conocimiento de los obstáculos, ésta es una decisión que puede valer la pena.

¶7. Al concluir, el cuento de "El guardagujas" desarrolla una conversación sutil y profunda entre los personajes en una estación de tren desierta. Los dos tienen su asunto. Los dos lo van a resolver. Sin embargo, la conversación tiene mucha más relevancia que los dos personajes del cuento. Porque al autor le falta introducir los detalles específicos que crean una escena cierta, los personajes y los comentarios de los dos tienen una universalidad que abre el cuento a una interpretación que pertenece a la vida del lector y la vida misma de cada persona. Es una niebla común. El forastero, con su obsesión con el horario y la lógica, representa el consciente mientras el guardagujas representa el subconsciente y enfatiza los riesgos de la vida caprichosa. La conversación entre los dos se da en un momento raro cuando los dos hablan, en vez de un cambio de celdas de la cárcel que prohíbe que el consciente oiga la cordura del subconsciente, se abren ambas dando pie para la discusión entre las dos.

PARA SER REDACTORES

1. ¿Qué opinas del título y de la primera oración?

2. Evalúa el tema y la tesis de la lectura. ¿Queda clara la tesis?

3. La coherencia del ensayo. Usando la clave editorial, vuelve a leer el ensayo y ofrece sugerencias sobre el propósito, el desarrollo y la organización, el aspecto gramatical y el aspecto estilístico. Subraya oraciones eficaces y circula oraciones que merezcan cambiarse.

4. La precisión y la concisión. ¿Sugieres cambios?

5. La separación de párrafos. Evalúa la separación de párrafos y el uso de transiciones. ¿En los párrafos hay orden lógico? ¿Hay oraciones que se puedan eliminar o mover a otro párrafo?

6. El uso de lenguaje y el registro. ¿Qué tipo de registro adopta la escritora? Escoge ejemplos que lo representen. ¿Qué tipo de lenguaje utiliza? Encuentra ejemplos. ¿Hay variedad en el tipo de oración?

7. El estudio de los personajes. Vimos en la lectura del texto y este ensayo estudiantil modelos de la crítica literaria enfocada en los personajes. Evalúa el análisis que ofrece el estudiante—¿cómo desarrolla la escritora su análisis?

8. Comentario general. Considerando todos tus comentarios, ofrece un análisis enfocado y una nota de evaluación.

Capítulo 10

Escritor sociólogo

Gramática:	**Redacción:**
• las preposiciones	• el apoyo y las citas
• los verbos con preposición	

Gramática

I. Las preposiciones

1. La relación de palabras con otras palabras, ya sean sustantivos, adjetivos o verbos se produce con las preposiciones.

   Mis amigos volaron desde San Francisco a Amsterdam.

   My friends flew from San Francisco to Amsterdam.

   Aquí **desde** conecta el verbo "volaron" con el sustantivo "San Francisco", mientras **a** relaciona los sustantivos "San Francisco" y "Amsterdam".

2. En español las principales preposiciones son las siguientes.

a	*to*
ante	*before*
bajo	*under, underneath*
con	*with*
contra	*against*
de	*of, from*
desde	*from, since*
en	*in, at*
entre	*between, among(st)*
hacia	*to, towards*
hasta	*to, until*

para	for, to
por	for, to, by, through
según	according
sin	without
sobre	about
tras	behind

3. Además, existen otras preposiciones compuestas (combinadas con otras preposiciones o con adverbios) como **delante de, en frente de, frente a, encima de,** entre otras, que sirven para conectar o relacionar los elementos gramaticales mencionados.

El taxi se detuvo **frente a** la estación.

The taxi stopped in front of the station.

4. Las preposiciones del español suelen tener sus equivalentes paralelos en inglés. Pero, ocasionalmente el paralelismo se rompe y encontramos diferentes preposiciones en la traducción.

Todo depende **de** ella.

All depends on her.

5. En este capítulo se encuentra una lista de los principales verbos con preposición en español y de sus equivalencias en inglés. Por otra parte, el inglés utiliza a veces verbos con preposición, mientras en español se requiere un verbo transitivo, acompañado de la obligatoria **a** personal si el complemento directo es humano.

Veamos unos ejemplos:

ESPERAR: Esperamos el autobús de las cinco.

*We are waiting **for** the five o'clock bus.*

PEDIR: Haz el favor de pedirles el presupuesto.

*Please, ask them **for** the budget.*

BUSCAR: Buscaban refugio.

*They were looking **for** shelter.*

PARECER: Parece un payaso.

*He looks **like** a clown.*

PAGAR: Yo pagaré los gastos.

*I'll pay **for** the expenses.*

AGUANTAR: Aguantaron las críticas sin rechistar.

*They put up **with** the criticism without a word.*

VISITAR A ALGUIEN: La visitaré cuando viaje a San Francisco.

*I'll call **on** her when I travel to San Francisco.*

ATRAVESAR: El clavo atravesó la pared.

*The nail went **through** the wall.*

II. La preposición "a"

A. La "a" personal

1. El español añade la preposición **a** si el complemento directo del verbo es humano o si se le confieren atributos humanos.

   Escucho la música.

   Escucho **a** la cantante.

   Veo pasar los barcos.

   Veo pasar **a** los niños.

2. No obstante, la **a** se omite si se desconoce la existencia de la persona que funciona como complemeto directo.

   Necesitan un cocinero que sepa hacer paellas.

   Se busca un mecánico con experiencia.

3. No se emplea la **a** personal con el verbo **tener,** excepto cuando modifica al sustantivo con un adjetivo.

   Tengo dos hermanos.

   Tengo **a** mi hermana enferma.

4. La personificación de personajes, animales o lugares causa que surja la **a** personal.

   En Disneylandia vi **al** ratoncito Mickey.

   Quien no ha visto **a** Sevilla, no ha visto maravilla.

5. También se incluye la **a** personal si los verbos que efectúan los animales son de uso común entre humanos.

   El gorrión alimentaba **a** su cría.

   El pez grande se come **al** chico.

   La leona ayudó **a** su cachorro.

B. "a" del complemento indirecto

1. No debemos confundir la **a** personal del complemento directo con la **a** del complemento indirecto.

    a personal antes del objecto directo: Invito **a** mi hermano

    a del complemento indirecto: Le doy la invitación **a** mi hermano.

C. "a" con numerales

Se fueron **a** las tres.

Terminó el doctorado **a** los veintidós años.

Guadalajara está a 130 kms. de aquí.

D. "a" en verbos de movimiento

Verbos tales como **ir, marcharse, entrar, venir, descender, bajar, subir, entrar, dirigirse, viajar,** etc.

Se dirigen **a** la casa.

Entraron **a** la tienda. (También: Entraron en la tienda).

Igualmente con verbos de movimiento: **a tiempo (llegar a, entrar a, salir a. . . + tiempo).**

E. "a" de medios de locomoción

a pie

a nado

a caballo

Pero:

en coche

en barco

en avión

en autobús

en globo

III. La preposición "de"

A. Hay que hacer notar el distinto uso idiomático entre el español y el inglés de la preposición **de**.

La señora **de** vestido azul es mi tía.

*The lady **in** the blue dress is my aunt.*

"El hombre **de** la pistola de oro" es una película del agente 007.

*"The Man **with** the Golden Gun" is a movie with agent 007.*

B. Otros usos de la preposición "de"

Para indicar origen:

No soy de aquí ni soy de allá.

I'm not from here nor from there.

Para indicar condición u oficio:

Estamos de ayudantes en el laboratorio.

We are lab assistants.

De mayor, la niña quiere ser abogada.

As an adult, the girl wants to be a lawyer.

IV. La preposición "en"

El inglés utiliza principalmente tres preposiciones equivalentes al español **en** > *in, on* y *at*. Depende del contexto de la oración.

El electricista está **en** el edificio.

*The electrician is **in** the buiding.*

*The electrician is **on** the buiding.*

*The electrician is **at** the buiding.*

V. Las preposiciones "por" y "para"

El uso esencial de **por** es el de motivo, causa o razón y equivale al inglés *because of.*

Lo hice todo **por** ella.

Por otra parte, el uso esencial de **para** es el de propósito, beneficio o destino.

Lo hice todo para ella.

Naturalmente, la diferencia es sutil entre la oración con **por** y la oración con **para**. Sin embargo, la diferencia de significado existe y es evidente en la mente de los hablantes.

En la primera oración el hablante afirma que lo hizo todo debido a ella, a causa de ella, mientras en la segunda oración, el hablante transmite la idea de que lo hizo todo en beneficio de ella. Para ilustrar lo dicho, veamos otro ejemplo. Supongamos que un carpintero recibe el encargo de construir una silla especial para una señora llamada María. Una vez terminada la silla, si alguien le pregunta al carpintero por qué la construyó, éste podrá decir:

La construí **por** María. (La construí a causa de ella).

La construí **para** María. (La construí destinada a ella).

A. Los usos de para

destinatario	Lo hice para ella.
intención o propósito	Estudio para aprender.
destino	Me voy para el pueblo.
plazo	El manuscrito se debe tener listo para agosto.
opinión	Para mí, que el paquete no llegará esta semana.
acción inminente	El avión está para despegar.
comparación	Habla español muy bien, para haberlo estudiado solamente un año.

B. Los usos de por

causa, motivo o razón	Lo hice por ella.
	No salimos de casa por la lluvia. (No salimos de casa porque llovió).
en sustitución de algo o alguien	Yo fui a dar la cara por ti.
en el agente de la voz pasiva	La película fue dirigida por el protagonista.
intercambio o pago	Pagué 70 dólares por estos zapatos.
	Te cambio el diccionario por el disco.
sustitución	¡Vaya! Se equivocaron y me dieron naranjas por mandarinas.
decisión inconclusa	Estoy por apuntarme en el curso de bailes de salón.
intención de conseguir	Tengo que salir por gasolina.
a través	Dimos un paseo por la ciudad.
quehaceres pendientes	¡Las camas aún están por hacer!
medios	La carta va por avión.
	Enviamos la respuesta por fax.
	Nos informaron por correo electrónico.
	Me llamaron por teléfono, pero tenía el móvil desconectado.
acción inminente	El avión está por despegar. (Igual que "para despegar").

1. Finalmente, recordemos que al contrario del inglés, la preposición nunca cierra la oración en español. No sería idiomático utilizar construcciones del tipo:

   *Ése el muchacho que sale con.

   *Aquélla es la amiga que te hablé de.

VI. Verbos con preposición

1. El inglés tiene verbos con preposiciones que los verbos equivalentes españoles no emplean y viceversa. Así, por ejemplo, en inglés se necesita la preposición *for* en los verbos *to look for* y *to wait for*, mientras en español no: *buscar* y *esperar*, respectivamente.

   Busco a María   *I'm looking for María.*

   Esperan el tren.   *They are waiting for the train.*

2. En primer lugar se tendrá en cuenta que todos los verbos transitivos llevan la preposición **a** cuando el complemento directo es una persona (**a** personal).

   Visito a mis tíos.

   Pero: Visito las pirámides de Egipto.

   Escucharon al conferenciante.

   Pero: Escucharon el concierto.

3. A continuación, presentamos una lista de los verbos con preposición más comunes en español. Excluimos los verbos cuya preposición se corresponde con otra equivalente del inglés.

   alejarse **de:**   *to go away from*   El tren se alejó de la estación.

   darse **a:**   *to take (oneself) to*   Tras el fracaso, se dio a la bebida.

   Considerando que **de** y **a** se traducen al inglés como *from* y *to* respectivamente, sería innecesario incluir éstas y otras construcciones análogas.

verbo español	verbo inglés	Ejemplo
acabar de	*to have just*	Los invitados acaban de llegar.
acordarse de	*to remember*	Me acuerdo de mi infancia.
		No se acordaron de apagar la luz.
afanarse en/por	*to strive*	Se afanó en terminar el trabajo.
aguardar a	*to wait for*	Aguardé a que amaneciera.
alegrarse de	*to be glad*	Me alegro de conocerlo.
apostar a	*to bet*	Apuesto a que llegamos antes que tú.
apuntarse a	*to sign in*	Me he apuntado a una clase de kárate.
apurarse por	*to worry about*	Me dijo que no me apurase por eso.
armarse de	*to arm oneself with*	Me armé de valor y lo hice.
arriesgarse a	*to risk*	A tal velocidad se arriesga a chocar.
arrojar por	*to throw off*	Arrojaron el lastre por la borda.
asistir a	*to attend*	Asistiremos a la gala de clausura.

asomarse a/por	*to look out of*	Al oír la serenata, se asomó al balcón.
		Se asomó por la ventana para mirar.
asombrarse de	*to be amazed*	Se asombró de la noticia.
caer en	*to realize*	Ahora caigo en lo que quiso decir.
cambiar de	*to change*	Cambié de colchón y ahora duermo mejor.
carecer de	*to lack*	Ese hotel carece de condiciones.
casarse con	*to get married to*	El príncipe se casó con una actriz.
cesar de	*to stop*	Ordenó que cesaran de disparar.
compadecerse de	*to sympathize with*	Me compadezco de los huérfanos.
comprometerse con	*to be committed to*	Estoy comprometido con la editorial.
condolerse de	*to sympathize with*	Se condolieron de ella.
confiar en	*to trust*	Confío en que la economía mejorará.
conformarse con	*to conform to*	Me conformo con lo que me den.
consentir en	*to consent to*	Consintieron en dejarla viajar a París.
consistir en	*to consist of*	El juego consiste en llegar el primero.
consumirse de	*to be eaten up with*	Se consume de celos.
contar con	*to count on*	Si haces deporte, contamos contigo.
convenir en	*to agree to*	Convinieron en montar la empresa.
cubrirse de	*to cover oneself with*	El aviador se cubrió de gloria.
cumplir con	*to fulfill*	El soldado cumplió con lo que le ordenaron.
dar a	*to face*	El balcón da al mar.
dar con	*to run into*	Di con él al torcer la esquina.
decidirse por	*to decide on*	Se decidió por un coche deportivo.
dejar de	*to stop*	¡Deja de llorar! Eso no tiene remedio.
depender de	*to depend on*	El resto depende de Ud.
desconfiar de	*to distrust*	¡Desconfíe de las imitaciones!
despedirse de	*to say goodbye to*	Se despidieron de sus amigos.
disfrutar de	*to enjoy*	Disfrutamos de unas buenas vacaciones.
divertirse con	*to have a good time*	Se divirtió con los dibujos animados.
dudar de	*to doubt, to question*	No dudaban de su talento.

dudar en	to hesitate to	Dudó mucho en aceptar el trabajo.
empaparse de	to soak up, to absorb	Me he empapado de todo lo que dijo.
enamorarse de	to fall in love with	Romeo se enamoró de Julieta.
encargarse de	to take charge of	Yo me encargo de traer el pan.
encontrarse con	to run into (to encounter)	Se encontraron con ella paseando.
enfrentarse con	to face up to	Hay que enfrentarse con la realidad.
entender de	to know about	Entiende mucho de mecánica.
entretenerse en	to amuse oneself	Se entretiene en coleccionar vitolas.
esforzarse en/por	to strive to	Se esforzó en lograr su objetivo.
extrañarse de	to be surprised at	Me extrañé de que no viniera.
faltar a	to fail to appear/do	Falta a clase a menudo.
fiarse de	to trust	No me fío de la carretera mojada.
fijarse en	to notice	Se fijó en el elegante vestido.
gozar de	to enjoy	Goza de muy buena salud.
guardarse de	to take care not to	¡Guárdate de las malas compañías!
gustar de	to enjoy something	¿Gusta de unos dulces?
haber de	to have to	He de salir de viaje.
hartarse de	to be fed up with	Estoy harto de tanto tránsito.
ilusionarse con	to get excited about	Está muy ilusionada con el viaje.
incomodarse con	to be upset at	Se incomodó con los vecinos.
indignarse por	to get angry about	Me indigné por el mal servicio.
influir en	to influence	Su conducta influyó en la votación.
irse de	to leave	Se fue de aquí a las tres de la tarde.
jugar a	to play (games)	Juegan a cartas todos los viernes.
llenarse de	to fill up with	La pared estaba llena de fotos.
marcharse de	to leave	Se marchó de casa muy joven.
meterse a	to become	La joven se metió a monja.
meterse con	to pick on somebody	El público se metió con el jugador.
molestarse en	to take the trouble to	No se moleste en cerrar la puerta.
negarse a	to refuse to	Se negó a que le hicieran el análisis.
ocuparse de	to busy oneself with	¡Ocúpese de que estén cómodos!

oler a	*to smell like*	En esa cocina siempre huele a ajos.
olvidarse de	*to forget*	Me olvidé de cerrar con llave.
opositar a	*to try for a job*	Opositó al puesto y se lo dieron.
pasar de (España)	*to ignore*	Pasaron de mí olímpicamente.
pasarse de	*to go too far*	No hay que pasarse de listo.
pensar de	*to think (opinion)*	No me importa lo que piensen de mí.
pensar en	*to think about*	Siempre pienso en mi familia.
plantarse en	*to get to*	Se plantó en Barcelona en tres horas.
preceder a	*to precede*	El sujeto precede al verbo.
preocuparse por	*to worry about*	Se preocupan por su empleo.
prescindir de	*to get rid of*	Prescindieron de todos los lujos.
presumir de	*to show off*	Dime de qué presumes y te diré de qué careces.
quedar en	*to agree to*	Quedaron en comprar la casa.
quedar por	*to remain to be*	Aún queda por firmar el contrato.
reírse de	*to laugh about*	Se ríen de las travesuras de los nietos.
renunciar a	*to give up*	Ellos renunciaron a su nacionalidad.
reparar en	*to notice*	No reparó en el obstáculo.
resarcirse de	*to make up for*	Pronto se resarció de lo perdido.
resentirse de	*to suffer from*	Después del accidente, quedé algo resentida del pie.
rodearse de	*to surround oneself with*	Se rodea de buenos amigos.
saber a	*to taste like*	El pastel sabe a limón.
salir de	*to leave*	El tren sale de la estación a las tres.
salir de	*to dress as, to act as*	Mi tío salió de extra en una película.
separarse de	*to come apart*	El reactor se separó de la nave.
servir de	*to serve as*	La navaja sirve de abrelatas.
servirse de	*to make use of something*	Se sirvió de su pericia para componer la maquinaria.
someterse a	*to undergo*	Se sometió a un estricto régimen alimenticio.
soñar con	*to dream of*	Anoche soñé contigo.
sorprenderse de	*to be surprised at*	Me sorprendí de ganar la lotería.

subir a	*to go up*	Subieron a su piso.
subirse a	*to go to*	La cerveza se le subió a la cabeza.
tardar en	*to delay*	¡No tardes en acostarte!
tenerse por	*to consider oneself to be*	El ajedrecista se tiene por un genio.
terminar de	*to finish*	Ya terminamos de veranear.
terminar por	*to end up by*	Terminé por vender mis pirañas.
tomar por	*to mistake for*	Me tomaron por mi hermano.
tratar de	*to endeavor to*	Traté de encontrarlo pero no pude.
tratarse de	*to be about*	Se trata de un romance.
velar por	*to look after*	La abuela velaba siempre por ellos.
vestirse de	*to wear/dress in*	La novia se vistió de blanco.

Ejercicios

A. Substituye las siguientes preposiciones o frases en negrita con **por** o **para,** según se requiera.

1. Me voy **hacia** el pueblo, hoy es mi día.
2. **Según** él, no hay nada mejor que jugar con videoconsolas.
3. Entró **a través de** la ventana del baño.
4. Le di unos pesos **a cambio de** los elotes.
5. Tuvieron que abandonar su casa **a causa de** la inundación.
6. Salió **en busca de** alimentos.
7. Les comunicaremos la decisión **a través del** correo certificado.
8. **A pesar de** sus pocas horas de vuelo, el piloto se desenvuelve con soltura.
9. Estoy **pensando en** decirle que la amo.
10. Se creía muy listo, pero le dieron gato **en vez de** liebre.

B. Completa las oraciones siguientes escogiendo una preposición de cada par.

1. La novela *Viaje al centro de la tierra* fue escrita (de/por) Julio Verne.
2. (Para/En) ser una localidad tan pequeña, produce y exporta muchísimo.
3. Estaban (con/por) llamar a los niños cuando éstos llegaron.
4. (Por/Para) mí, que va a llover esta tarde.
5. No puedo salir porque tengo todavía mucho (a/por) hacer.
6. El mecánico me ha dicho que la camioneta estára lista (para/en) las cinco.

7. Queríamos llegar a la costa (a/en) nado, pero fuimos (a/en) barca.

8. El equipo (en/de) verde es el de México.

9. La tarea debe estar lista (para/por) mañana.

10. Los vaqueros montan (en/a) caballo a diario.

C. Completa las oraciones con preposiciones adecuadas (simples o compuestas).

Aitana salió (1) _____ la casa y se dirigió (2) _____ la estación. Debía darse prisa si quería llegar (3) _____ tiempo (4) _____ recibir (5) _____ su primo. No lo había visto (6) _____ que eran niños y se preguntaba si lo conocería ahora (7) _____ tantos años. Corrió (8) _____ el paseo (9) _____ buscar un taxi. Sin embargo, no quedaba ninguno (10) _____ la parada y tuvo que buscar uno (11) _____ los que circulaban (12) _____ la avenida. Finalmente, divisó la lucecita indicadora (13) _____ un taxi libre y levantó el brazo agitándolo, mientras gritaba — ¡taxiiiii! Subió y se sentó (14) _____ el asiento trasero. Al llegar (15) _____ la estación, pagó (16) _____ el viaje y le pareció excesiva la tarifa (17) _____ un trayecto tan corto. Bajó del taxi, entró (18) _____ la estación y caminó (19) _____ la multitud de viajeros. Cruzó (20) _____ los andenes y llegó justo (21) _____ el momento (22) _____ que se abrían las puertas de los vagones. (23) _____ ella se encontraba un muchachote alto, fornido y (24) _____ aspecto (25) _____ turista, debido (26) _____ la ropa que llevaba. Sí, su primo había crecido y era todo un hombre, pero sus ojos todavía conservaban ese brillo que, (27) _____ ella, no había cambiado. Se abrazaron, se saludaron e inmediatamente salieron (28) _____ la calle.

Situaciones

1. Situación #1

Nuevo puesto en México

NUEVO EMPLEADO: La empresa te pide que aceptes un nuevo puesto en México. No conoces el país y necesitas informarte sobre las costumbres y los aspectos típicos de pasar un año en el país. Hablas con la señora del consulado y le haces las preguntas que te parezcan necesarias para empezar a planear este año en el extranjero.

SEÑORA DEL CONSULADO: Eres la agregada cultural y recibes la llamada del Señor Ortega. Te das cuenta de que esta persona no tiene ni idea de México. Tratas de explicarle lo posible, y ser cortés a la vez.

2. Situación #2

El club de servicio voluntario

ESTUDIANTE: Como proyecto en el curso de sociología, tienes que entrevistar a los miembros de un club en el campus. La meta es encontrar las razones por tal club, las características de los miembros y por qué se han metido en tal club. Como has notado el aumento de estudiantes que hacen voluntariamente servicio social, decides entrevistar al presidente del club de servicio.

PRESIDENTE DEL CLUB DE SERVICIO: Jorge viene a hablarte sobre el nuevo club que diriges, el club de servicio voluntario. Quiere datos sobre el inicio del club, los miembros, el tipo de trabajo que hacen, y las razones por las cuales los estudiantes desean pertenecer a tal club.

Redacción

I. Estrategias para editar: El apoyo y las citas

Se presenta un modelo estudiantil de un grupo analizado: el equipo de atletismo de una escuela secundaria. El ensayo es una mezcla de resumen, descripción, opinión, y análisis. Nuestro trabajo es averiguar si esta combinación de técnicas se integran bien.

A. "Uniforme multitalla"

¶1. Gordos y flacos, negros y blancos, altos y enanos, hombres y mujeres; no importa la envoltura, todos tienen algo en común, el orgullo de ser miembros del equipo de atletismo. En los eventos de pista y en los de campo todos los miembros del equipo de atletismo compiten con una sola idea en mente: ganar su evento para ganar como equipo la competencia. Este deporte ejemplifica el valor de la competencia individual y de grupo por muchas razones: la salud y el bienestar de la sociedad. El grupo de atletas que compone las subdivisiones del equipo de pista son los corredores de larga y media distancia, los corredores de corta distancia, y los corredores de vallas. Los saltadores y los lanzadores componen la division de campo en el equipo de atletismo. Aunque cada grupo de atletas puede competir aisladamente para concentrarse y ganar los eventos en los cuales participan, lo único que cuenta a fin de cuentas es si el equipo, como conjunto, gana o pierde.

¶2. Anglosajones, mexicanos, afro-americanos, chinos y otros grupos étnicos componen el equipo de atletismo de la mayoría de las preparatorias públicas en California. Según el Director, el grupo encargado de ordenar los competencias entre ligas, "High school track teams display the unique talents of individual competitors, but with the larger goal of winning what is ultimately a team sport."[1] Unos miembros del grupo de corredores se distinguen, ya que al parecer tienen más energía que el conejillo rosa que anuncia las pilas *Energizer*. Un grupo relativamente pequeño de al parecer pseudo-masoquistas, corredores de larga distancia, corren por horas alrededor del óvalo simétrico de tierra comprimida al parecer sin una razón, ellos argumentan que corren lo necesario para calentar los músculos. Unos corren por menos tiempo que otros. Los que corren cortas distancias parecen ser disparados por una especie de bloques que parecen estar especialmente diseñados para colocar sus zapatillas. Las zapatillas especiales de peso diminuto tienen una suela de plástico inflexible que en la parte frontal tienen adheridos unos clavos de acero. Con esas garras, estas bestias musculosas luchan a lo largo de cien y hasta cuatrocientos metros. Unos más audaces saltan sobre unas vallas, imitando el trote de una gacela, ya que al parecer el sólo correr no les presenta suficientemente dificultad. Estas máquinas que intentan ejecutar sus zancadas a la perfección, practican una y otra vez repetidamente sus movimientos antes, durante y después de esquivar las vallas de más de un metro de altura.

---

[1]Dempsey, John. Entrevista personal, marzo, 2001.

¶3. Mormones, judíos, cristianos: se unen para crear un grupo con un próposito en común, el ganar. Es bueno ¿no? Se ha estudiado el desarrollo del individuo dentro de los deportes demostrando los valores que tienen.[2] También se ha estudiado cómo la participación en los deportes combate la violencia de los niños. El equipo de atletismo ofrece un modelo para desarrollar la actividad física de forma segura. Lo que dice Paul Wright, "As we begin the new millenium, few issues are more pressing than violence. It seems to be woven into the fabric of our society. . . As a society we need to find a variety of ways to teach our children how to resolve conflict, control anger, and respect life. . . What better setting to learn these lessons than a trusted, caring adult such as a coach?"[3]

¶4. Algunos miembros de la división de campo un poco desquiciados se elevan por más de quince pies sobre el nivel del suelo para clarear una barra plástica con la ayuda de una garrocha de fibra de vidrio. Estos atletas no son típicamente tan musculosos como los corredores de corta distancia, sin embargo prototípicamente el saltador con garrocha necesita tener una musculatura excepcional. Otros atletas un poco más cuerdos también intentan saltar sobre una barra plástica, aunque ésta sólo se encuentra usualmente entre cinco y seis pies y medio del suelo. Estos atletas toman zancadas que particularmente son muy largas para poder elevarse sobre esta barra plástica. Uno de los factores físicos del atleta que toma parte en este evento es su altura, entre más alto el atleta más potencial tiene para clarear más altura. Otros atletas, de la división de campo que compiten a los costados interiores de la pista, retan a la gravedad al intentar mantenerse en el aire y recorrer la mayor distancia posible. Estos jóvenes parecen gozar al caer de sentón sobre una fosa de arena. Estos atletas a larga distancia parecen ser más delgados y de cuerpos más alongados, similarmente a los participantes del salto de altura, que los demás atletas. Estos participantes del salto de longitud intentan tomar la mayor velocidad posible para poder volar por los aires y romper la barrera de los siete metros.

¶5. Ricos y pobres, hijos únicos y huérfanos: en la pista y en el campo todos son iguales, con el mismo uniforme y con un mismo propósito. Según F. Clark Power, "we learned, often the hard way, that changing the peer culture required much more than simply leading stimulating moral discussions. We had to seize every opportunity to convince students to see themselves as part of a cohesive community. Sports offer that opportunity."[4] La segunda división del grupo de campo es el grupo de gigantes que se dedican a lanzar un disco o una esfera de plomo lo más lejos posible para probar su superioridad física. Los lanzadores del disco y de la esfera de plomo usualmente son los más fornidos y corpulentos de todo el equipo de atletismo y en muchas ocasiones los mismos atletas compiten en las dos disciplinas ya que al nivel de preparatoria en California no se permite lanzar el martillo y la jabalina por la seguridad de los otros atletas. Al lanzar el disco, estos titanes tienen que rotar muchas veces, sin salirse de un área designada, para poder generar el suficiente impulso que les permita cortar el aire con un platillo de plomo de siete libras. Los lanzadores de la esfera de plomo giran menos veces ya que la esfera pesa más que el disco; por este motivo la esfera no es lanzada sino proyectada de una forma muy peculiar. El atleta pone la esfera entre la palma de su mano y su hombro adyacente a su cabeza y con dos o tres revoluciones de 360° proyecta la esfera de once libras hacia una fosa de tierra.

¶6. Novatos y veteranos, del primer año y futuros graduados: en la pista y en el campo lo único que cuenta es el talento. Los más jóvenes aprenden de los que al parecer tienen más experiencia. Aunque la mayoría de los atletas tienen una confección física dependiendo del evento en que participan, siempre hay alguien que no está prototípicamente diseñado para cierto tipo de evento; sin embargo lo bello de la competencia a este nivel es que la perfección no importa. Lo que importa es crear una unión entre los miembros del equipo para disfrutar de las victorias y alentarse en las der-

---

[2]Shields, David Light. "Moral Reasoning in the Context of Sport," artículo presentado en el congreso anual de la Asociación de Educación Moral, Minneapolis, MN, 1999.
[3]Wright, Paul. "Violence Prevention: What Can Coaches and Sports Educators Do?", artículo presentado en el congreso anual de la Asociación de Educación Moral, Minneapolis, MN, 1999.
[4]Power, F. Clark. "Building a Democratic Community: A Radical Approach to Moral Education," capítulo en *Lawrence Kohlberg's Approach to Moral Education*. Nueva York: Columbia University Press, 1989.

rotas. En un equipo de atletismo siempre existirá diversidad, pero cuando hacen la tercera llamada para el evento en que el atleta va a participar, todo se olvida puesto que le ha llegado la hora de disputar los cinco puntos que ganan el primer lugar.

PARA SER REDACTORES

1. ¿Qué opinas del título y de la primera oración?

   _____

2. Evalúa el tema y la tesis de la lectura. ¿Queda clara la tesis?

   _____

3. La coherencia del ensayo. Usando la clave editorial, vuelve a leer el ensayo y ofrece sugerencias sobre el propósito, el desarrollo y la organización, el aspecto gramatical y el aspecto estilístico. Subraya oraciones eficaces y circula oraciones que merezcan cambiarse.

   _____

4. La precisión y la concisión. ¿Sugieres cambios?

   _____

5. La separación de los párrafos. Evalúa la separación de los párrafos y el uso de transiciones. ¿En los párrafos hay orden lógico? Destaca la oración temática de cada párrafo. ¿Hay oraciones que se puedan eliminar o mover a otro párrafo?

   _____

6. El uso de lenguaje y el registro. ¿Qué tipo de registro adopta la escritora? Escoge ejemplos que lo representen. ¿Qué tipo de lenguaje utiliza? Encuentra ejemplos. ¿Hay variedad en el tipo de oración?

   _____

7. El tiempo verbal y la voz pasiva o activa. ¿Sirve la selección del tiempo verbal y de la voz activa/pasiva? ¿Recomiendas cambios?

   _____

8. El uso de lenguaje y el registro. ¿Qué tipo de registro adopta el escritor? ¿Cómo lo representa con el lenguaje? ¿Qué tipo de lenguaje utiliza? ¿Hay variedad?

   _____

9. El uso de recursos bibliográficos. Evalúa la inclusión de citas. ¿Son pertinentes a la oración temática del párrafo? Si no añaden apoyo relevante, elimínalas. ¿Están situadas bien o deben estar en otro párrafo? También, en cada párrafo considera si hay otras ideas que deben tener apoyo pero no lo tienen.

   _____

10. Comentario general. Considerando todos tus comentarios aquí, ofrece un análisis y una nota de evaluación.

    _____

Capítulo 11

Escritor científico

Gramática:
• los imperativos

Redacción:
• el toque personal

Gramática

I. Los mandatos y ruegos (imperativos)

A. El modo imperativo

El imperativo es un modo con el que se pretende ordenar o influenciar en el comportamiento de las personas. Se puede dar órdenes a las segundas personas (singular y plural), en sus modalidades formales e informales (**tú, Ud.** y **vosotros, Uds.**) y a la primera persona del plural, por incluirse a otras personas, además del hablante (**nosotros**). Aunque algunas gramáticas incluyen la primera persona singular del imperativo como, por ejemplo, ¡Vaya yo!, expresiones de este tipo no son comunes. Si bien es cierto que existen ejemplos de expresiones como "¡Vaya yo caliente, ríase la gente!", se trata más bien de oraciones subordinadas adverbiales condicionales, análogas a "Siempre y cuando yo vaya caliente, puede reírse la gente". Para las otras personas, **él, ella, ellos, ellas,** se emplean imperativos indirectos con el sujuntivo:

¡Que lo hagan ellos!

Let them do it!

¡He dicho que se sienten!

I've told you to sit down!

¡Que traiga el dinero que me debe!

(She better) Bring me the money she owes me!

¡Que trabaje Rita!

Rita better get to work!/Let Rita do the work!

B. Las formas de los imperativos con "Usted" y "Ustedes"

1. Formación del afirmativo

   Los imperativos de **Usted** se basan en la primera persona singular sin la -o final. O sea, "compr-o" > "compr-**e**"; "beb-o" > "beb-**a**"; "viv-o" > "viv-**a**".

Usted: -ar > -e   -er, -ir > -a

Comprar: ¡Compre!   Beber: ¡Beba!   Vivir: ¡Viva!

Ustedes: Se añade **-n.**

¡Compre**n**!   ¡Beba**n**!   ¡Viva**n**!

Ténganse en cuenta las formas irregulares de algunos verbos. Por ejemplo:

poner: pongo	> ponga
decir: digo	> diga
traer: traigo	> traiga
hacer: hago	> haga

Unos cuantos verbos tienen imperativos irregulares:

dar: doy	> dé
ir: voy	> vaya
saber: sé	> sepa
ser: soy	> sea

2. Imperativo en negativo: Se añade **no** antes del imperativo.

No compre.

No pongan.

No lo digan.

C. **Las formas de los imperativos con "tú"**

1. La forma afirmativa es la misma que la forma del presente de indicativo de la tercera persona singular (él/ella/Ud.).

Tú -ar > -a   -er > -e   -ir > -e

Comprar: ¡Compra!   Beber: ¡Bebe!   Vivir: ¡Vive!

2. Imperativo en negativo: Añádase **no** delante del imperativo y **-es, -as** al imperativo. Cámbiese la vocal final **a > e** y la vocal final **e > a.**

¡No compres!   ¡No bebas!   ¡No vivas!

3. Existen algunas excepciones entre los verbos irregulares:

	Afirmativo	**Negativo**
hacer	haz	no hagas
poner	pon	no pongas
salir	sal	no salgas

tener	ten	no tengas
venir	ven	no vengas
decir	di	no digas
ir	ve	no vayas
ser	sé	no seas
saber	sabe	no sepas

D. Posición de los pronombres

1. Los pronombres reflexivos y de objeto van ligados al final del verbo en el imperativo afirmativo.

   ¡Entrégaselo! (Entrega el cuaderno a María). (se O.I., a ella; lo O.D., el cuaderno).

2. En los imperativos negativos, los pronombres reflexivos y los pronombres de objeto preceden al verbo.

   ¡No se lo entregues! (se O.I., a ella; lo O.D., el cuaderno).

   ¡No te me lo lleves! (te, pronombre reflexivo; me, O.I.; lo, O.D.).

E. Imperativo con "vosotros"

1. El imperativo en afirmativo se forma eliminando la -r del infinitivo y añadiendo una -d.

   ¡Cantad conmigo!

   ¡Bailad el vals!

   ¡Id a visitarla!

2. Los pronombres reflexivos y de complemento se añaden al final del imperativo.

   No os olvidéis de sacar la basura. ¡Lleváosla!

   No os dejéis la comida ¡Coméosla!

3. Con el pronombre reflexivo "os" agregado al verbo se elimina la -d.

   ¡Callad!, ¡Callaos!

   ¡Marchad!, ¡Marchaos!

   Pero la -d no se pierde tratándose del verbo ir:

   ¡Idos!

4. En la forma negativa los pronombres preceden al verbo.

   ¡No os la llevéis!

   ¡No os la comáis!

5. En los dialectos latinoamericanos donde se emplea **vos** como segunda persona singular, los imperativos coinciden por lo general con los de **vosotros**; con la salvedad de que si bien se elimina la **-r** del infinitivo, no se añade la **-d.**

   (Vos) ¡Salí!, (cf. vosotros, ¡Sali**d**!)

   (Vos) ¡Soltá! (cf. vosotros, ¡Solta**d**!)

6. En el negativo hay variantes según la región, pero la más común es la que elimina la semivocal del diptongo.

   ¡Decí por qué no querés!

   No se usa el pronombre "**os**" en los dialectos del voseo, sino "**te**", el derivado de "**tú**".

   ¡Sentáte vos! (cf. ¡Sentaos vosotros!)

F. Imperativo con nosotros

1. Se puede dar una orden o mandato a otras personas entre las que se incluye el hablante. En tal caso utilizamos la primera persona plural.

   ¡Hablemos del amor!

   ¡Amemos al prójimo!

2. Ir puede emplear dos formas en la primera persona plural, **vamos** y **vayamos.** Además, también se utilizan las formas reflexivas de **irse,** con un ligero cambio de significado (**ir** '*to go*', **irse** '*to go away*').

   ¡Vamos a la playa!

   ¡Vayamos a la playa!

   ¡Vámonos a la playa!

   ¡Vayámonos a la playa!

3. Con los pronombres **nos** y **se** la -s final del verbo desaparece.

Probemos +	nos	+ la > ¡Probémo + nos + la!
	pronombre	O.D.
	reflexivo	

   ¡Sentémonos!

   ¡Comprémonoslo!

   ¡Démosela!

4. En el negativo, los pronombres preceden al verbo:

   ¡No nos sentemos!

¡No nos lo compremos!

¡No se la demos!

G. Otras posibilidades

1. El presente de indicativo puede actuar como un imperativo.

    ¡Tú te vienes a casa!

    You come home (right now)!

    ¡Ustedes se callan y hacen lo que yo les diga!

    (You all) Be quiet and do what I tell you!

2. Igualmente, el futuro puede servir como imperativo.

    ¡Tú te irás a la cama!

    You will go/get to bed!

    ¡Usted abrirá la maleta!

    You will open/open this suitcase!

3. El infinitivo aparece frecuentemente en rótulos con un significado de imperativo.

    Entrar por la puerta de atrás.

    Enter through the back door.

    ¡No tocar! Peligro de muerte.

    Don't touch! Danger of death.

    ¡No fumar!

    No smoking!

Ejercicios

A. Adela y Ramón están en un balneario y se hacen preguntas. El mesero también los atiende. Contesta a las siguientes preguntas en afirmativo o en negativo. Contesta con el imperativo de **tú** si en la pregunta se tutea y de **Ud.** si en la pregunta se usa Ud.

1. Adela: ¿Te pongo el aire acondicionado?

2. Ramón: ¿Quieres que salga a comprarte un sombrero de paja?

3. Adela: ¿Voy contigo a hablar con el gerente?

4. Mesero: ¿Desea Ud. que le traiga algo más?

5. Mesero: ¿Le hago a Ud. un café?

6. Ramón: ¿Quieres que bailemos esta noche?

7. Adela: ¿Te espero en la puerta?

8. Mesero: ¿Quieren que les prepare algo más?

9. Ramón: ¿Deseas que le diga la verdad?

B. Dile a un amigo que va a matricularse en la universidad a la que tú asistes lo que tiene que hacer para matricularse. Utiliza los siguientes verbos en orden cronológico para no tener problemas.

Ir	Acordarse de	Volver	Pedir	Decir
Salir	Pagar	Llevar	Escribir	Preguntar

C. Imagínate que has decidido invitar a tus compañeros de la clase de español a una fiesta en un restaurante mexicano. Explícales cómo llegar allí usando los siguientes verbos y otros que consideres necesarios.

Ir	Salirse	Torcer	No tomar	No desviarse
Estacionar	No esperar	Entrar	Sentarse	Pedir

SITUACIONES

1. Situación #1

La vida del siglo XXI

ESTUDIANTE: Ya estás acostumbrado a hacerlo todo a máquina. Tus padres, no obstante, no tienen computadora todavía y prefieren que les hables por teléfono o que les escribas. La universidad a la cual asistes queda a unas horas de distancia de tu casa. Tratas de persuadirlos de que se compren una computadora para poder comunicarte con ellos de forma conveniente y barata con el correo electrónico, explicándoles todos los valores que tiene y las funciones distintas. Ofrece tu ayuda para instruirlos.

PADRES: Eres padre o madre de un hijo del siglo XXI. Ahora que él está en la universidad no hay mucha comunicación íntima entre ustedes, sólo las llamadas semanales. Prefieres que te escriba una carta de vez en cuando, pero siempre habla de escribir por correo electrónico.

2. Situación #2

Las lecciones de los animales

COMPAÑERO UNO: Has pasado la vida con un animal doméstico porque crees en la idea de que los animales enseñan lecciones importantes. Al leer fábulas, recuerdas lo atractivo que es tener un animal doméstico cualquiera. Tu compañero de cuarto no lo ve así. Piensa que tener el animal sería una pérdida de tiempo y dinero.

COMPAÑERO DOS: Tu compañero de cuarto quiere un animal doméstico. No le importa cuál es el tipo de animal y está dispuesto a que decidas tú. Pero has vivido siempre sin animales en casa y no ves razón para meterte con uno ahora.

Redacción

I. Estrategias para editar: El toque personal

Exploremos un modelo estudiantil sobre la tecnología, escrito en un estilo distinto. Prestemos atención a las formas de comparación y su manera de ofrecer su propio toque personal.

A. "El dramón: una vida desafiante"

¶1. El día pasa lentamente y el trabajo es difícil. Hablar de los aparatos tecnológicos como hacen ustedes al pasar día tras día me confunde. Es que soy una flor. Las condiciones de vida para ustedes con los nuevos tales y cuales, los coches y teléfonos y los tractores que avanzan la vida. . . ¿y la mía?

¶2. Para ustedes hay muerte de vez en cuando; para mí cae por todas partes. El morbo me afecta mucho. Siento mucho el vivir en estas circunstancias. Soy la flor inspiración de la flor en la camiseta de esa niña allá corriendo en el pasto. Soy la flor inspiración de la flor en la pantalla de las computadoras. ¿Nunca has pensado en lo raro que es poner imágenes de flores y de la naturaleza en la pantalla de la computadora, como si esas flores les pudieran dar olores y colores evocadores brillantes que iluminan al alma? (Bueno, un día quizás la pantalla ofrezca olores también. . . .) ¿No pueden creer en serio que esa flor virtual se parezca a mí?

¶3. Me molesta que mis cercanías estén cambiando constantemente. Nunca sé qué esperar. Un día lluvia, otro día sol brillante, otro el perro, el tractor, o la mano suave de la abuela que da sus paseos por aquí. Los pájaros cantan fuerte—¿es canción o escape? Me quedo aquí en el jardín de enfrente. Es una casa bonita, verde es. A veces mi madre sale a sentarse, y al parecer me prestará atención (agua a veces), pero de repente la llama el *rrrriinngggg* del celular y estoy sola de nuevo. ¿Si llamara yo, me atendería? La miro salir y entrar en la casa; un día la vi entrar con flores. ¿Podría ser que me llevara a mí adentro? No—sólo las flores plásticas que pone en la mesa. ¿No les parece irónico que me dio a luz, me ha atendido cuidadosamente por el invierno, y ahora me abandona por el plástico?

¶4. Los ruidos mecánicos. El plástico. El pisoteo. La muerte. Son todos procesos inevitables de mi vida. La próxima vez que pasen por el paisaje rodeado de flores, apaguen el teléfono. Dejen de considerar el nuevo modelo de dieta, de terapia, de tecnología para mejorar la vida. Mírenme. Respiren mi voz. El día pasa lentamente. . .

1. ¿Qué opinas del título y de la primera oración?

_____

2. Evalúa el tema y la tesis de la lectura. ¿Hay una perspectiva claramente expuesta?

_____

3. Presenta un resumen breve del apoyo que intenta incorporar la escritora.

_____

_____

4. La coherencia del ensayo. Usando la clave editorial, vuelve a leer el ensayo y ofrece sugerencias sobre el propósito, el desarrollo y la organización, el aspecto gramatical y el aspecto estilístico. Subraya oraciones eficaces y señala con un círculo las oraciones que merezcan cambiarse.

_____

5. La precisión y la concisión. ¿Sugieres cambios?

_____

6. La separación de párrafos. Evalúa la separación de párrafos y el uso de transiciones. ¿En los párrafos hay oración temática y orden lógico con las demás? ¿Hay oraciones que se puedan eliminar? ¿Hay variedad de tipo?

_____

_____

7. El resumen, la crítica y la opinión. ¿Hay oraciones que debemos editar o quitar porque son generalizaciones u opiniones sin apoyo?

_____

8. El toque personal. ¿Qué ha hecho la escritora para enfatizar su propia tesis sobre la tecnología? ¿Es eficaz? ¿Qué cambios recomiendas?

_____

_____

9. Comentario general. Considerando todos tus comentarios aquí, ofrece un análisis general y una nota de evaluación.

_____

_____

_____

_____

Capítulo 12

Escritor escritor

Gramática:
- los verbos compuestos
- verbos del tipo **gustar**

Redacción:
- la autocrítica

Gramática

I. Los verbos compuestos

1. Los tiempos compuestos se forman con un verbo auxiliar, **haber** por lo general, y con el participio pasado. La terminación de los participios al combinarse con **haber** es **-ado** para los verbos de la 1ª conjugación e **-ido** para los de la segunda y la tercera.

   comprar > comprado   beber > bebido   vivir > vivido

   También hay algunos participios irregulares.

   abrir > abierto   morir > muerto

   cubrir > cubierto   poner > puesto

   decir > dicho   romper > roto

   escribir > escrito   ver > visto

   hacer > hecho   volver > vuelto

   En el Apéndice se hallará una lista de los demás participios pasados con variantes.

2. Las combinaciones de los verbos compuestos son:

Infinitivo compuesto	Lamentaba **haber ofendido** a su amigo.
Pretérito perf. comp. de indic.	Ya **hemos comprado** los libros.
Pretérito pluscuamp. de indic.	El enemigo **había roto** la tregua.
Pretérito anterior	Apenas **hubo salido,** se dio cuenta de su olvido.

   (Poco usado a nivel hablado, aunque lo encontramos en la lengua escrita.)

Futuro perfecto de indic.	Para cuando se levante, yo ya **habré llegado.**
Condicional perfecto	Si pudiera, lo **habría hecho.**

Pretérito perf. de subj.	No creo que **hayan visto** el regalo.
Pretérito pluscuamp. de subj.	Si lo **hubiera/hubiese sabido,** no habría ido.
Futuro perfecto de subj.	Si lo **hubiere necesitado,** se lo habríamos dado.

(En desuso en la actualidad)

3. Además de **haber,** otros verbos como **tener, llevar** y **traer** se combinan con el participio pasado, en función adjetival, para indicar más que la conclusión de una acción, el estado de esa acción. En tales construcciones, el participio concuerda con el complemento.

Hemos terminad**o** los ejercicios.	Tenemos terminad**os** los ejercicios.
He escrit**o** tres páginas.	Llevo escrit**as** tres páginas.
Han visitad**o** muchos parajes.	Traen visitad**os** muchos parajes.

4. La diferencia de significado en inglés se obtiene en este tipo de construcciones con la inversión del complemento de objeto directo:

| *I have written the letters.* (Acción terminada) | He escrito las cartas. |
| *I have the letters written.* (Estado de la acción) | Tengo escritas las cartas. |

5. Estos verbos auxiliares solamente se usan con verbos transitivos. Por lo tanto, oraciones cuyo participio sea de un verbo intransitivo no son gramaticales.

*Tengo ido de viaje.

*Llevamos venido al parque.

6. Nótese además la importancia de la sintaxis en estas oraciones. En español los verbos auxiliares con participio adjetival deben seguir la siguiente secuencia:

Verbo Auxiliar	Participio Adjetival	Complemento Directo
A. *Tengo*	*reservadas*	*las entradas.*

Pero si cambiamos el orden sintáctico, obtendremos otro significado:

Verbo Auxiliar	Complemento Directo	Participio Adjetivo
B. *Tengo*	*las entradas*	*reservadas.*

En A comentamos sobre el estado en que se encuentran las entradas y **tengo** actúa como verbo auxiliar. Pero en B **tengo** es el verbo principal y únicamente afirma que "yo tengo las entradas", mientras el adjetivo **reservadas** modifica al sustantivo **entradas,** como podría hacerlo el adjetivo **caras** o **baratas,** por ejemplo: "Tengo las entradas caras".

Ejercicios

A. Completa las oraciones en el siguiente párrafo conjugando los verbo en paréntesis.

Antonio no había (1) _____ (estar) en un estadio de fútbol tan grande y le impresionó el

tamaño. Era de noche, se habían (2) _____ (encender) los focos y los jugadores estaban a punto de saltar al campo. Nunca había (3) _____ (ver) tanta gente junta en un

espectáculo. Se había (4) _____ (poner) una bufanda de su equipo y se había

(5) _____ (cubrir) el cuello porque hacía frío. No sabía si ya habían (6) _____

(abrir) la cantina, pero decidió acercarse allí para tomarse una taza de chocolate bien calentito.

Después, regresó a su asiento y se dispuso a gozar del partido. Sus amigos le habían

(7) _____ (decir) que aunque el encuentro era amistoso, siempre había (8) _____

(existir) mucha rivalidad entre los equipos. La velada discurrió tal como se la había

(9) _____ (imaginar) y se divirtió muchísimo. Después de haber (10) _____

(volver) a casa decidió que se abonaría a todos los partidos de la temporada.

B. Antonio, aunque muy contento con su vida, piensa en otros caminos que no había tomado pero son condiciones imposibles de realizar en este momento. Llena el espacio en blanco con la forma verbal adecuada.

1. Si yo lo _____ sabido, se lo _____ dicho a mi hermana.

2. Por _____ venido tarde a la clase varias veces este semestre, me _____ bajado la nota el profesor.

3. Tenía _____ todos los documentos, pero yo no tenía _____ el cheque.

4. Si yo _____ los estudios para el verano, me _____ el puesto.

5. Yo la _____ en su casa, si me _____ con unos días de anticipación.

6. No sé si _____ éxito o no.

7. Si lo _____ hecho, _____ sido porque me _____ obligado.

II. Verbos del tipo gustar

1. El orden de las palabras en español es similar al orden que se sigue en otros idiomas, incluyendo el inglés:

Sujeto	Verbo	Objeto
She	*has*	*two degrees.*
Ella	tiene	dos títulos.

2. No obstante, en español hay una serie de verbos que siguen un orden distinto al de sus equivalentes en inglés. Se trata de verbos comunes como **gustar.** Entre ellos se hallan los siguientes:

asustar *(scare)*	Me asustaban los truenos.
caer bien/mal *(like, suit)*	Me cae bien mi cuñado.
dar *(give)* rabia, envidia, celos, coraje, etc.	Le da rabia su actitud.

doler *(hurt)*	Le dolía la muela.
encantar *(like, enjoy)*	Les encantan los peces.
faltar *(lack)*	Le faltará un año para jubilarse.
fascinar *(fascinate)*	Les fascinan las películas de intriga.
fastidiar *(bother)*	Me fastidian los mosquitos.
hacer falta *(lack, need)*	Me harían falta mil dólares.
indignar *(bother, make upset)*	Le indignan las injusticias.
inquietar *(bother)*	Le inquieta la tardanza.
interesar *(interest)*	Le interesa la arqueología.
irritar *(bother, irritate)*	Me irritan los gritos.
molestar *(bother)*	Me molestó el humo.
preocupar *(worry)*	Nos preocupaba la situación económica.
quedar *(remain, have)*	Nos quedan seis créditos para graduarnos.
sobrar *(have leftover, extra)*	Me sobró dinero para comprar el piso.

3. El orden

Inglés:

Sujeto	Verbo	Objeto Directo
I	like	you.
I	need	six credits.

Español:

Objeto Indirecto	Verbo	Sujeto
Me	gustas	tú.
Me	faltan	seis créditos.

Así, pues, en verbos como los anteriores, se necesita colocar los pronombres de complemento indirecto al comienzo de la oración. Dichos pronombres, pueden ir precedidos por frases de objeto indirecto para indicar énfasis o clarificación:

(A mí)	me gusta la música clásica.
(A ti)	te gusta la música clásica.
(A él, ella, Ud.)	le " "
(A nosotros)	nos " "
(A vosotros)	os " "
(A ellos, ellas, Uds.)	les " "

4. Se advierte que el objeto puede ser singular o plural y que el verbo concuerda con el sujeto, no con el pronombre de objeto indirecto.

Me gusto (yo). (Me encuentro elegante, atractivo, etc.)

Me gustas (tú).

Me gusta Ud., él, ella.

Me gusta el fútbol.

Me gustáis (vosotros, -as).

Me gustan Uds., ellos, ellas.

Me gustan los deportes.

5. Si el sujeto es un infinitivo, el verbo irá siempre en singular.

Me gusta cantar.

Nos gusta cantar y bailar.

Les gusta pasear por el parque.

6. También se puede usa el verbo **gustar** como transitivo, pero con el significado limitado de **catar** o **probar** comida o bebida. Por lo general, sólo se emplea en preguntas en la segunda persona.

¿Gustas? (¿Deseas probarlo?)

¿Ustedes gustan? (¿Desean probarlo?)

7. En otras construcciones se utilizaría **probar** en vez de **gustar**.

No han probado la ensalada.

He probado la limonada y está deliciosa.

Ejercicios

A. En el siguiente trabalenguas explica la función gramatical de cada una de las formas relacionadas con gustar.

Ejemplo: gusto > sustantivo

Si mi gusto gustase	(1) _____	(2) _____	
el gusto que gusta	(3) _____	(4) _____	
el gusto de usted.	(5) _____		

Pero es al revés.

Que mi gusto no gusta   (6) _____   (7) _____

el gusto que gusta   (8) _____   (9) _____

el gusto de usted.   (10) _____

B. En parejas, comenta sobre lo siguiente.

1. algo que te asuste a ti
2. alguien que te caiga bien
3. algo que te dé coraje
4. algo que te encante
5. algo que te falte
6. algo que te preocupe

C. Completa cada una de las siguientes afirmaciones.

Modelo: El café (no gustar) a ella. > No le gusta el café.

1. El ruido (molestar) a él.

   _____

2. Bailar tango (encantar) a ellos.

   _____

3. La rodilla (doler) a Luisa.

   _____

4. El profesor de inglés (caer bien/mal) a mí.

   _____

5. Dos años para graduarnos (quedar) a nosotros.

   _____

6. Un buen diccionario de español (hacer falta) a ella.

   _____

7. Los vaivenes de los aviones (asustar) a mí.

   _____

8. Los chismes (no interesar) a Uds.

   _____

9. Los cuentos de hadas (encantar) a ella.

_____

10. Créditos para graduarme (sobrar) a mí.

_____

D. Sonia tiene muchos ensayos que escribir, sin embargo, busca disculpas para no tener que cumplir con las tareas.

1. Me _____ (sobrar) créditos para graduarme.

2. Le _____ (molestar) el ruido a mi perro.

3. A todos _____ (caer bien/mal) el profesor de inglés.

4. Siempre le _____ (interesar) los chismes que le cuento.

5. Me _____ (doler) el codo.

6. También me _____ (faltar) un buen diccionario.

SITUACIONES

1. Situación #1

El debate

GRUPO UNO: Eres miembro del equipo de debate y tienes que preparar las razones por las cuales la belleza es un aspecto crítico en el éxito de la vida.

GRUPO DOS: Eres miembro del equipo de debate. Vas a discutir con el compañero sobre la belleza como aspecto crítico en el éxito de la vida. No crees que ese aspecto sea necesario.

2. Situación #2

Las generaciones

NIETA: Si tuvieras la oportunidad de saber algo sobre la vida de tu abuela, ¿qué le preguntarías? Sabes que tiene una cicatriz larga en el brazo derecho, pero no sabes la causa. . . .

ABUELA: Tu nieta quiere saber de tu vida. También te pregunta por la cicatriz en el brazo—nunca le has contado la historia pero en este momento, decides compartirla. . . .

Redacción

I. Estrategias para editar: La autocrítica

Se presentan dos tipos de modelos aquí. Primero, unos modelos de la autocrítica para ayudarte a considerar tu propia escritura a lo largo del semestre. Segundo, se ofrece un modelo de una de las tareas posibles: análisis del concepto de la mujer tras el cuento.

La autocrítica

Los dos estudiantes se han enfocado en aspectos distintos sobre el desarrollo del tema. Al leer estas autocríticas escritas por otros estudiantes, piensa en tus propios ensayos y reflexiona en una futura escritura mejor. ¿Cuáles son los aspectos más desarrollados y cuáles quedan por desarrollar? Piensa en las sugerencias al final del Capítulo ll: ¿Cuáles son los aspectos más interesantes para desarrollar en tu escritura? ¿Escribir con precisión gramatical o escribir con mucho énfasis estilístico?

A. "Proceso infinito"

¶1. Después de leer y evaluar los ensayos y trabajos escritos a lo largo del semestre, me he dado cuenta de cuáles son mis aspectos fuertes y aspectos débiles en mi escritura. Sin duda alguna uno de los problemas que tenía a lo largo del semestre fue la ortografía. No encontré ningún ensayo ni trabajo donde este problema no sobresaliera ante los demás. Mi mayor problema en este aspecto son las palabras que contienen las letras c, s, z, v , b, y. En todos mis ensayos he escrito mal más de una palabra que contiene una de estas letras. Creo que la mejor solución para este problema sería mantener una lista de palabras mal deletreadas y dedicar más tiempo a este aspecto cuando corrija mis trabajos.

¶2. En el aspecto de la organización mi mayor problema han sido las transiciones. Generalmente el problema viene cuando cambio de un punto a otro en el ensayo. El problema se origina en la falta de una oración temática que relacione los dos puntos diferentes. Sin embargo a lo largo del semestre, en mis ensayos se puede ver que este problema fue disminuyendo. En los últimos trabajos he mejorado en este aspecto. El problema ya no es tan obvio como al principio. Creo que a lo largo fui entendiendo que la escritura es como una cadena compuesta de eslabones. Los eslabones serían los párrafos que están ligados unos a los otros para formar una entidad más completa y fuerte que es un ensayo.

¶3. Otro problema, de menor índole, que he encontrado en mis trabajos tiene que ver con el vocabulario. En varios ensayos he usado palabras que hasta cierto punto no son adecuadas. Muchas de estas palabras son palabras que han sido traducidas directamente del inglés al español. La solución a este problema es tener varias opciones para ver cuál palabra da más concordancia. También, el uso cuidadoso del diccionario puede solucionar el problema.

¶4. En el lado positivo, he visto que mi escritura ha mejorado. Al principio los problemas mencionados arriba eran muy obvios y siempre estaban presentes en cantidades grandes. Sin embargo, poco a poco he ido disminuyendo estos problemas. De igual manera, creo que un aspecto positivo de mi escritura ha sido el hecho de que las tesis en los ensayos han sido claras y creo que han sido apoyadas independientemente de los problemas ya mencionados. En conclusión, la clase me ha ayudado a desarrollar y a mejorar mi escritura; creo que se refleja en el mejoramiento de mis trabajos a lo largo del semestre.

B. "Cuestiones personales"

¶1. Entre los problemas que he verificado en mi escritura durante este curso, elaborar una tesis clara y específica fue el más difícil. He notado que escribir el primer párrafo de los trabajos me costaba más tiempo y esfuerzo, ya que el cuerpo del ensayo debía estar necesariamente conectado con la tesis. Para solucionar este problema, leo el cuento por lo menos dos veces y empiezo a pensar en argumentos posibles que puedan apoyar la tesis general. Estilísticamente, ahora la introducción es el último párrafo que repaso. Haciendo todo esto, empiezo a deslindar un camino retórico en que yo pueda utilizar el propio relato para apoyar mi punto de vista.

¶2. En términos de estilo, empecé a mirar las oraciones en mis párrafos y llegué a la conclusión de que las quería escribir con más fuerza retórica. Para esto, decidí evitar la voz pasiva al mismo tiempo que empecé a crear una lista de verbos de acción que expresan mis ideas con más vigor. Además he intentado ampliar y variar la sintaxis de las oraciones para dar a mis ensayos un ritmo más agradable e interesante. Creo que me quedé mucho más conciente del proceso de escribir y que empecé a describir herramientas para mejorar mi escritura en general. Ya veo cuándo la escritura representa mi voz o no, con más poder de elegir distintas opciones.

¶3. También he notado que los que critican mis trabajos suelen tener los mismos comentarios: que no tengo un enfoque muy claro dentro de mi trabajo, porque tengo tantas cosas que decir y a veces floto en algún tren de pensamiento que solamente funciona y tiene relación con la tesis dentro de mi mente. Mejor, debo fijarme en menos ideas y apoyarlas mucho. Si dejo mi trabajo por un rato y vuelvo a revisarlo después de unas horas, puedo ver—y cambiar—estos problemas. Mi conclusión a veces es solamente un resumen del trabajo y sería más interesante si pudiera incorporar una nueva idea, como un "bang" para alcanzar la fuerza retórica.

¶4. Gramaticalmente, he observado que tengo problemas con algunas preposiciones, y muchas las utilizo como en inglés o portugués. Me he fijado en tales errores y creo que con el tiempo las empezaré a mejorar. A veces, hay interferencia semántica, pero creo que esto también se puede mejorar con el tiempo.

Análisis

Estos dos modelos tratan del tema de la mujer en el cuento del texto, "La cámara oscura." Los vamos a usar para repasar todo lo estudiado durante el curso en términos del propósito y apoyo; como siempre, es posible volver a escribir el ensayo mejorando el contenido y nuestro estilo.

C. "Género y perspectiva en 'La cámara oscura'"

¶1. "La cámara oscura" de Angélica Gorodischer presenta dos perspectivas sobre una mujer, Gertrudis, quien es la abuela del narrador, Isaac. Una perspectiva es de Isaac que piensa que su abuela fue una mujer mala porque dejó a sus hijos y a su marido. La otra perspectiva es de la esposa del narrador, Jaia, para quien Gertrudis simboliza el esfuerzo de una mujer que tomó control de su vida y escapó de una situación mala en un tiempo en que fue muy difícil hacerlo. La diferencia de opinión parece venir de una perspectiva diferente sobre el papel de las mujeres en la sociedad. Isaac, aunque ama a su esposa, tiene ideas muy tradicionales sobre el papel de una mujer y Jaia es una mujer con sus propias opiniones más progresivas que obviamente están en conflicto con las de su esposo.

¶2. El cuento es relatado por Isaac, y su versión presenta su misma perspectiva de su abuela en una manera chistosa y sin respeto; es obvio que a Jaia le parece un escándalo hablar así. Isaac habla de la fealdad de su abuela y su carácter antipático en contraste con el abuelo guapo y bien conectado socialmente. Cree que Gertrudis, entonces, tiene muy buena suerte al casarse con un hombre como él. Isaac parece creer que fue el papel de Gertrudis, como mujer, servir a su esposo y a sus hijos todo el tiempo sin quejarse. Este punto de vista tradicional sobre lo que es (o debe ser) el papel de una mujer es la raíz del enojo de Jaia en contra de Isaac. Desafortunadamente, Isaac no puede entender que sus opiniones son ofensivas a su mujer, y nunca resuelve el problema ni aprende la razón por los sentimientos de Jaia.

¶3. Los detalles del cuento nos dejan ver posibles razones por las que a Jaia le parece justo que Gertrudis se saliera. La descripción de la vida diaria de Gertrudis nos revela que ella trabajaba duro todo el día, cada día, sin quejarse y sin pausa. Parece que ella fue como una esclava para la familia, pero nunca menciona en el cuento que eso no fue justo. Isaac no parece pensar que su abuelo fue tirano; en cambio parece que piensa que éste fue el papel de la abuela porque tuvo tan buena suerte de casarse. Casi parece que piensa que Gertrudis, por su fealdad y carácter sencillo, tuvo la responsabilidad de servir al hombre que se bajó al nivel de ella al casarse con ella. Jaia, tan bella y agradable, probablemente nunca había visto el aspecto sexista del carácter de su esposo hasta que oyó su perspectiva sobre su abuela.

¶4. Aunque Isaac trata bien a su esposa y la ama mucho, no tiene respeto por las mujeres en general, y Jaia lo aprende cuando Isaac le relata el cuento y se enoja tanto por eso. Jaia dice, ". . . para mí es una desgracia venir a enterarme a esta altura de mi vida que estoy casada con un bruto sin sentimientos." Isaac no entiende por qué se siente así. Para él, su abuela Gertrudis representa una desgracia a la familia porque la abandonó, pero Jaia ve que Gertrudis fue mujer, una persona con sentimientos y esperanzas como todas, pero por su fealdad nadie la quería. Jaia entiende que la vida de Gertrudis fue muy dura y sin mucha diversión ni amor. Entonces, la decisión de salir parece venir de la desesperación de tener una vida mejor con su esposo que no la amaba, pero Isaac no puede ver este punto de vista feminista; entonces se enoja mucho Jaia.

¶5. La falta de comunicación y la habilidad de ver otros puntos de vista complica mucho la situación entre Isaac y Jaia. Isaac no entiende el punto de vista de Jaia, y ella tampoco entiende el de él. Gertrudis, desde el punto de vista de Jaia, simboliza esta falta de entendimiento entre ella e Isaac; para él no simboliza nada menos que la idea que es una desgracia tener un retrato de una mujer tan mala en la chimenea, y no entiende por qué Jaia la quiere allí. Entonces, Gertrudis es un símbolo de todo lo que falta en la relación entre Isaac y Jaia. Jaia quiere que su esposo tenga más respeto por las mujeres, especialmente con su abuela, Isaac no puede comprender la situación porque no sabe que está actuando en una manera sexista, y Jaia cree que es tan obvio que si él no lo entiende, "no mereces que te lo explique."

¶6. Además de los problemas entre Isaac y Jaia, el conflicto sobre el retrato de Gertrudis viene de la diferencia de opinión entre los dos si fue ella buena mujer o no. Aunque Isaac confiesa que su abuelo tampoco ". . . no era ningún santo y cierto que le gustaban las mujeres y que él les gustaba a ellas," le parece a él peor lo que hizo Gertrudis al dejar su responsabilidad de cuidar a su familia. De la perspectiva de Jaia, Gertrudis tuvo el derecho de salir y buscar una vida mejor porque fue tratada tan mal por su esposo, y entonces ella no fue mala mujer. Esta diferencia de opinión también está basada en la diferencia de género porque Isaac apoya el derecho del hombre a tener una mujer para cuidar a la casa y a la familia, en cambio Jaia apoya el derecho de la mujer a tener una vida más divertida y feliz que la que tuvo Gertrudis con su marido.

¶7. Entonces, Gertrudis es un símbolo de lo que falta entre Isaac y Jaia. Representa el contraste entre las opiniones de los dos, la falta de comunicación sobre estos sentimientos, y la falta de entendimiento entre las dos sobre las perspectivas diferentes que tienen. Isaac simpatiza con su abuelo, quien tuvo que vivir sin esposa para cuidar a los ocho hijos, y Jaia se relaciona con la pobre mujer que trabajaba siempre para su esposo y nunca tuvo ninguna diversión en la vida. Lo que es irónico es que Isaac, aunque le enoja ver la foto, no protesta más a Jaia sobre esto, y que la foto queda en la chimenea siempre en su casa. Tiene ideas tradicionales, y no entiende el enojo de Jaia, pero verdaderamente tiene respeto y amor para ella, y le deja a ella tener la autoridad de tomar esta decisión sobre la casa, aunque a él no le gusta la decisión.

D. "La belleza"

¶1. El cuento, "La camara oscura", escrito por Angélica Gorodischer, es una crítica sobre la tendencia social de apreciar la apariencia física más que cualquier otro atributo. En el cuento la autora le presenta al lector dos opiniones contrarias, una implícita y una explícita, sobre un suceso que es considerado, especialmente durante esa época, muy polémico. En el cuento el lector utiliza a Isaac, el narrador, como una cámara oscura que le permite vislumbrar una imagen aunque introvertida y tal vez distorsionada, de la abuela Gertrudis. Esta imagen es trascendental por las implicaciones sociales a las que alude. Gorodischer usa las imágenes opuestas de belleza y fealdad para representar el contraste entre los beneficios o castigos para la sociedad, sugiriendo últimamente que la belleza es el atributo más importante de la mujer.

¶2. Para entender el argumento, es notorio tomar en cuenta el hecho de que el tema de "apariencia física" incluye una serie de sub-temas que deben ser explorados. Entre éstos hay la diferencia entre la clase de respeto que recibe una mujer fea versus una mujer hermosa. También, los derechos que se les permiten o se les prohiben son importantes explorar. Estos derechos no sólo son dados por la sociedad sino que también por sus propias familias antes y después de casarse. Al final de recorrer los elementos antes mencionados el lector podrá concluir que la belleza hace un papel fundamental porque determina si una mujer va a tener el papel de sirvienta o el de mujer poderosa.

¶3. En el caso de la abuela Gertrudis, la apariencia física sirve para permitir que Isaac, quien puede ser representativo de la sociedad, mire a la abuela a través de una cámara oscura porque según el comportamiento de sus bisabuelos, se debería sentir agredecido de que León se hubiera casado con alguien tan fea como ella. Las palabras que usa Isaac para describir a su abuela Gertrudis son influyentes en la manera que el lector la percibe. Según su descripción, Gertrudis es una mujer "fea con ganas, chiquita, flaca, negra, chueca, [y] bizca." Las palabras que usa para describir a Gertrudis son muy simbólicas porque aluden a algo más profundo. Por ejemplo, el hecho de que le pone tanto interés en la apariencia física de su abuela es representativo del consenso social de esa época, lo cual se refiere implícitamente al hecho de que las mujeres feas no merecen recibir el mismo respeto y los mismos derechos que las mujeres hermosas. Es evidente en el modo en que Isaac habla de su esposa y de su abuela. Cuando habla de Jaia, su mujer, lo primero que menciona es que es muy bella y muchos hombres la buscaban. Por contraste, cuando habla de su abuela, el énfasis está en su fealdad. Habla de ella sin darle el respeto que se suele demostrar a una abuela. Es importante notar porque apoya el argumento de la autora sobre el hecho de que las mujeres bellas reciben más respeto y derechos.

¶4. Por otra parte, la apariencia física de Jaia es completamente diferente que la de Gertrudis. Isaac describe a su esposa con palabras positivas y favorables. El dice que "su" Jaia era muy bella y hasta más ya que era una mujer avanzada de edad. El hecho de que nunca menciona ningún otro atributo de Jaia excepto que es hermosa refuerza el mensaje del cuento porque cuando habla de Gertrudis, Isaac se asegura de mencionar lo trabajadora que fue, por lo tanto dando a entender que Jaia no necesita ser trabajadora porque es bella.

¶5. Ya que el contraste sobre la apariencia física de las dos mujeres ha sido establecido, es necesario notar el comportamiento de sus familias antes y después de casarse. Antes de que se casara, la familia de Gertrudis la veía como un estorbo. Los padres de ella, según Isaac, se pusieron muy felices cuando se enteraron de que Leon se quería casar con ella. Isaac describe este momento como "[m]is abuelos tiraron la casa por la ventana con gusto. Hay que ver que no era para menos, si habían conseguido sacarse de encima semejante clavo y casarla con el mejor candidato en cien leguas a la redonda." Este pasaje es muy simbólico porque no solamente se refiere a Gertrudis como una molestia sino también como una posesión. El hecho de que era una molestia para sus padres merece un análisis más profundo. Durante todo el tiempo que Isaac describe a su abuela, dice que fue muy trabajadora. Por lo tanto es sorprendente que para sus padres ella sea una molestia. El propósito de describirla así es para que el lector se dé cuenta de que la apariencia física otra vez juega el papel más saliente en la vida de la mujer. Por ser fea les molestaba a sus padres en vez de ser una ayuda por ser trabajadora.

¶6. Aunque Isaac no describe con tantos detalles a la familia de Jaia antes de que se casaran, sí se asegura de mencionar el hecho de quién escogió a quién; ella lo pudo escoger como esposo. A diferencia de Gertrudis, a quien la casaron con el primer hombre que le ofreciera la mano, la belleza de Jaia le permitió ser más selectiva. La desigualdad de tanta libertad a la cual son expuestas las dos mujeres indica mucho de la sociedad: el hecho de que Jaia, una mujer hermosa, tenga más libertad que Gertrudis, una mujer muy trabajadora, es notorio porque personifica la opinión general de la sociedad que la belleza es el atributo más importante de la mujer.

¶7. Desafortunadamente, no solamente cuando vive en la casa de sus padres echan de menos a Gertrudis, sino también ya de casada. Lo único que hace Gertrudis en la casa de León es trabajar. Ni siquiera come con su familia porque está alistando la comida para ellos. Ahora su situación ha cambiado un poco en que antes era molestia y ahora es sirvienta. Por el modo en que la dejan hacer todo el trabajo pertinente a la casa se ve que no la respetan ni piensan en ella como si fuera miembro verdadero de la familia. Por el mismo motivo Isaac no habla de la consecuencia del abandono en términos emocionales. La familia no siente su ausencia como la de madre o esposa, sino como la de una buena ama de casa.

¶8. La situación de Jaia ya de casada es distinta de la de Gertrudis por muchas razones: Isaac la aprecia como mujer y no como sirvienta. Se ve esto en el modo que, aunque no está de acuerdo con sus acciones, le permite que tenga la foto de la familia sobre la chimenea. Cuando él se queja, ella lo amenaza con irse de casa y llevarse a sus hijos. Solamente el hecho de que pueda amenazar es notorio porque muestra el poder de Jaia en esta relación, un poder que ella aseguró en el momento cuando escogió a Isaac como esposo. A diferencia de Gertrudis, quien fue afortunada de haberse casado aunque era tan fea, para Jaia no lo es. Ella escogió a Isaac de entre todos los hombres que la querían, por lo tanto él es el afortunado, no ella. También él la describe como más hermosa ya que antes, lo cual lo pone más susceptible a sus amenazas porque si ella se fuera, se le supondría una capacidad de encontrar otro esposo, otra indicación de que la belleza le ofrece más libertad.

¶9. A través del cuento, la autora señala muchos de los beneficios de ser bella y usa los personajes de Jaia y Gertrudis para personificar la belleza y la fealdad. Por lo tanto, es muy claro que el ser trabajadora no la ayuda a Gertrudis tanto como la daña el ser fea. La implicación social a la que alude la autora es apoyada por el comportamiento de Jaia y con el respeto que le da Isaac. Por lo tanto, el lector ve que si Isaac es representativo del consenso explícito de esa época, la belleza era el atributo más importante de la mujer, y la autora ha expuesto una crítica de este consenso de manera implícita por el papel de Jaia.

PARA SER REDACTORES

Con uno de los modelos de análisis, repasa todos los pasos de ser redactor:

1. considerar el título, la primera oración

2. evaluar el propósito y el uso y de la organización de apoyo: apoyo suficiente y bien citado, buena introducción y conclusión

3. evaluar los aspectos de composición: variedad de oraciones, buen uso de transiciones, coherencia de tiempo verbal, variedad de vocabulario

4. evaluar los aspectos estilísticos: llama y mantiene la atención al lector por el uso de técnicas que hace de forma personal

5. ofrecer sugerencias específicas sobre estos aspectos y un comentario general del ensayo, incluyendo la nota de evaluación

Apéndice I

ACTFL Proficiency Guidelines for Writing

The ACTFL Proficiency Guidelines, first published in 1986, are global characterizations of integrated performance in each of four language skills: speaking, writing, reading, and listening. Writing refers to both spontaneous and reflective writing.

Superior

Writers at the Superior level are able to produce most kinds of formal and informal correspondence, complex summaries, precis, reports, and research papers on a variety of practical, social, academic or professional topics treated both abstractly and concretely. They use a variety of sentence structures, syntax, and vocabulary to direct their writing to specific audiences, and they demonstrate an ability to alter style, tone, and format according to the specific requirements of discourse. These writers demonstrate a strong awareness of writing for the other and not for the self.

Writers at the Superior level demonstrate the ability to explain complex matters, provide detailed narrations in all time frames and aspects and present and support opinions by developing cogent arguments and hypotheses. They can organize and prioritize ideas and maintain the thrust of a topic through convincing structure and lexicon and skillful use of writing protocols, especially those that differ from oral protocols, to convey to the reader what is significant. Their writing is characterized by smooth transitions between subtopics and clear distinctions between principal and secondary ideas. The relationship among ideas is consistently, clear, evidencing organizational and developmental principles such as cause and effect, comparison, chronology, or other orderings appropriate to the target language culture. These writers are capable of extended treatment of a topic which typically requires at least a series of paragraphs but can encompass a number of pages.

Writers at the Superior level demonstrate a high degree of control of grammar and syntax, both general and specialized/professional vocabulary, spelling or symbol production, cohesive devices, and punctuation. Their vocabulary is precise and varied with textured use of synonyms, instead of mere repetition of key words and phrases. Their writing expresses subtlety and nuance and is at times provocative. Their fluency eases the reader's task.

Writers at the baseline of the Superior level will not demonstrate the full range of the functional abilities of educated native writers. For example, their writing may not totally reflect target language cultural, organizational, syntactic, or stylistic patterns. At the baseline Superior level, occasional errors may occur, particularly in low-frequency structures, but there is no pattern. Errors do not interfere with comprehension and they rarely distract the native reader.

Advanced-High

Writers at the Advanced-High level are able to write about a variety of topics with significant precision and detail. They can handle most social and informal correspondence according to appropriate conventions. They can write summaries, reports, precis, and research papers. They can also write extensively about topics relating to particular interests and special areas of competence, but tend to emphasize the concrete aspects of such topics. Advanced-High writers can describe and narrate in all major time frames, with good control of aspect. In addition, they are able to demonstrate some ability to incorporate the functions and other criteria of Superior level, showing some ability to develop arguments and construct hypotheses. They cannot, however, sustain those abilities and may have difficulty dealing with a variety of topics in abstract, global, and/or impersonal terms. They often show remarkable ease of expression when writing at the Advanced level, but under the demands of the Superior-level writing tasks, patterns of error appear. Although they have good control of a full range of grammatical structures and a fairly wide general vocabulary, they may not use these comfortably and accurately in all cases. Weaknesses in grammar, syntax, vocabulary, spelling or symbol production, cohesive devices, or punctuation may occasionally distract the native reader from the message. Writers at the Advanced-High level do not consistently demonstrate flexibility to vary their style according to different tasks and readers. Their writing production often reads successfully but may fail to convey the subtlety and nuance of the Superior level.

Advanced-Mid

Writers at the Advanced-Mid level are able to meet a range of work and/or academic writing needs with good organization and cohesiveness that may reflect the principles of their first language. They are able to write straightforward summaries and write about familiar topics relating to interests and events of current, public, and personal relevance by means of narratives and descriptions of a factual nature. Advanced-Mid writers demonstrate the ability to narrate and describe with detail in all major time frames. Their writing is characterized by a range of general vocabulary that expresses thoughts clearly, at times supported by some paraphrasing or elaboration. Writing at the Advanced-Mid level exhibits some variety of cohesive devices in texts of several paragraphs in length. There is good control of the most frequently used target language syntactic structures, e.g., common word order patterns, coordination, subordination. There may be errors in complex sentences, as well as in punctuation, spelling or the formation of non-alphabetic symbols and character production. While features of the written style of the target language may be present, Advanced-Mid writing may at times resemble oral discourse or the writing style of the first language. Advanced-Mid writing incorporates organizational features both of the target language or the writer's first language. While Advanced-Mid writers are generally aware of writing for the other, with all the attendant tailoring required to accommodate the reader, they tend to be inconsistent in their aims and focus from time to time on the demands of production of the written text rather than on the needs of reception. When called on to perform functions or to treat topics at the Superior level, Advanced-Mid writers will generally manifest a decline in the quality and/or quantity of their writing, demonstrating a lack of the rhetorical structure, the accuracy, and the fullness of elaboration and detail that would be characteristic of the Superior level. Writing at the Advanced-Mid level is understood by natives not used to the writing of non-natives.

Advanced-Low

Writers at the Advanced-Low level are able to meet basic work and/or academic writing needs, produce routine social correspondence, write about familiar topics by means of narratives and descriptions of a factual nature, and write simple summaries. Advanced-Low writers demonstrate the ability to narrate and describe in major time frames with some control of aspect. Advanced-Low writers are able to combine and link sentences into texts of paragraph length and structure. Their writings, while adequate to satisfy the criteria of the Advanced level, may not be substantive. Writers at the Advanced-Low level demonstrate an ability to incorporate a limited number of cohesive devices but may resort to much redundancy, and awkward repetition. Subordination in the expression of ideas is present and structurally coherent, but generally relies on native patterns of oral discourse or the writing style of the writer's first language. Advanced-Low writers demonstrate sustained control of simple target-language sentence structures and partial control of more complex structures. When attempting to perform functions at the Superior level, their writing will deteriorate significantly. Writing at the Advanced-Low level is understood by natives not used to the writing of non-natives, although some additional effort may be required in the reading of the text.

Intermediate-High

Writers at the Intermediate-High level are able to meet all practical writing needs such as taking notes on familiar topics, writing uncomplicated letters, simple summaries, and compositions related to work, school experiences, and topics of current, general interest. Intermediate-High writers connect sentences into paragraphs using a limited number of cohesive devises that tend to be repeated, but with some breakdown in one or more features of the Advanced level. They can write simple descriptions and narrations of paragraph length on everyday events and situations in different time frames, although with some inaccuracies and inconsistencies. For example, they may be unsuccessful in their use of paraphrase and elaboration and/or inconsistent in the use of appropriate time markers, resulting in a loss of clarity. In those languages that use verbal markers to indicate tense and aspect, forms are not consistently accurate. The vocabulary, grammar, and style of Intermediate-High writers essentially correspond to those of the spoken language. The writing of an Intermediate-High writer, even with numerous and perhaps significant errors, is generally comprehensible to natives not used to the writing of non-natives, but gaps in comprehension may occur.

Intermediate-Mid

Writers at the Intermediate-Mid level are able to meet a number of practical writing needs. They can write short, simple communications, compositions, descriptions, and requests for information in loosely-connected texts that are based on personal preferences, daily routines, common events, and other topics related to personal experiences and immediate surroundings. Most writing is framed in present time, with inconsistent references to other time frames. The writing style closely resembles the grammar and lexicon of oral discourse. Writers at the Intermediate-Mid level show evidence of control of syntax in non-complex sentences and in basic verb forms, and they may demonstrate some ability to use grammatical and stylistic cohesive elements. This writing is best defined as a collection of discrete sentences and/or questions loosely strung together; there is little evidence of deliberate organization. Writers at the Intermediate-Mid level pay only sporadic attention to the reader of their texts; they focus their energies on the production of the writing rather than on the reception the text will receive. When Intermediate-Mid writers attempt Advanced-level tasks, the quality and/or quantity of their writing declines and the message may be unclear. Intermediate-Mid writers can be understood readily by natives used to the writing of non-natives.

Intermediate-Low

Writers at the Intermediate-Low level are able to meet some limited practical writing needs. They can create statements and formulate questions based on familiar material. Most sentences are recombinations of learned vocabulary and structures. These are short and simple conversational-style sentences with basic subject-verb-object word order. They are written mostly in present time with occasional and often incorrect use of past or future time. Writing tends to be a few simple sentences, often with repetitive structure. Vocabulary is limited to common objects and routine activities, adequate to express elementary needs. Writing is somewhat mechanistic and topics are limited to highly predictable content areas and personal information tied to limited language experience. There may be basic errors in grammar, word choice, punctuation, spelling, and in the formation and use of non-alphabetic symbols. When Intermediate-Low writers attempt to perform writing tasks at the Advanced level, their writing will deteriorate significantly and their message may be left incomplete. Their writing is understood by natives used to the writing of non-natives, although additional effort may be required.

Novice-High

Writers at the Novice-High level are able to meet limited basic practical writing needs using lists, short messages, postcards, and simple notes, and to express themselves within the context in which the language was learned, relying mainly on practiced material. The writing is generally writer-centered and is focused on common, discrete elements of daily life. Novice-High writers are able to recombine learned vocabulary and structures to create simple sentences on very familiar topics, but the language they produce may only partially communicate what is intended. Control of features of the Intermediate level is not sustained due to inadequate vocabulary and/ or grammar. Novice-High writing is often comprehensible to natives used to the writing of non-natives, but gaps in comprehension may occur.

Novice-Mid

Writers at the Novice-Mid level are able to copy or transcribe familiar words or phrases and reproduce from memory a modest number of isolated words and phrases in context. They can supply limited information on simple forms and documents and other basic biographical information, such as names, numbers, and nationality. Novice-Mid writers exhibit a high degree of accuracy when writing on well-practiced familiar topic using limited formulaic language. With less familiar topics, there is a marked decrease in accuracy. Errors in spelling or in the representation of symbols may be frequent. There is little evidence of functional writing skills. At this level, the writing may be difficult to understand even by those accustomed to reading the texts of non-natives.

Novice-Low

Writers at the Novice-Low level are able to form letters in an alphabetic system and can copy and produce isolated, basic strokes in languages that use syllabaries or characters. Given adequate time and familiar cues, they can reproduce from memory a very limited number of isolated words or familiar phrases, but errors are to be expected.

Apéndice **II**

La puntuación

I. **El uso de las mayúsculas**

En español se escriben mayúsculas en:

a. La primera letra de la primera palabra de un párrafo

b. Después de un punto

c. En los nombres propios de personas y en los apellidos, en títulos honoríficos, en los nombres geográficos

d. Al contrario del inglés, no se usan mayúsculas en el pronombre personal de primera persona del singular 'yo', ni en los adjetivos de nacionalidades o procedencia geográfica, por ejemplo: '*guatemalteco, costarricense, madrileño*', ni tampoco en los nombres de los meses: *enero, febrero, marzo. . .*

e. Se escribirá con mayúscula la primera letra de atributos divinos como 'el Creador', así como 'Dios', pero 'los dioses'.

f. En el caso de títulos honoríficos, se escriben con mayúscula 'Sr.', 'D.', 'Ud.' y sus femeninos y plurales cuando van abreviados, pero cuando le sigue el nombre 'don' suele ir en minúscula. Por ejemplo: 'Ya llegó don Adrián'. 'Ud.' se escribe con minúscula si no se abrevia: 'Iremos cuando usted quiera'.

g. La primera letra del título de un libro, artículo o película. (Al contrario del inglés, no se escribirá el resto de las palabras de un título con mayúsculas.)

h. Nombres y cargos de carácter único: *el Papa, el Rey, el Presidente*

i. Acontecimientos de gran importancia o trascendencia: *la Segunda República, la Revolución Industrial*

j. Los nombres de los puntos cardinales cuando se abrevian. Por ejemplo: S. sur), NE. (nordeste)

II. **El uso de la coma**

La coma se utiliza normalmente para separar oraciones dentro del discurso escrito.

a. En el caso de oraciones subordinadas:

Los niños, que pasaron un día muy divertido en la playa, llegaron a casa cansadísimos.

b. No obstante, si se trata de una oración restrictiva o especificativa tendremos:

Los niños que pasaron un día muy divertido en la playa llegaron a casa cansadísimos.

En la primera oración, a través del uso de comas explicamos la razón por la que los niños llegaron a casa cansadísimos. Por otra parte, en la segunda el sentido es restrictivo, pues afirma que los niños que llegaron a casa cansadísimos son los que fueron a la playa.

    c. Para separar elementos paralelos o en oraciones coordinadas, siempre que no aparezcan las conjunciones *y, o, ni.*

        Para hacer mantecados se necesita manteca, azúcar, aceite y harina.

        No quiero café, sino té.

    d. Cuando hay interjecciones:

        ¡Vamos, hombre, eso es imposible!

        Vaya, chico, hacía mucho que no te veía.

    e. Las palabras y frases con conjunciones causales y con adverbios de enlace:

        Vemos, pues, cómo se desarrollaron los sucesos.

        Por lo tanto, se debe admitir la evidencia.

        Finalmente, revisaremos el material que nos queda.

    f. Para separar la cláusula subordinada condicional en oraciones con *si*:

        Si no pudiera ir, te lo diría.

        Te lo diría si no pudiera ir.

Téngase en cuenta que en español la coma separa las unidades de los decimales, mientras que los puntos se utilizan para separar los millares. Por ejemplo:

        453.628,33 (en inglés: 453,628.33)

        1.000.000,00 (en inglés: 1,000,000.00)

El uso correcto de las comas es esencial en la escritura, pues el significado a veces depende de ellas. Se dice que uno de los zares hizo mandar una nota, de estilo telegráfico, condenando al exilio a un prisionero y que la zarina salvó a éste cambiando el lugar de la coma. La nota, traducida, decía:

        Perdón imposible, mandar a Siberia.

Y después del cambio:

        Perdón, imposible mandar a Siberia.

III. El punto y coma

    a. Sirve para señalar pausas más marcadas que las producidas por la coma, pero menos, marcadas que las que indica el punto. Por ejemplo:

        El aire está podrido; el sol, enfermo; el agua, envenenada. Los pájaros tienen cárcel; las flores también. (Wenceslao Fernández Flórez "El bosque animado")

    b. Además, se emplea antes de conjunciones adversativas (*aunque, no obstante, pero, sin embargo...*) cuando las oraciones son extensas. Por ejemplo:

Los campesinos se habían preparado a conciencia y esperaban contener la inundación ese año; pero de nada les sirvieron sus desvelos.

IV. El punto

a. El punto y aparte se emplea para separar párrafos; el punto y seguido para separar oraciones dentro del párrafo.

b. También se utiliza el punto al final de abreviaturas. Por ejemplo:

Dr. (Doctor)

P. ej. (por ejemplo)

V. Los dos puntos

a. Sirven para presentar una enumeración. Por ejemplo:

Había viajeros de todas partes: ingleses, japoneses, franceses, rusos, escandinavos. . .

b. También introducen una causa o conclusión de una oración previa. Por ejemplo:

La caída de sus acciones en la bolsa sólo le traían un pensamiento: ya no podría comprar la casa.

c. Se usan igualmente para introducir una cita literal. Por ejemplo:

El maestro anunció: "Mañana tendremos examen".

d. En el encabezamiento de las cartas. Por ejemplo:

Estimada amiga:

VI. Los puntos suspensivos

a. Representan una pausa que oralmente se percibiría como un tono sostenido. Por ejemplo:

Tengo que admitir que. . . no sé la respuesta.

b. Se utiliza a menudo en enumeraciones incompletas o abiertas que equivalen al concepto de "etcétera". Por ejemplo:

Podemos ir al cine, al teatro, a bailar. . .

En casos en los que se conoce el final de la oración y no se considera necesario terminarla. Por ejemplo:

Al buen entendedor. . . (pocas palabras)

Para indicar que se ha eliminado una parte de un párrafo se pondrán puntos suspensivos entre corchetes. Por ejemplo:

El Presidente afirmó que "Se espera un mayor crecimiento económico para el próximo año[. . .] Las relaciones con los países vecinos han mejorado después de los acuerdos comerciales [. . .] Todos debemos colaborar en el ahorro de energía".

VII. El apóstrofo

El uso del apóstrofo no se acepta en español, pero se ve escrito a menudo en la prensa, probablemente por influencia del inglés, en la abreviatura de números de años. Por ejemplo: *Expo '92*, *Japón '02*. Se recomienda evitar su uso.

VIII. Las comillas

Se pondrán entre comillas:

a. Los títulos de publicaciones, películas, obras de teatro, canciones, etc.

b. Los apodos. Por ejemplo: *Ernesto "Che" Guevara.*

c. Los nombres de naves, aviones y otros vehículos que los tengan, aunque no las marcas. Por ejemplo:

El "Apolo XIII", la "Pinta", el "Titanic".

d. Los neologismos o palabras todavía no aceptadas formalmente en español. Por ejemplo: "escanear", "clonar" o "clonear", el "input", el "output", "trazabilidad" (del inglés "traceability").

e. Las palabras que expresan un doble sentido o escritas con intención irónica. Por ejemplo:

Fuimos en el "coche de San Fernando". Un ratito a pie y otro andando.

El referido "niño" ya tenía casi veinte años.

f. Las citas de palabras, oraciones o párrafos. Por ejemplo:

Un almirante dijo: "Más vale honra sin barcos que barcos sin honra".

IX. Los signos de interrogación y de exclamación

a. En español se marca el inicio y el final de la interrogación y de la exclamación con los signos: ¿ ? y ¡ !

b. Algunos autores para dar énfasis colocan dos o más signos de exclamación; pero en la actualidad esa práctica es rara.

X. Los guiones

Sirven para unir palabras compuestas, fechas y para separar las palabras al final de renglones.

Por ejemplo:

trágico-cómico

23 - 4 - 2001

repetidamen-te

XI. Los paréntesis

a. Sirven para incluir un inciso o comentario relacionado, pero no ligado, a la cláusula en que se enlazan. Por ejemplo:

El número de habitantes ha disminuido considerablemente en algunos países europeos (sin contar con el influjo de immigrantes), hasta el punto de provocar la alarma en estudios demográficos.

b. También se utilizan para citar fechas de publicaciones. Por ejemplo:

Según el "Diccionario de la Real Academia Española" (1992), se incluyen en esa edición 83.500 vocablos.

XII. Los corchetes

a. Se utilizan dentro de paréntesis si se quiere hacer un inciso o comentario relacionado, pero no ligado a la cláusula en que se enlazan. Por ejemplo:

Las cifras de desempleo son aún muy bajas (el 4% o el 5% [depende de las fuentes consultadas] en el último semestre) comparadas con las de otros países industrializados.

b. También en comentarios editoriales en citas. Por ejemplo:

"Pronto habrán [sic] más secciones".

Al indicar [sic] señalamos que el error gramatical "habrán" proviene de la cita original y no es error nuestro.

c. Como se señaló en la sección sobre los puntos suspensivos, los corchetes con tres puntos suspensivos indican que se ha eliminado una parte de un párrafo. Por ejemplo:

El Presidente afirmó que "Se espera un mayor crecimiento económico para el próximo año[. . .] Las relaciones con los países vecinos han mejorado después de los acuerdos comerciales [. . .] Todos debemos colaborar en el ahorro de energía".

XIII. La diéresis

a. Los dos puntos encima de la *ü* sirven para indicar que la *u* suena como tal cuando precede a una *i* o una *e*. Por ejemplo:

vergüenza, pingüino, ungüento, nicaragüense

b. De lo contrario, la combinación ortográfica de *u* + *e* o de *u* + *i* sin diéresis daría una pronunciación sin *u*, como en *guitarra* y *guerra*.

c. Naturalmente, *Nicaragua* no llevará tilde, pues la *u* no precede a una *e* o *i*.

XIV. Comillas sencillas

Se utilizan para encasillar la traducción de una palabra de otro idioma o para definir un concepto en español. Por ejemplo:

book 'libro', badil 'paleta de hierro para recoger la lumbre'.

XV. Raya

a. Se utiliza con valor de paréntesis. Por ejemplo:

Eran las nueve de la tarde, pero todavía lucía el sol—recordemos que era verano—y las tiendas aún permanecían abiertas.

b. También sirve para señalar el comienzo del diálogo de un personaje. Por ejemplo:

Entonces Holmes asintió y dijo—Elemental, querido Watson.

XVI. Dos rayas

Este signo matemático de igualdad se emplea también en la escritura para denotar equivalencia. Por ejemplo:

ib., ibíd. > *ibídem* = *en el mismo lugar*

donde se indica que la palabra latina *ibídem* es igual o se corresponde con la frase del español *en el mismo lugar.*

XVII. Nombres de los signos

(,) coma

(;) punto y coma

(.) punto

(:) dos puntos

(...) puntos suspensivos

(¿ ?) interrogación

(¡ !) exclamación

( ) paréntesis

[ ] corchetes

(" ") comillas dobles

(' ') comillas sencillas

(¨) diéresis

(-) guión

(—) raya

(=) dos rayas

Apéndice III

Las abreviaturas

a. de C.	antes de Cristo
admón.	administración
affmo.	afectísimo
apdo.	apartado
atto.	atento
Avda.	Avenida
Barna.	Barcelona
B. L. M.	besa la mano
Bs. As.	Buenos Aires
C/	Calle
cap.	capítulo
c. c.	centímetros cúbicos
cf.	confer = compárese
Cía.	compañía
cm.	centímetros
C. V.	caballos de vapor ~ currículum vitae
D.	Don
Dª	Doña
D. m.	Dios mediante
dcha.	derecha
d. de C.	después de Cristo
derº., derª	derecho, derecha
dha., dho.	dicha, dicho
Dr.	Doctor

Dr^a.	Doctora
dupdo.	duplicado
E.	Este (punto cardinal)
entlo.	entresuelo
etc.	etcétera
Excmo.	Excelentísimo
f^a	factura
fha.	fecha
f^o	folio
Fr.	Fray
g/.	giro
g.p.	giro postal
Gral.	General
grs.	gramos
Hnos.	Hermanos
ib., ibíd.	ibídem = en el mismo lugar
íd.	ídem
Ilmo.	Ilustrísimo
izq^a., izq^o.	izquierda, izquierdo
J. C.	Jesucristo
Kg.	kilogramo
Km.	kilómetro
Km./h.	kilómetros por hora
l.	litros
Lda., Ldo.	Licenciada, Licenciado
m.	metros
mm.	milímetros
N.	Norte
NE.	Nordeste
NO.	Noroeste
n^o.	número

O.	Oeste
P. A.	Por autorización
pág., p.	página
pp.	páginas
P. D.	posdata
p. ej.	por ejemplo
P. O.	Por orden
Pl.	plaza
pral.	principal
P.V.P.	precio de venta al público
q. b. s. m.	que besa su mano
q. e. p. d.	que en paz descanse
rte.	remite, remitente
S.	Sur
S. A.	Sociedad Anónima
S. A. R.	Su Alteza Real
SE.	Sudeste
S. E.	Su Excelencia
s. e. u. o.	salvo error u omisión
S. L.	Sociedad Limitada
S. M.	Su Majestad
SS. MM.	Sus Majestades
SO.	Sudoeste
Sr.	Señor
Sra.	Señora
Srta.	Señorita
S.R.C.	se ruega contestación
s. s. s.	su seguro servidor
S. S.	Su Santidad
Sto.	Santo
Sta.	Santa

V., Vd., Ud.,	usted
Vds., Uds.,	ustedes
V., Vid.,	véase
Vda.	viuda
v. gr.	verbigracia
Vº. Bº.	visto bueno

Siglas

AA	Aerolíneas Argentinas
ACAN	Agencia Centroamericana de Noticias
ADN	Ácido desoxirribonucleico (DNA en inglés)
AEE	Agencia Europea del Espacio (ESA en inglés)
ALALC	Asociación Latinoamericana de Libre Comercio
ALADI	Asociación Latinoamericana de Integración
ARN	Ácido ribonucleico (RNA en inglés)
AVE	(Tren de) Alta Velocidad Español
AVIANCA	Aerovias Nacionales de Colombia
BOE	Boletín Oficial del Estado (España)
DAC	Diseño Asistido por Computador (CAD en inglés)
CC	Cuerpo Consular
CD	Cuerpo Diplomático
CE	Comunidad Europea (EC en inglés)
CEA	Compañía Ecuatoriana de Aviación
CELAM	Consejo Episcopal Latinoamericano
CEPAL	Comisión Económica de las Naciones Unidas para América Latina
CGT	Confederación General de Trabajadores
CMM	Conferencia Mundial sobre la Mujer
CODECA	Confederación de Estados Centroamericanos
COI	Comité Olímpico Internacional (IOC en inglés)
DF	Distrito Federal (México)
DRAE	Diccionario de la Real Academia Española
EGB	Educación General Básica (España)

ESO	Enseñanza Secundaria Obligatoria (España)
ETA	Euskadi ta Askatasuna (Patria Vasca y Libertad) (España)
EE. UU.	Estados Unidos (USA en inglés)
EZLN	Ejército Zapatista de Liberación Nacional (México)
FARC	Fuerzas Armadas Revolucionarias Colombianas
FC	Fútbol Club
FF. CC.	Ferrocarriles
FIDA	Fondo Internacional de Desarrollo Agrícola
FIFA	Federación Internacional de Fútbol Asociación
FM	Frecuencia modulada
FMI	Fondo Monetario Internacional
FMLN	Frente Farabundo Martí para la Liberación Nacional (El Salvador)
FSLN	Frente Sandinista de Liberación Nacional (Nicaragua)
IHS~JHS	Compañía de Jesús
INEM	Instituto Nacional de Empleo (España)
INRI	Iesus Nazarenus Rex Iudaeorum (Jesús Nazareno Rey de los Judíos)
ISBN	International Standard Book Number (Número Internacional Normalizado en Libros)
IVA	Impuesto sobre el valor añadido
M-19	Movimiento 19 de Abril (Colombia)
MOPU	Ministero de Obras Públicas y Urbanismo (España)
NAFTA	North American Free Trade Agreement (Acuerdo de Libre Comercio de los Países de Norteamérica)
NN. UU.	Naciones Unidas (lo mismo que ONU)
OCDE	Organización de Cooperación y Desarrollo Económicos
OEA	Organización de Estados Americanos
OLP	Organización de Liberación de Palestina
OMC	Organización Mundial de Comercio
OMS	Organización Mundial de la Salud (WHO en inglés)
ONCE	Organización Nacional de Ciegos Españoles
ONG	Organizaciones no Gubernamentales
ONU	Organización de las Naciones Unidas (UN en inglés)

ONUDI	Organización de las Naciones Unidas para el Desarrollo Industrial
OPA	Oferta Pública de Adquisición (IPO en inglés)
OPEP	Organización de los Países Exportadores de Petróleo
OPS	Organización Panamericana de la Salud
OTAN	Organización del Tratado del Atlántico Norte (NATO en inglés)
OUA	Organización para la Unidad Africana
OVNI	Objeto Volante no Identificado (UFO en inglés)
PAFN	Programa de Acción Forestal Nacional
PAN	Partido de Acción Nacional (México)
PBIDA	Países de Bajos Ingresos y con Déficit de Alimentos
PEMEX	Petróleos Mexicanos
PIB	Producto Interno Bruto
PM	Policía Militar
PNUD	Programa de las Naciones Unidas para el Desarrollo
PNUMA	Programa de las Naciones Unidas para el Medio Ambiente
PNV	Partido Nacionalista Vasco (España)
PP	Partido Popular (España)
PRI	Partido Revolucionario Institucional (México)
PSOE	Partido Socialista Obrero Español
RAE	Real Academia Española
RENFE	Red Nacional de Ferrocarriles Españoles
RU	Reino Unido
SIDA	Síndrome de inmunodeficiencia adquirida (AIDS en inglés)
UVI	Unidad de Vigilacia Intensiva (España)
VIASA	Venezolana Internacional de Aviación, Sociedad Anónima

Apéndice **IV**

Los números

Números Cardinales

1 uno, una un (apócope de *uno*)

2 dos

3 tres

4 cuatro

5 cinco

6 seis

7 siete

8 ocho

9 nueve

10 diez

11 once

12 doce

13 trece

14 catorce

15 quince

16 dieciséis, diez y seis

17 diecisiete, diez y siete

18 dieciocho, diez y ocho

19 diecinueve, diez y nueve

20 veinte

21 veintiuno, veintiuna, veintiún (apócope de *veintiuno*), veinte y uno

22 veintidós, veinte y dos

23 veintitrés, veinte y tres

24 veinticuatro, veinte y cuatro

25 veinticinco, veinte y cinco

26 veintiséis, veinte y seis

27 veintisiete, veinte y siete

28 veintiocho, veinte y ocho

29 veintinueve, veinte y nueve

Las formas compuestas del 16 al 29 son las más usadas. Ya a partir del 31 hasta el 99 solamente se usan las formas separadas por la conjunción *y*. Por ejemplo:

31 treinta y uno

42 cuarenta y dos

53 cincuenta y tres

64 sesenta y cuatro

75 setenta y cinco

86 ochenta y seis

97 noventa y siete

Los números siguientes son:

30 treinta

40 cuarenta

50 cincuenta

60 sesenta

70 setenta

80 ochenta

90 noventa

100 ciento, cien (apócope de *ciento*)

La Real Academia mantiene que el uso de <u>cien</u> como sustantivo es incorrecto. Por ejemplo:

– *¿Cuántas páginas tiene el libro?*

– *Cien.*

Debe decirse *ciento*. Sin embargo, el uso está tan extendido que parece una causa perdida el tratar de proscribir *cien* con valor de sustantivo. El conjunto de cien unidades se denomina *centenar*.

200 doscientos, -as

300 trescientos, -as

400 cuatrocientos, -as

500 quinientos, -as

600 seiscientos, -as

700 setecientos, -as

800 ochocientos, -as

900 novecientos, -as

100 mil

El conjunto de mil unidades se denomina *millar*.

No se añade la conjunción *y* ni después de las centenas ni de los millares. Por ejemplo:

343 trescientos cuarenta y tres

1.326 mil trescientos veintiséis

100.000 cien mil

200.000 doscientos, -as, mil

1.000.000 un millón

2.000.000 dos millones

1000.000.000 mil millones. Obsérvese que en Estados Unidos esta cantidad se llama *billion*.

1.000.000.000.000 un billón. En Estados Unidos se llama *trillion*, ya que el *billion* se asigna a los mil millones. En español, un *trillón* es 'un millón de billones'.

En los números cardinales compuestos con *un, una* se deberá observar la concordancia de género. Por ejemplo:

veintiún libros

veintiuna sillas (no es correcto* *veintiún sillas*)

Numerales Ordinales

1° primero (apocopado *primer*) -a

En las fechas, se emplean los números cardinales, a excepción del 1°, que puede usarse con el ordinal o con el cardinal. Por ejemplo:

El primero de mayo se celebra la Fiesta del Trabajo.

Uno de enero, dos de febrero . . .

El cinco de mayo es una fiesta mexicana.

2° segundo, -a

3° tercero, (apocopado *tercer*) -a, tercio, -a. Esta última forma en la actualidad se usa por lo general sólo con uso partitivo. Así, por ejemplo, *un tercio de cerveza* es 'la tercera parte de un litro'.

4° cuarto, -a

5° quinto, -a

6° sexto, -a

7° séptimo, -a

8° octavo, -a

9° noveno, -a, nono, -a (esta última forma ha quedado anticuada)

10° décimo, -a,

Notemos que, en la expresión oral, a partir del 10° los cardinales suelen sustituir a los ordinales. Por ejemplo:

Piso doce, capítulo once, la calle diecisiete.

11° undécimo, -a,

También existen las formas *onceno, -a* (11°), *doceno, -a* (12ª), *treceno, -a* (13°), *catorceno, -a* (14°), *quinceno, -a,* (15°), *dieciseiseno, -a* y *dieciocheno, -a* (18°), pero no son muy usadas. Naturalmente, los sustantivos *docena* y *quincena* sí que tienen plena divulgación.

12° duodécimo, -a

Es incorrecto usar **decimoprimero* y **decimosegundo* por *undécimo* y *duodécimo*, respectivamente.

13° decimotercero, -a, decimotercio, -a

14° decimocuarto, -a

15° decimoquinto, -a

16° decimosexto, -a

Téngase en cuenta que *dieciseisavo, -a* no es un número ordinal, sino partitivo. O sea que *un dieciseisavo* es una fracción de un todo dividido en dieciseis partes. También existen denominaciones para otras fracciones. Por ejemplo: *diecisieteavo, -a, dieciochoavo, -a, diecinueveavo, -a.*

17° decimoséptimo, -a

18° decimoctavo, -a

19° decimonoveno, -a, decimonono, -a (véase comentario s. v. *nono, -a*)

20° vigésimo, -a

21° vigésimo primero, -a

22° vigésimo segundo, -a, etc.

30° trigésimo, -a, trecésimo, -a (esta última forma ha quedado anticuada)

31° trigésimo primero, -a, etc.

40° cuadragésimo, -a

50° quincuagésimo, -a

60° sexagésimo, -a

70° septuagésimo, -a

80° octogésimo, -a

90° nonagésimo, -a

100° centésimo, -a

200° ducentésimo, -a

300° tricentésimo, -a

400° cuadringentésimo, -a

500° quingentésimo, -a

600° sexcentésimo, -a

700° septingentésimo, -a

800° octingentésimo, -a

900° noningentésimo, -a, nongentésimo, -a

1.000° milésimo, -a

10.000° diezmilésimo, -a

100.000° cienmilésimo, -a

1.000.000° millonésimo, -a

1.000.000.000.000° billonésimo, -a

Numerales Romanos

En ocasiones se utilizan numerales romanos. Así ocurre en capítulos de libros, en el orden de nombres de monarcas y papas, en las fechas de películas, etc.

I	uno, -a
II	dos
III	tres
IV	cuatro
V	cinco
VI	seis
VII	siete
VIII	ocho
IX	nueve

X	diez
XI	once
XII	doce
XIII	trece
XIV	catorce
XV	quince
XVI	dieciséis
XVII	diecisiete
XVIII	dieciocho
XIX	diecinueve
XX	veinte
XXI	veintiuno
XXII, etc.	veintidós, etc.
XXX	treinta
XL	cuarenta
L	cincuenta
LX	sesenta
LXX	setenta
LXXX	ochenta
XC	noventa
C	ciento
CI, etc.	ciento uno, -a, etc.
CC	doscientos, -as
CCC	trescientos, -as
CCCC	cuatrocientos, -as (menos común)
CD	cuatrocientos, -as
D	quinientos, -as
DC	seiscientos, -as
DCC	setecientos, -as
DCCC	ochocientos, -as

DCCCC	novecientos, -as (menos común)
MCM	novecientos, -as
M	mil
MDCCCCXCIX, MCMXCIX, MIM	mil novecientos noventa y nueve
MM	dos mil
MMI, etc.	dos mil uno, etc.

Apéndice V

Los gentilicios

España

Álava	alavés, -esa
Albacete	albacetense; albaceteño, -a
Alcalá de Henares	complutense; alcalaíno, -a
Alicante	alicantino, -a
Almería	almeriense
Andalucía	andaluz, -a
Aragón	aragonés, -esa
Asturias	asturiano, -a
Ávila	abulense, avilense
Badajoz	pacense, badajocense
Baleares	balear
Barcelona	barcelonés, -esa
Burgos	burgalés, -esa
Cádiz	gaditano, -a
Cáceres	cacereño, -a
Canarias	canario, -a
Cantabria	cántabro, -a
Castellón	castellonense
Castilla	castellano, -a
Cataluña	catalán, -ana
Ciudad Real	ciudad-realeño, -a
Córdoba	cordobés, -esa
Cuenca	conquense
Extremadura	extremeño, -a

Galicia	gallego, -a
Gerona	gerundense
Granada	granadino, -a
Guadalajara	guadalajareño, -a
Guipúzcoa	guipuzcoano, -a
Huelva	onubense
Huesca	oscense
Jaén	jiennense
La Coruña	coruñés, -esa
La Mancha	manchego, -a
La Rioja	riojano, -a
León	leonés, -esa
Lérida	leridano, -a; ilerdense
Logroño	logroñés, -esa
Lugo	lucense
Madrid	madrileño, -a
Málaga	malagueño, -a
Murcia	murciano, -a
Navarra	navarro, -a
Orense	orensano, -a
Oviedo	ovetense
País Vasco	vasco, -a; vascongado, -a
Palencia	palentino, -a
Pamplona	pamplonés, -esa, -ica (ambos géneros)
Pontevedra	pontevedrés, -esa
Salamanca	salmantino, -a
San Sebastián	donostiarra (ambos géneros)
Santander	santanderino, -a
Santiago de Compostela	santiagués, -esa; compostelano, -a
Segovia	segoviano, -a
Sevilla	sevillano, -a

Soria	soriano, -a
Tarragona	tarraconense
Tenerife	tinerfeño, -a
Teruel	turolense
Toledo	toledano, -a
Valencia	valenciano, -a
Valladolid	vallisoletano, -a
Vizcaya	vizcaíno, -a
Zamora	zamorano, -a
Zaragoza	zaragozano, -a

Por razones de espacio, hemos incluido las provincias de España, pero han quedado fuera muchas poblaciones españolas cuyo gentilicio se remonta a nombres ibéricos, celtas o vascuences que guardan poca o ninguna relación con el topónimo actual. Tal es el caso de, por ejemplo, Ciudad Rodrigo: *mirobrigense* o Guadix: *accitano* que habrán de aprenderse según aparezcan en la experiencia idiomática del hablante.

México

Acapulco	acapulqueño, -a; acapulcano, -a
Aguascalientes	aguascalentense; hidrocálido, -a
Baja California	bajacaliforniano, -a
Campeche	campechano, -a
Coahuila	coahuilense
Colima	colimense, colimeño; -a, colimeco, -a
Culiacán	culiacanense
Chiapas	chiapaneco, -a
Chihuahua	chihuahuense
Durango	duranguense
Guanajuato	guanajuatense
Guerrero	guerrerense
Hidalgo	hidalguense
Jalisco	jalisciense
León	leonés, -esa
Matamoros	matamorense
Mazatlán	mazatleco, -a

Mérida	meridano, -a
México	mexicano, -a
Michoacán	michoacano, -a
Monterrey	regiomontano, -a
Morelos	morelense
Nayarit	nayaritense
Nogales	nogalense
Nuevo Laredo	laredense
Nuevo León	neoleonés; nuevoleonés; nuevoleonense; norteño, -a,
Oaxaca	oaxaqueño, -a
Puebla	poblano, -a
Querétaro	queretano, -a
Quintana Roo	quintanense
San Luis Potosí	potosino, -a
Sinaloa	sinaloense
Sonora	sonorense
Tabasco	tabasqueño, -a
Tamaulipas	tamaulipeco, -a
Tlaxcala	tlaxcalteca (ambos, masculino y femenino –cf. azteca–)
Veracruz	veracruzano, -a
Yucatán	yucateco, -a
Zacatecas	zacatecano, -a

Se han incluido los gentilicios de los estados mexicanos y los de algunas ciudades importantes de México. Como ha sucedido con los gentilicios de España, muchos se han quedado fuera por falta de espacio. A los interesados en encontrar otros gentilicios mexicanos, los remitimos al libro de Rafael Domínguez: *Diccionario general de gentilicios*. Preliminar de Francisco J. Santamaría. Contribución de Tabasco a la cultura nacional. Tabasco: Gobierno Constitucional de Tabasco. 1948.

Latinoamérica

Argentina	argentino, -a
Asunción	asunceno, -a; asunceño, -a
Bogotá	bogotano, -a
Bolivia	boliviano, -a
Brasil	brasileño, -a

Buenos Aires	bonaerense; porteño, -a
Caracas	caraqueño, -a
Colombia	colombiano, -a
Costa Rica	costarricense; costarriqueño, -a
Cuba	cubano, -a
Chile	chileno, -a
Ecuador	ecuatoriano, -a
El Salvador	salvadoreño, -a
Guadalajara	guadalajarense; tapatío, -a
Guatemala	guatemalteco, -a
Honduras	hondureño, -a
La Habana	habanero, -a
La Paz	paceño, -a
Lima	limeño, -a
Managua	managüero, -a
Montevideo	montevideano, -a
Nicaragua	nicaragüense
Panamá	panameño, -a
Paraguay	paraguayo, -a
Perú	peruano, -a
Puerto Rico	puertorriqueño
Quito	quiteño, -a
República Dominicana	dominicano, -a
Rio de Janeiro	carioca; fluminense
San José	josefino, -a
San Juan	sanjuanero, -a
Santiago de Cuba	santiaguero, -a
Santiago de Chile	santiaguino, -a
Santo Domingo	dominicano, -a
Sucre	sucrense
Tegucigalpa	tegucigalpense

Uruguay	uruguayo, -a
Venezuela	venezolano, -a

Resto del mundo

Afganistán	afgano, -a
Albania	albanés; albano, -a
Alemania	alemán, -a
América	americano, -a
Andorra	andorrano, -a
Angola	angoleño, -a
Arabia Saudí	saudí
Argelia	argelino, -a
Armenia	armenio, -a
Aruba	arubeño, -a
Australia	australiano, -a
Austria	austríaco, -a
Azerbaiyán	azerbaiyano, -a
Bahamas	bahameño, -a; bahamense; bahamés, -esa
Bahráin	bahrainí
Bangladesh	bangladeshí; bengalí
Barbados	de Barbados
Baviera	bávaro, -a
Bélgica	belga (ambos géneros)
Belice	beliceño, -a
Benín	beninés, -esa; aboense
Berbería	bereber; berebere
Bermudas	de Bermudas
Bielorrusia	bielorruso, -a
Birmania	birmano (el nuevo nombre es Myanmar: de Myanmar)
Bosnia-Herzegovina	bosnio, -a
Botsuana	botsuanés, -esa; botsuano, -a
Brunéi	de Brunéi

Bulgaria	búlgaro, -a
Burkina Faso	de Burkina Faso
Burundi	burundés, -esa; burundiano, -a
Bután	butanés, -esa
Cabo Verde	caboverdiano, -a
Camboya	camboyano, -a
Camerún	camerunés, -esa
Canadá	canadiense
Ceilán	cingalés, -esa
Cerdeña	sardo, -a
Comoras	comorano, -a
Congo	congoleño, -a
Córcega	corso, -a
Costa de Marfil	marfilense; marfileño, -a
Croacia	croata (ambos géneros)
Curasao	curazoleño, -a
Chad	chadiano, -a; chadí
República Checa (Chequia)	checo, -a
Chechenia	checheno, -a
China	chino, -a
Chipre	chipriota (ambos géneros)
Dinamarca	danés, -esa; dinamarqués, -esa
Dominica	de Dominica
Egipto	egipcio, -a
El Vaticano	vaticano, -a
Emiratos Árabes Unidos	de los Emiratos Árabes Unidos
Eritrea	eritreo, -a
Escocia	escocés, -esa
Eslovaquia	eslovaco, -a
Eslovenia	esloveno, -a

Estados Unidos	estadounidense
Estonia	estonio, -a; estoniano, -a
Etiopía	etíope
Fiji	fijiano, -a
Filipinas	filipino, -a
Finlandia	finlandés, -a; finés, -a
Florencia	florentino, -a
Florida	floridiano, -a
Francia	francés, -esa
Gabón	gabonés, -esa
Gales	galés, -esa
Gambia	gambiano, -a
Georgia	georgiano, -a
Ghana	ghanés, -esa
Granada (Antillas)	granadense
Grecia	griego, -a (*greco, -a* se emplea en palabras compuestas)
Groenlandia	groenlandés, -esa
Guadalupe (Antillas)	guadalupeño, -a
Guam	guameño, -a
Guayana Francesa	guayanés, -esa
Guinea	guineo, -a
Guinea Ecuatorial	guineano, -a; ecuatoguineano, -a
Guyana	guyanés, -esa
Haití	haitiano, -a
Holanda	holandés, -esa (Países Bajos: neerlandés, -esa)
Hungría	húngaro, -a
India	hindú; indio, -a
Indonesia	indonesio, -a
Inglaterra	inglés, -esa
Irak	iraquí
Irán	iraní

Irlanda	irlandés, -esa
Islandia	islandés, -esa
Islas Caimanes	caimanés, -esa
Islas Malvinas	malvinense
Islas Vírgenes	de las Islas Vírgenes
Israel	israelí
Italia	italiano, -a
Jamaica	jamaicano, -a; jamaiquino, -a
Japón	japonés, -esa
Jordania	jordano, -a
Kazajistán (Kazakhstan)	kazako, -a; kazajo, -a
Kenia	keniano, -a
Kirguizistán	kirguizo, -a
Kiribati	kiribatiano, -a
Kurdistán	kurdo, -a
Kuwait	kuwaití
República Popular Democrática de Laos	laosiano, -a
Lesoto	basuto, -a
Letonia	letón, -a
Líbano	libanés, -esa
Liberia	liberiano, -a
Libia	libio, -a
Liechtenstein	liechtenstiano, -a
Lisboa	lisboeta
Lituania	lituano, -a
Londres	londinense
Luxemburgo	luxemburgués, -esa
Macedonia	macedonio, -a
Madagascar	malgache
Malasia	malayo, -a; malasio, -a

Malawi	malawiano, -a
Maldivas	maldivo, -a
Mali	maliense
Malta	maltés, -esa
Marruecos	marroquí
Martinica	martiniqueño, -a
Mauricio	mauriciano, -a
Mauritania	mauritano, -a
Moldavia	moldavo, -a
Mónaco	monegasco, -a
Mongolia	mongol, -a
Montenegro	montenegrino, -a
Mozambique	mozambiqueño, -a
Namibia	namibio, -a
Nauru	nauruano, -a
Nepal	nepalés, -esa
Niger	nigerino, -a
Nigeria	nigeriano, -a
Noruega	noruego, -a
Norteamérica	norteamericano, -a
Nueva Caledonia	neocaledonio, -a
Nueva Zelanda	neozelandés, -esa
Omán	omaní
Palaos	de Palaos
Palestina	palestino, -a
Paquistán	paquistaní
Papúa-Nueva Guinea	papú, papúa (ambos géneros)
París	parisino, -a; parisiense; parisién (ambos géneros)
Polinesia	polinesio, -a
Polonia	polaco, -a
Portugal	portugués, -esa

Qatar	qatarí
Reino Unido, Gran Bretaña	británico, -a
República Árabe del Yemen	yemení
República Centroafricana	centroafricano, -a
República de Corea	coreano
Ruanda	ruandés, -esa
Rumania	rumano, -a
Rusia	ruso, -a
Sáhara Occidental	saharaui
Samoa	samoano, -a
San Marino	sanmarinense
Santa Lucía	santalucense
Santo Tomé y Príncipe	de Santo Tomé y Príncipe
Senegal	senegalés, -esa
Serbia	serbio, -a
Seychelles	de Seychelles
Sierra Leona	sierraleonés, -esa
Singapur	singapurense
Siria	sirio, -a
Somalía	somalí
Sri Lanka (Ceilán)	cingalés, -esa
Suazilandia	suazi
Sudáfrica	sudafricano, -a
Sudán	sudanés, -esa
Suecia	sueco, -a
Suiza	suizo, -a
Surinam	surinamés, -esa
Tailandia	tailandés, -esa
Taiwan	taiwanés, -esa

Tanzania	tanzano, -a
Tayikistán	tayiko, -a
Timor	timorense
Togo	togolés, -esa
Tonga	tongano, -a
Trinidad y Tobago	trinitario, -a
Túnez (Tunicia)	tunecino, -a
Turkmenistán	turkmenio, -a; turcomano, -a
Turquía	turco, -a
Tuvalu	tuvaluano, -a
Ucrania	ucraniano, -a; ucranio, -a
Uganda	ugandés, -esa
Uzbekistán	uzbeko, -a
Vanuatu	de Vanuatu
Vietnam	vietnamita
Yemen	yemení
Yibuti	yibutiense
Yugoslavia	yugoslavo, -a
Zaire	zaireño, -a; zairense
Zambia	zambiano, -a
Zimbabue	zimbabuo, -a; zimbabuense

Apéndice VI

Las conjugaciones

Empleamos aquí el modelo de la Real Academia Española *Esbozo de una Nueva Gramática de la Lengua Española* (1973:262-335), el cual incorpora también la terminología de Andrés Bello, difundida en muchos países latinoamericanos. Se incluye igualmente la terminología tradicional indicada entre paréntesis por Emilio Alarcos Llorach en su *Gramática de la lengua española de la Real Academia Española* (1994:170–197).

Primera conjugación.

Modelo: amar

Formas no personales:

Simples:		*Compuestas:*
Infinitivo	amar	haber amado
Gerundio	amando	habiendo amado
Participio	amado	

Formas personales:

Modo indicativo

Tiempos simples:		*Tiempos Compuestos:*	
Presente		**Pretérito perfecto compuesto:**	
(Bello: Presente)		*(Bello: Antepresente)*	
		(Alarcos: Pretérito perfecto)	
Yo	amo	he	amado
Tú	amas	has	amado
Él/ella/Ud.	ama	ha	amado
Nosotros	amamos	hemos	amado
Vosotros	amáis	habéis	amado
Ellos/ellas/Uds.	aman	han	amado

La forma *vosotros* oralmente se utiliza sólo en España. No obstante, se emplea en ocasiones en Latinoamérica en discursos, arengas patrióticas y en la iglesia. Omitimos de los paradigmas las formas de *vos*, ya que difieren según las zonas y su uso en algunos lugares se encuentra restringido a contextos sociolingüísticos muy concretos. El estudiante que resida en países del Cono Sur o de Centroamérica deberá familiarizarse con las formas y con su uso de acuerdo al contexto sociolingüístico. En general, las formas de *vos* se utilizan en lugar de las formas de *tú*, mientras las formas de *Ud.* indican respeto o distanciamiento, como ocurre en el resto de los países de habla española. Sin embargo, en algunos países las formas verbales procedentes de *vos* alternan con el pronombre personal *tú*. *Por ejemplo:*

tú tenés 'tú tienes', en contraste con otras zonas que utilizan *vos tenés* 'tú tienes'. Por lo general las formas verbales de *vos* coinciden o se aproximan a las formas verbales de *vosotros* (téngase en cuenta el origen de vosotros: vos + otros). *Por ejemplo:*

vos sentís 'tú sientes'	Plural de España:	vosotros sentís
vos tenés 'tú tienes'	" "	vosotros tenéis
vos cantás 'tú cantas'	" "	vosotros cantáis
¡Salí vos! 'sal tú'	" "	¡Salid vosotros!

pero *vos* no se utiliza como pronombre de objeto en el voseo latinoamericano, mientras en España sí se emplea con vosotros. Por ejemplo:

¡Sentáte! '¡Siéntate!'	Plural de España:	¡Sentaos!

Observamos, pues, que el pronombre de objeto es *-te* en Latinoamérica, pero *-os* en España.

Además, las formas verbales del *vos* pueden variar según la zona. Mientras en Argentina se oye *tenés*, en Chile se puede escuchar *tenís* 'tú tienes'. Recomendamos, por lo tanto la consulta de monografías de dialectología sobre los lugares concretos de interés.

Pretérito imperfecto:
(Bello: Copretérito)

amaba	amábamos
amabas	amabais
amaba	amaban

Pretérito perfecto simple:
(Bello: Pretérito)
(RAE también: Pretérito indefinido)

amé	amamos
amaste	amasteis
amó	amaron

Futuro:
(Bello: Futuro)

amaré	amaremos
amarás	amaréis
amará	amarán

Pretérito pluscuamperfecto:
(Bello: Antecopretérito)

había	amado	habíamos	amado
habías	amado	habíais	amado
había	amado	habían	amado

Pretérito anterior:
(Bello: Antepretérito)

hube	amado	hubimos	amado
hubiste	amado	hubisteis	amado
hubo	amado	hubieron	amado

Futuro perfecto:
(Bello: Antefuturo)

habré	amado	habremos	amado
habrás	amado	habréis	amado
habrá	amado	habrán	amado

Condicional:

(Bello: Pospretérito)

(Alarcos: Potencial)

amaría	amaríamos
amarías	amaríais
amaría	amarían

Condicional perfecto:

(Bello: Antepospretérito)

(Alarcos: Potencial perfecto)

habría	amado	habríamos	amado
habrías	amado	habríais	amado
habría	amado	habrían	amado

Modo subjuntivo

Presente:

(Bello: Presente)

ame	amemos
ames	améis
ame	amen

Pretérito perfecto:

(Bello: Antepresente)

haya	amado	hayamos	amado
hayas	amado	hayáis	amado
haya	amado	hayan	amado

Pretérito imperfecto:

(Bello: Pretérito)

amase o amara

amases o amaras

amase o amara

amásemos o amáramos

amaseis o amarais

amasen o amaran

Pretérito pluscuamperfecto:

(Bello: Antepretérito)

hubiese o hubiera	amado
hubieses o hubieras	amado
hubiese o hubiera	amado
hubiésemos o hubiéramos	amado
hubieseis o hubierais	amado
hubiesen o hubieran	amado

Hay formas del futuro y futuro perfecto, pero son de poco uso.

Modo imperativo

ama tú

ame Ud.

amemos nosotros

amad vosotros

amen Uds.

Segunda conjugación.

Modelo: *temer*

Formas no personales:

Simples:		*Compuestas:*	
Infinitivo	temer	haber	temido
Gerundio	temiendo	habiendo	temido
Participio	temido		

Formas personales:

Modo indicativo

Tiempos simples:

Presente:

(Bello: Presente)

Tiempos compuestos:

Pretérito perfecto compuesto:

(Bello: Antepresente)

(Alarcos: Pretérito perfecto)

Yo	temo	he	temido
Tú	temes	has	temido
Él/ella/Ud.	teme	ha	temido
Nosotros	tememos	hemos	temido
Vosotros	teméis	habéis	temido
Ellos/ellas/Uds.	temen	han	temido

Pretérito imperfecto:

(Bello: Copretérito)

Pretérito pluscuamperfecto:

(Bello: Antecopretérito)

temía	temíamos	había	temido	habíamos	temido
temías	temíais	habías	temido	habíais	temido
temía	temían	había	temido	habían	temido

Pretérito perfecto simple:

(Bello: Pretérito)

(RAE también: Pretérito indefinido)

Pretérito anterior:

(Bello: Antepretérito)

temí	temimos	hube	temido	hubimos	temido
temiste	temisteis	hubiste	temido	hubisteis	temido
temió	temieron	hubo	temido	hubieron	temido

Futuro:

(Bello: Futuro)

temeré	temeremos
temerás	temeréis
temerá	temerán

Condicional:

(Bello: Pospretérito)

(Alarcos: Potencial)

temería	temeríamos
temerías	temeríais
temería	temerían

Presente:

(Bello: Presente)

tema	temamos
temas	temáis
tema	teman

Pretérito imperfecto:

(Bello: Pretérito)

temiera o temiese

temieras o temieses

temiera o temiese

temiéramos o temiésemos

temierais o temieseis

temieran o temiesen

teme tú

tema Ud.

temamos nosotros

temed vosotros

teman Uds.

Futuro perfecto:

(Bello: Antefuturo)

habré	temido	habremos	temido
habrás	temido	habréis	temido
habrá	temido	habrán	temido

Condicional perfecto:

(Bello: Antepospretérito)

(Alarcos: Potencial perfecto)

habría	temido	habríamos	temido
habrías	temido	habríais	temido
habría	temido	habrían	temido

Modo subjuntivo

Pretérito perfecto:

(Bello: Antepresente)

haya	temido	hayamos	temido
hayas	temido	hayáis	temido
haya	temido	hayan	temido

Pretérito pluscuamperfecto:

(Bello: Antepretérito)

hubiera o hubiese	temido
hubieras o hubieses	temido
hubiera o hubiese	temido
hubiéramos o hubiésemos	temido
hubierais o hubieseis	temido
hubieran o hubiesen	temido

Modo imperativo

Tercera conjugación.

Formas no personales:

Simples: *Compuestas:*

Infinitivo   partir   haber   partido

Gerundio   partiendo   habiendo   partido

Participio   partido

Formas personales:

Modo indicativo

Tiempos simples: *Tiempos compuestos:*

Presente: **Pretérito perfecto compuesto:**

(Bello: Presente)   *(Bello: Antepresente)*

(Alarcos: Pretérito perfecto)

Yo   parto   he   partido

Tú   partes   has   partido

Él/ella/Ud.   parte   ha   partido

Nosotros   partimos   hemos   partido

Vosotros   partís   habéis   partido

Ellos/ellas/Uds parten   han   partido

Pretérito imperfecto: **Pretérito pluscuamperfecto:**

(Bello: Copretérito)   *(Bello: Antecopretérito)*

partía   partíamos   había   partido   habíamos   partido

partías   partíais   habías   partido   habíais   partido

partía   partían   había   partido   habían   partido

Pretérito perfecto simple: **Pretérito anterior:**

(Bello: Pretérito)   *(Bello: Antepretérito)*

(RAE también: Pretérito indefinido)

partí   partieron   hube   partido   hubimos   partido

partiste   partisteis   hubiste partido   hubisteis partido

partió   partimos   hubo   partido   hubieron   partido

Futuro:

(Bello: Futuro)

partiré	partiremos
partirás	partiréis
partirá	partirán

Condicional:

(Bello: Pospretérito)

(Alarcos: Potencial)

partiría	partiríamos
partirías	partiríais
partiría	partirían

Futuro perfecto:

(Bello: Antefuturo)

habré	partido	habremos	partido
habrás	partido	habréis	partido
habrá	partido	habrán	partido

Condicional perfecto:

(Bello: Antepospretérito)

(Alarcos: Potencial perfecto)

habría	partido	habríamos	partido
habrías	partido	habríais	partido
habría	partido	habrían	partido

Modo subjuntivo

Presente:

(Bello: Presente)

parta	partamos
partas	partáis
parta	partan

Pretérito imperfecto:

(Bello: Pretérito)

partiera o partiese
partieras o partieses
partiera o partiese
partiéramos o partiésemos
partierais o partieseis
partieran o partiesen

Pretérito perfecto:

(Bello: Antepresente)

haya	partido	hayamos	partido
hayas	partido	hayáis	partido
haya	partido	hayan	partido

Pretérito pluscuamperfecto:

(Bello: Antepretérito)

hubiera o hubiese	partido
hubieras o hubieses	partido
hubiera o hubiese	partido
hubiéramos o hubiésemos	partido
hubierais o hubieseis	partido
hubieran o hubiesen	partido

Modo imperativo

parte tú

parta Ud.

partamos nosotros

partid vosotros

partan Uds.

El uso del pretérito anterior se encuentra muy limitado en la actualidad y suele sustituirse con el pretérito pluscuamperfecto. No obstante, aún se emplea, sobre todo con adverbios como *apenas*. Por ejemplo:

Apenas hubo llegado a casa se sentó a leer.

Las formas simple y compuesta del futuro de subjuntivo (futuro y futuro perfecto), también han caído en desuso. Únicamente ha quedado en frases hechas como, por ejemplo:

Donde fueres, haz lo que vieres.

Fuere lo que fuere, se cumplirá con lo estipulado.

Verbos irregulares

Conjugación de haber

Formas no personales:

Simples:		*Compuestas:*	
Infinitivo	Haber	Haber	habido
Gerundio	Habiendo	Habiendo	habido
Participio	Habido		

Formas personales:

Modo indicativo

Presente: (Bello: Copretérito)		**Pretérito perfecto compuesto:** (Bello: Antepresente) (Alarcos: Pretérito perfecto)	
Yo	he	he	habido
Tú	has	has	habido
Él/ella/Ud.	ha	ha	habido
Nosotros	hemos	hemos	habido
Vosotros	habéis	habéis	habido
Ellos/ellas/Uds	han	han	habido

Pretérito imperfecto:
(Bello: Copretérito)

había	habíamos
habías	habíais
había	habían

Pretérito pluscuamperfecto:
(Bello: Antecopretérito)

había	habido	habíamos	habido
habías	habido	habíais	habido
había	habido	habían	habido

Pretérito perfecto simple:
(Bello: Pretérito)
(RAE también: Pretérito indefinido)

hube	hubimos
hubiste	hubisteis
hubo	hubieron

Futuro:
(Bello: Futuro)

habré	habremos
habrás	habréis
habrá	habrán

Condicional:
(Bello: Pospretérito)
(Alarcos: Potencial)

habría	habríamos
habrías	habríais
habría	habrían

Presente:
(Bello: Presente)

haya	hayamos
hayas	hayáis
haya	hayan

Pretérito imperfecto:
(Bello: Pretérito)

hubiera o hubiese

hubieras o hubieses

hubiera o hubiese

hubiéramos o hubiésemos

hubierais o hubieseis

hubieran o hubiesen

Pretérito anterior:
(Bello: Antepretérito)

hube	habido	hubimos	habido
hubiste	habido	hubisteis	habido
hubo	habido	hubieron	habido

Futuro perfecto:
(Bello: Antefuturo)

habré	habido	habremos	habido
habrás	habido	habréis	habido
habrá	habido	habrán	habido

Condicional perfecto:
(Bello: Antepospretérito)
(Alarcos: Potencial perfecto)

habría	habido	habríamos	habido
habrías	habido	habríais	habido
habría	habido	habrían	habido

Modo subjuntivo

Pretérito perfecto:
(Bello: Antepresente)

haya	habido	hayamos	habido
hayas	habido	hayáis	habido
haya	habido	hayan	habido

Pretérito pluscuamperfecto:
(Bello: Antepretérito)

hubiera o hubiese	habido
hubieras o hubieses	habido
hubiera o hubiese	habido
hubiéramos o hubiésemos	habido
hubierais o hubieseis	habido
hubieran o hubiesen	habido

Modo imperativo

he tú

haya Ud.

hayamos nosotros

habed vosotros

hayan Uds.

Conjugación de ser.

Formas no personales:

Simples: *Compuestas:*

Infinitivo   ser   haber   sido

Gerundio   siendo   habiendo   sido

Participio   sido

Formas personales:

Modo indicativo

Tiempos simples: *Tiempos compuestos:*

Presente: **Pretérito perfecto compuesto:**

(Bello: Presente)   *(Bello: Antepresente)*

                                        (Alarcos: Pretérito perfecto)

Yo   soy   he   sido

Tú   eres   has   sido

Él/ella/Ud.   es   ha   sido

Nosotros   somos   hemos   sido

Vosotros   sois   habéis   sido

Ellos/ellas/Uds son   han   sido

Pretérito imperfecto: **Pretérito pluscuamperfecto:**

(Bello: Copretérito)   *(Bello: Antecopretérito)*

era	éramos	había	sido	habíamos	sido
eras	erais	habías	sido	habíais	sido
era	eran	había	sido	habían	sido

Pretérito perfecto simple:

(Bello: Pretérito)

(RAE también: Pretérito indefinido)

fui	fuimos
fuiste	fuisteis
fue	fueron

Futuro:

(Bello: Futuro)

seré	seremos
serás	seréis
será	serán

Condicional:

(Bello: Pospretérito)

(Alarcos: Potencial)

sería	seríamos
serías	seríais
sería	serían

Pretérito anterior:

(Bello: Antepretérito)

hube	sido	hubimos	sido
hubiste	sido	hubisteis	sido
hubo	sido	hubieron	sido

Futuro perfecto:

(Bello: Antefuturo)

habré	sido	habremos	sido
habrás	sido	habréis	sido
habrá	sido	habrán	sido

Condicional perfecto:

(Bello: Antepospretérito)

(Alarcos: Potencial perfecto)

habría	sido	habríamos	sido
habrías	sido	habríais	sido
habría	sido	habrían	sido

Modo subjuntivo

Presente:

(Bello: Presente)

sea	seamos
seas	seáis
sea	sean

Pretérito imperfecto:

(Bello: Pretérito)

fuera o fuese

fueras o fueses

fuera o fuese

fuéramos o fuésemos

fuerais o fueseis

fueran o fuesen

Pretérito perfecto:

(Bello: Antepresente)

haya	sido	hayamos	sido
hayas	sido	hayáis	sido
haya	sido	hayan	sido

Pretérito pluscuamperfecto:

(Bello: Antepretérito)

hubiera o hubiese	sido
hubieras o hubieses	sido
hubiera o hubiese	sido
hubiéramos o hubiésemos	sido
hubierais o hubieseis	sido
hubieran o hubiesen	sido

Modo imperativo

sé tú

sea Ud.

seamos nosotros

sed vosotros

sean Uds.

Verbos que diptongan la vocal tónica o > ue.

Modelo: almorzar

Presente de indicativo:		Presente de subjuntivo:	Modo imperativo:
Yo	almuerzo	almuerce	almuerza tú
Tú	almuerzas	almuerces	almuerce Ud.
Él/ella/Ud.	almuerza	almuerce	almorcemos nosotros
Nosotros	almorzamos	almorcemos	almorzad vosotros
Vosotros	almorzáis	almorcéis	almuercen Uds.
Ellos/ellas/Uds	almuerzan	almuercen	

Las demás formas son regulares. Otros verbos que siguen el mismo modelo son:

(1ª conjugación):

acordar	contar	poblar	soltar
acostar	costar	probar	sonar
apostar	descollar	recordar	soñar
avergonzar(se)	encontrar	renovar	tostar
colar	engrosar	rodar	tronar
colgar	forzar	rogar	volar
consolar	mostrar	soldar	volcar

(2ª conjugación):

absolver	doler	promover	revolver
conmover	moler	remover	soler
devolver	morder	resolver	torcer
disolver	mover	retorcer	volver
envolver	oler		

Verbos que diptongan la vocal tónica e > ie.

Modelo: *merendar*

Presente de indicativo:

Yo	meriendo
Tú	meriendas
Él/ella/Ud.	merienda
Nosotros	merendamos
Vosotros	merendáis
Ellos/ellas/Uds.	meriendan

Presente de subjuntivo:

meriende
meriendes
meriende
merendemos
merendéis
merienden

Modo imperativo:

merienda tú
meriende Ud.
merendemos nosotros
merendad vosotros
merienden Uds.

Las demás formas son regulares. Otros verbos que siguen el mismo modelo son:

acertar	denegar	fregar	regar
alentar	desconcertar	gobernar	remendar
apretar	deshelar	helar	renegar
arrendar	desherrar	herrar	replegar
atravesar	despertar	manifestar	reventar
aventar	desplegar	mentar	segar
calentar	emparentar	negar	sembrar
cegar	empedrar	nevar	sentar(se)
cerrar	empezar	pensar	serrar
cimentar	encerrar	plegar	sosegar
comenzar	encomendar	quebrar	tentar
concertar	enmendar	recomendar	tropezar
confesar	errar	refregar	

(2ª conjugación):

ascender	defender	encender	perder
atender	desatender	entender	tender
cerner	descender	extender	verter
contender	desentenderse	heder	

(3ª conjugación):

concernir

discernir

hendir

El verbo *querer* también sigue el mismo modelo **e > ie** en el presente de indicativo, pero en el presente de subjuntivo y en el imperativo presenta otras variantes. Por esta razón y para mostrar los perfectos fuertes de este verbo, presentamos a continuación la conjugación completa en sus formas simples, puesto que las formas compuestas son regulares.

Modelo: *querer*

Formas no personales:

Simples:

Infinitivo	querer
Gerundio	queriendo
Participio	querido

Modo indicativo

Formas personales:

Tiempos simples:

Presente:

(Bello: Presente)

Yo	quiero
Tú	quieres
Él/ella/Ud.	quiere
Nosotros	queremos
Vosotros	queréis
Ellos/ellas/Uds.	quieren

Pretérito imperfecto:	**Pretérito perfecto simple:**
(Bello: Copretérito)	*(Bello: Pretérito)*
	(RAE también: Pretérito indefinido)
quería	quise
querías	quisiste
quería	quiso
queríamos	quisimos
queríais	quisisteis
querían	quisieron

Futuro:

(Bello: Futuro)

querré

querrás

querrá

querremos

querréis

querrán

Condicional:

(Bello: Pospretérito)

(Alarcos: Potencial)

querría

querrías

querría

querríamos

querríais

querrían

Modo subjuntivo

Presente:

(Bello: Presente)

quiera

quieras

quiera

queramos

queráis

quieran

Pretérito imperfecto:

(Bello: Pretérito)

quisiera o quisiese

quisieras o quisieses

quisiera o quisiese

quisiéramos o quisiésemos

quisierais o quisieseis

quisieran o quisiesen

Modo imperativo

quiere tú

quiera Ud.

queramos nosotros

quered vosotros

quieran Uds.

*Verbos con variación **e > i** (+ reír y otros).*

Se cambia la vocal en los siguientes casos:

Modelo: pedir

Formas no personales:

Gerundio   pidiendo

Formas personales:

Modo indicativo

Presente:

(Bello: Presente)

Yo	pido	pedí
Tú	pides	pediste
Él/ella/Ud.	pide	pidió
Nosotros	pedimos	pedimos
Vosotros	pedís	pedisteis
Ellos/ellas/Uds.	piden	pidieron

Pretérito perfecto simple:

(Bello: Pretérito)

(RAE también: pretérito indefinido)

Modo subjuntivo

Presente:

(Bello: Presente)

pida

pidas

pida

pidamos

pidáis

pidan

Pretérito imperfecto:

(Bello: Pretérito)

pidiera o pidiese

pidieras o pidieses

pidiera o pidiese

pidiéramos o pidiésemos

pidierais o pidieseis

pidieran o pidiesen

Modo imperativo

pide tu

pida Ud.

pidamos nosotros

pedid vosotros

pidan Uds.

Las demás formas son regulares. Otros verbos que siguen el mismo modelo son:

competir	corregir	desvestir	expedir
concebir	derretir	elegir	gemir
conseguir	despedir	embestir	impedir

investir	proseguir	rendir	seguir
medir	reelegir	repetir	teñir
perseguir	regir	revestir	vestir

Los verbos terminados en **-eír** como **desleír, freír, reír, sofreír** y **sonreír** siguen el modelo anterior pero pierden la **-i** de los diptongos **-io, -ie**. Por ejemplo: **vestir > vistiendo**, pero **reír > riendo**, no *riiendo. A continuación presentamos la conjugación del verbo **reír** que servirá de modelo para los demás verbos terminados en **-eír**.

Formas no personales:

Simples:

Infinitivo	reír
Gerundio	riendo
Participio	reído

Formas personales:

Modo indicativo

Tiempos simples:
Presente:
(Bello: Presente)

Yo	río
Tú	ríes
Él/ella/Ud.	ríe
Nosotros	reímos
Vosotros	reís
Ellos/ellas/Uds.	ríen

Pretérito imperfecto:	**Pretérito perfecto simple:**
(Bello: Copretérito)	*(Bello: Pretérito)*
	(RAE también: Pretérito indefinido)
reía	reí
reías	reíste
reía	rió
reíamos	reímos
reíais	reísteis
reían	rieron

Futuro:

(Bello: Futuro)

reiré

reirás

reirá

reiremos

reiréis

reirán

Condicional:

(Bello: Pospretérito)

(Alarcos: Potencial)

reiría

reirías

reiría

reiríamos

reiríais

reirían

Modo subjuntivo

Presente:

(Bello: Presente)

ría

rías

ría

riamos

riáis

rían

Pretérito imperfecto:

(Bello: Pretérito)

riera o riese

rieras o rieses

riera o riese

riéramos o riésemos

rierais o rieseis

rieran o riesen

Modo imperativo

ríe tú

ría Ud.

riamos nosotros

reid vosotros

rían Uds.

*Verbos con variación **e > i** y **e > ie** en el mismo paradigma.*

Modelo: *sentir*

Formas no personales:

Simples:

Infinitivo   sentir

Gerundio   sintiendo

Participio   sentido

Formas personales:

Tiempos simples:

Presente:

(Bello: Presente)

Yo	siento
Tú	sientes
Él/ella/Ud.	siente
Nosotros	sentimos
Vosotros	sentís
Ellos/ellas/Uds.	sienten

Pretérito imperfecto:

(Bello: Copretérito)

Pretérito perfecto simple:
(Bello: Pretérito)
(RAE también: pretérito indefinido)

Pretérito imperfecto	Pretérito perfecto simple
sentía	sentí
sentías	sentiste
sentía	sintió
sentíamos	sentimos
sentíais	sentisteis
sentían	sintieron

Futuro:	**Condicional:**
(Bello: Futuro)	*(Bello: Pospretérito)*
	(Alarcos: Potencial)
sentiré	sentiría
sentirás	sentirías
sentirá	sentiría
sentiremos	sentiríamos
sentiréis	sentiríais
sentirán	sentirían

Modo subjuntivo

Presente:	Pretérito imperfecto:
(Bello: Presente)	*(Bello: Pretérito)*
sienta	sintiera o sintiese
sientas	sintieras o sintieses
sienta	sintiera o sintiese
sintamos	sintiéramos o sintiésemos
sintáis	sintierais o sintieseis
sientan	sintieran o sintiesen

Modo *imperativo*

siente tú

sienta Ud.

sintamos nosotros

sentid vosotros

sientan Uds.

Los siguientes verbos siguen el mismo modelo de conjugación:

adherir	desmentir	ingerir	referir
advertir	diferir	invertir	requerir
arrepentirse	digerir	malherir	resentir(se)
asentir	disentir	mentir	revertir
conferir	divertir(se)	pervertir	subvertir
consentir	herir	preferir	sugerir
controvertir	hervir	presentir	transferir
convertir	inferir	proferir	

El verbo *erguir* se conjuga como los anteriores, pero presenta algunas variantes que merecen una exposición más detallada:

Formas no personales:

Simples:

Infinitivo	erguir
Gerundio	irguiendo
Participio	erguido

Formas personales:

Modo indicativo

Tiempos simples:

Presente:

(Bello: Presente)

Yo	yergo o irgo
Tú	yergues o irgues
Él/ella/Ud.	yergue o irgue
Nosotros	erguimos
Vosotros	erguís
Ellos/ellas/Uds.	yerguen o irguen

Pretérito imperfecto:	**Pretérito perfecto simple:**
(Bello: Copretérito)	*(Bello: Pretérito)*
	(RAE también: Pretérito indefinido)
erguía	erguí
erguías	erguiste
erguía	irguió
erguíamos	erguimos
erguíais	erguisteis
erguían	irguieron

Futuro:

(Bello: Futuro)

erguiré

erguirás

erguirá

erguiremos

erguiréis

erguirán

Condicional:

(Bello: Pospretérito)

(Alarcos: Potencial)

erguiría

erguirías

erguiría

erguiríamos

erguiríais

erguirían

Modo subjuntivo

Presente:

(Bello: Presente)

yerga o irga

yergas o irgas

yerga o irga

yergamos o irgamos

yergáis o irgáis

yergan o irgan

Pretérito imperfecto:

(Bello: Pretérito)

irguiera o irguiese

irguieras o irguieses

irguiera o irguiese

irguiéramos o irguiésemos

irguierais o irguieseis

irguieran o irguiesen

Modo imperativo

yergue o irgue tú

yerga o irga Ud.

yergamos o irgamos nosotros

erguid vosotros

yergan o irgan Uds.

Los verbos en **-irir** (*adquirir* e *inquirir*) tienen la variación **i~ie** en los presentes (de indicativo y de subjuntivo) y en el imperativo:

Presente de indicativo:

Yo	adquiero
Tú	adquieres
Él/ella/Ud.	adquiere
Nosotros	adquirimos
Vosotros	adquirís
Ellos/ellas/Uds.	adquieren

Presente de subjuntivo:

adquiera

adquieras

adquiera

adquiramos

adquiráis

adquieran

Imperativo:

adquiere tú

adquiera Ud.

adquiramos nosotros

adquirid vosotros

adquieran Uds.

Verbos con variación **o > u** *y* **o > ue** *en el mismo paradigma (dormir y morir).*

Modelo: *dormir*

Formas no personales:

Simples:

Infinitivo	dormir
Gerundio	durmiendo
Participio	dormido

Formas personales:

Modo *indicativo*

Tiempos simples:

Presente:

(Bello: Presente)

Yo	duermo
Tú	duermes
Él/ella/Ud.	duerme

Nosotros	dormimos
Vosotros	dormís
Ellos/ellas/Uds.	duermen

Pretérito imperfecto:	**Pretérito perfecto simple:**
(Bello: Copretérito)	*(Bello: Pretérito)*
	(RAE también: Pretérito indefinido)
dormía	dormí
dormías	dormiste
dormía	durmió
dormíamos	domimos
dormíais	dormisteis
dormían	durmieron

Futuro:	**Condicional:**
(Bello: Futuro)	*(Bello: Pospretérito)*
	(Alarcos: Potencial)
dormiré	dormiría
dormirás	dormirías
dormirá	dormiría
dormiremos	dormiríamos
dormiréis	dormiríais
dormirán	dormirían

Modo subjuntivo

Presente:	**Pretérito imperfecto:**
(Bello: Presente)	*(Bello: Pretérito)*
duerma	durmiera o durmiese
duermas	durmieras o durmieses
duerma	durmiera o durmiese
durmamos	durmiéramos o durmiésemos
durmáis	durmierais o durmieseis
duerman	durmieran o durmiesen

duerme tú

duerma Ud.

durmamos nosotros

dormid vosotros

duerman Uds.

El verbo *jugar* presenta la variación **u~ue** en las formas del presente (indicativo y subjuntivo) y en el imperativo únicamente.

Presente de indicativo:

Yo	juego
Tú	juegas
Él/ella/Ud.	juega
Nosotros	jugamos
Vosotros	jugáis
Ellos/ellas/Uds.	juegan

Presente de subjuntivo:	**Imperativo:**
juegue	juega tú
juegues	juegue Ud.
juegue	juguemos nosotros
juguemos	jugad vosotros
juguéis	jueguen Uds.
jueguen	

*Verbos con incremento de **z** cuando a la **c** del radical le sigue **-o, -a.***

Ocurre en todos los verbos que terminan en **-ecer** y en los verbos:

complacer	desconocer	pacer	reconocer
conocer	nacer	placer	renacer

Otros verbos de la tercera conjugación que siguen este modelo son:

aducir	inducir	producir	seducir
conducir	introducir	reducir	traducir
deducir	lucir	relucir	tra(n)slucir
deslucir			

Presente de indicativo:

Yo	parezco
Tú	pareces
Él/ella/Ud.	parece
Nosotros	parecemos
Vosotros	parecéis
Ellos/ellas/Uds.	parecen

Presente de subjuntivo:

parezca

parezcas

parezca

parezcamos

parezcáis

parezcan

Modo imperativo:

parece tú

parezca Ud.

parezcamos nosotros

pareced vosotros

parezcan Uds.

El verbo **placer** presenta unas variantes que se indican a continuación:

Formas no personales:

Simples:

Infinitivo	placer
Gerundio	placiendo
Participio	placido

Formas personales:

Modo indicativo

Tiempos simples:

Presente:

(Bello: Presente)

Yo	plazco
Tú	places
Él/ella/Ud.	place
Nosotros	placemos
Vosotros	placéis
Ellos/ellas/Uds.	placen

Pretérito imperfecto:

(Bello: Copretérito)

placía

placías

placía

placíamos

placíais

placían

Futuro:

(Bello: Futuro)

placeré

placerás

placerá

placeremos

placeréis

placerán

Pretérito perfecto simple:

(Bello: Pretérito)

(RAE también: Pretérito indefinido)

plací

placiste

plació o **plugo**

placimos

placisteis

placieron o **pluguieron**

Condicional:

(Bello: Pospretérito)

(Alarcos: Potencial)

placería

placerías

placería

placeríamos

placeríais

placerían

Modo subjuntivo

Presente:

(Bello: Presente)

plazca

plazcas

plazca, **plega** o **plegue**

plazcamos

plazcáis

plazcan

Pretérito imperfecto

(Bello: Pretérito)

placiera o placiese

placieras o placieses

placiera, placiese, **pluguiera** o **pluguiese**

placiéramos o placiésemos

placierais o placieseis

placieran, placiesen, **pluguieran** o **pluguiesen**

place tú

plazca Ud.

plazcamos nosotros

placed vosotros

plazcan Uds.

El verbo **yacer** contiene irregularidades en los presentes de indicativo y de subjuntivo y en el imperativo.

Presente de indicativo:

Yo	yazco, yazgo o **yago**
Tú	yaces
Él/ella/Ud.	yace
Nosotros	yacemos
Vosotros	yacéis
Ellos/ellas/Uds.	yacen

Presente de subjuntivo:

yazca, yazga o **yaga**

yazcas, yazgas o **yagas**

yazca, yazga o **yaga**

yazcamos, yazgamos o **yagamos**

yazcáis, yazgáis, **yagáis**

yazcan, yazgan o **yagan**

Imperativo:

yace o **yaz** tú

yazca, yazga o **yaga** Ud.

yazcamos, yazgamos o **yagamos** nosotros

yaced vosotros

yazcan, yazgan o **yagan** Uds.

El verbo **asir** también registra la inclusión de **-g-** en los presentes y en el imperativo.

Presente de indicativo:

Yo	asgo
Tú	ases
Él/ella/Ud.	ase
Nosotros	asimos
Vosotros	asís
Ellos/ellas/Uds.	asen

Presente de subjuntivo:	Imperativo:
asga	ase tú
asgas	asga Ud.
asga	asgamos nosotros
asgamos	asid vosotros
asgáis	Uds.asgan
asgan	

El verbo **hacer** y sus derivados (**deshacer, rehacer** y **satisfacer**) alternan formas en c~g en los presentes, además de ofrecer otras irregularidades en el resto del paradigma.

Sirva de modelo **hacer.**

Modelo: hacer

Formas no personales:

Simples:

Infinitivo	hacer
Gerundio	haciendo
Participio	**hecho**

Formas personales:

Modo indicativo

Tiempos simples:

Presente:

(Bello: Presente)

Yo	hago
Tú	haces
Él/ella/Ud.	hace
Nosotros	hacemos
Vosotros	hacéis
Ellos/ellas/Uds.	hacen

Pretérito imperfecto:

(Bello: Copretérito)

hacía

hacías

hacía

hacíamos

hacíais

hacían

Futuro:

(Bello: Futuro)

haré

harás

hará

haremos

haréis

harán

Pretérito perfecto simple:

(Bello: Pretérito)

(RAE también: Pretérito indefinido)

hice

hiciste

hizo

hicimos

hicisteis

hicieron

Condicional:

(Bello: Pospretérito)

(Alarcos: Potencial)

haría

harías

haría

haríamos

haríais

harían

Modo subjuntivo

Presente:

(Bello: Presente)

haga

hagas

haga

hagamos

hagáis

hagan

Pretérito imperfecto:

(Bello: Pretérito)

hiciera o hiciese

hicieras o hicieses

hiciera o hiciese

hiciéramos o hiciésemos

hicierais o hicieseis

hicieran o hiciesen

haz tú

haga Ud.

hagamos nosotros

haced vosotros

hagan Uds.

Como se ha indicado, **satisfacer** sigue el modelo de **hacer**. Por ejemplo: **yo satisfago, tú satisfaces**, etc. Las diferencia notables radican en la conservación de **f-** en vez de la **h-** en **hacer** y la alternancia del imperativo en la 2ª p. sg.: **satisfaz** o **satisface** tú.

Verbos con variación n~ng.

Estos verbos incluyen una -**g**- en la 1ª p. del sg. (por ejemplo, **pongo**, del verbo **poner**) del presente de indicativo y en todo el paradigma del presente de subjuntivo; **ponga, pongas**, etc. Otros verbos con -**g**-intrusiva son:

abstenerse	atenerse	anteponer	componer
contener	contraponer	deponer	descomponer
detener	disponer	entretener	exponer
imponer	indisponer(se)	interponer	mantener
obtener	oponer	posponer	predisponer
presuponer	proponer	recomponer	reponer
retener	sobreponer	sostener	suponer
superponer	tener	tra(n)sponer	yuxtaponer

A continuación se muestra la conjugación de **poner**, sobre la cual se modelarán sus compuestos (por ejemplo **componer, proponer, sostener**, etc.).

Modelo: poner

Formas no personales:

Simples:

Infinitivo	poner
Gerundio	poniendo
Participio	**puesto**

Formas personales:

Modo indicativo

Tiempos simples:

Presente:

(Bello: Presente)

Yo	**pongo**
Tú	pones
Él/ella/Ud.	pone
Nosotros	ponemos
Vosotros	ponéis
Ellos/ellas/Uds.	ponen

Pretérito imperfecto:	**Pretérito perfecto simple:**
(Bello: Copretérito)	*(Bello: Pretérito)*
	(RAE también: Pretérito indefinido)
ponía	**puse**
ponías	**pusiste**
ponía	**puso**
ponía	**pusimos**
poníamos	**pusisteis**
poníais	**pusieron**
ponían	

Futuro:	**Condicional:**
(Bello: Futuro)	*(Bello: Pospretérito)*
pondré	*(Alarcos: Potencial)*
pondrás	**pondría**
pondrá	**pondría**
pondremos	**pondría**
pondréis	**pondríamos**
pondrán	**pondríais**
	pondrían

Modo subjuntivo

Presente:	Pretérito imperfecto:
(Bello: Presente)	*(Bello: Pretérito)*
ponga	pusiera o pusiese
pongas	pusieras o pusieses
ponga	pusiera o pusiese
pongamos	pusiéramos o pusiésemos
pongáis	pusierais o pusieseis
pongan	pusieran o pusiesen

Modo imperativo

pon tú

ponga Ud.

pongamos nosotros

poned vosotros

pongan Uds.

Los verbos **tener** y sus derivados (por ejemplo: **componer, mantener, obtener,** etc. además de contener la -g- intrusiva diptongan **e > ie,** por ejemplo: **mantenemos, mantienen.** Para mostrar ésas y otras irregularidades, se presenta a continuación el paradigma completo de las formas simples del verbo **tener,** sobre el cual se modelarán sus derivados.

Modelo: *tener*

Formas no personales:

Simples:

Infinitivo	tener
Gerundio	teniendo
Participio	tenido

Formas personales:

Tiempos simples:

Presente:

(Bello: Presente)

Yo	tengo
Tú	tienes
Él/ella/Ud.	tiene
Nosotros	tenemos
Vosotros	tenéis
Ellos/ellas/Uds.	tienen

Pretérito imperfecto:

(Bello: Copretérito)

tenía

tenías

tenía

teníamos

teníais

tenían

Futuro:

(Bello: Futuro)

tendré

tendrás

tendrá

tendremos

tendréis

tendrán

Pretérito perfecto simple:

(Bello: Pretérito)

(RAE también: Pretérito indefinido)

tuve

tuviste

tuvo

tuvimos

tuvisteis

tuvieron

Condicional:

(Bello: Pospretérito)

(Alarcos: Potencial)

tendría

tendrías

tendría

tendríamos

tendríais

tendrían

Modo subjuntivo

Presente:	Pretérito imperfecto:
(Bello: Presente)	*(Bello: Pretérito)*
tenga	tuviera o tuviese
tengas	tuvieras o tuvieses
tenga	tuviera o tuviese
tengamos	tuviéramos o tuviésemos
tengáis	tuvierais o tuvieseis
tengan	tuvieran o tuviesen

Modo imperativo

Presente:

ten tú

tenga Ud.

tengamos nosotros

tened vosotros

tengan Uds.

El verbo **venir** y sus compuestos también contienen la -**g**- intrusiva y la diptongación **e > ie,** pero también se incluyen todas las formas simples de su conjugación para mostrar sus irregularidades.

Modelo: venir

Formas no personales:

Simples:

Infinitivo	venir
Gerundio	**viniendo**
Participio	venido

Formas personales:

Modo indicativo

Tiempos simples:

Presente:

(Bello: Presente)

Yo	vengo
Tú	vienes

Él/ella/Ud.	viene
Nosotros	venimos
Vosotros	venís
Ellos/ellas/Uds.	vienen

Pretérito imperfecto:

(Bello: Copretérito)

venía

venías

venía

veníamos

veníais

venían

Futuro:

(Bello: Futuro)

vendré

vendrás

vendrá

vendremos

vendréis

vendrán

Pretérito perfecto simple:

(Bello: Pretérito)

(RAE también: Pretérito indefinido)

vine

viniste

vino

vinimos

vinisteis

vinieron

Condicional:

(Bello: Pospretérito)

(Alarcos: Potencial)

vendría

vendrías

vendría

vendríamos

vendríais

vendrían

Modo subjuntivo

Presente:

(Bello: Presente)

venga

vengas

venga

vengamos

vengáis

vengan

Pretérito imperfecto:

(Bello: Pretérito)

viniera o viniese

vinieras o vinieses

viniera o viniese

viniéramos o viniésemos

vinierais o vinieseis

vinieran o viniesen

Modo *imperativo*

ven tú

venga Ud.

vengamos nosotros

venid vosotros

vengan Uds.

Verbos con variación *l~lg*.

Son **salir** y **valer** y sus verbos compuestos (**sobresalir, equivaler** y **prevaler**). Valgan como modelos **salir** y **valer.**

Formas no personales:

Modelo: *salir*

Simples:

Infinitivo	salir
Gerundio	saliendo
Participio	salido

Formas personales:

Modo *indicativo*

Tiempos simples:
Presente:
(Bello: Presente)

Yo	salgo
Tú	sales
Él/ella/Ud.	sale
Nosotros	salimos
Vosotros	salís
Ellos/ellas/Uds.	salen

Pretérito imperfecto:

(Bello: Copretérito)

salía

salías

salía

salíamos

salíais

salían

Futuro:

(Bello: Futuro)

saldré

saldrás

saldrá

saldremos

saldréis

saldrán

Pretérito perfecto simple:

(Bello: Pretérito)

(RAE también: Pretérito indefinido)

salí

saliste

salió

salimos

salisteis

salieron

Condicional:

(Bello: Pospretérito)

(Alarcos: Potencial)

saldría

saldrías

saldría

saldríamos

saldríais

saldrían

Modo subjuntivo

Presente:

(Bello: Presente)

salga

salgas

salga

salgamos

salgáis

salgan

Pretérito imperfecto:

(Bello: Pretérito)

saliera o saliese

salieras o salieses

saliera o saliese

saliéramos o saliésemos

salierais o salieseis

salieran o saliesen

Modo imperativo

sal tú

salga Ud.

salgamos nosotros

salid vosotros

salgan Uds.

Modelo: *valer*

Formas no personales:

Simples:

Infinitivo	valer
Gerundio	valiendo
Participio	valido

Formas personales:

Modo indicativo

Tiempos simples:

Presente:

(Bello: Presente)

Yo	valgo
Tú	vales
Él/ella/Ud.	vale
Nosotros	valemos
Vosotros	valéis
Ellos/ellas/Uds.	valen

Pretérito imperfecto:

(Bello: Copretérito)

valía

valías

valía

valíamos

valíais

valían

Futuro:

(Bello: Futuro)

valdré

valdrás

valdrá

valdremos

valdréis

valdrán

Pretérito perfecto simple:

(Bello: Pretérito)

(RAE también: Pretérito indefinido)

valí

valiste

valió

valimos

valisteis

valieron

Condicional:

(Bello: Pospretérito)

(Alarcos: Potencial)

valdría

valdrías

valdría

valdríamos

valdríais

valdrían

Modo subjuntivo

Presente:

(Bello: Presente)

valga

valgas

valga

valgamos

valgáis

valgan

Pretérito imperfecto:

(Bello: Pretérito)

valiera o valiese

valieras o valieses

valiera o valiese

valiéramos o valiésemos

valierais o valieseis

valieran o valiesen

Modo imperativo

vale tú

valga Ud.

valgamos nosotros

valed vosotros

valgan Uds.

*Verbos con variación **u~uy**.*

Modelo: *huir*

Formas no personales:
Simples:

Infinitivo	huir
Gerundio	**huyendo**
Participio	huido

Formas personales:

Modo indicativo

Tiempos simples:
Presente:
(Bello: Presente)

Yo	**huyo**
Tú	**huyes**
Él/ella/Ud.	**huye**
Nosotros	huimos
Vosotros	huis
Ellos/ellas/Uds.	**huyen**

Pretérito imperfecto:
(Bello: Copretérito)

Pretérito perfecto simple:
(Bello: Pretérito)
(RAE también: Pretérito indefinido)

huía	huí
huías	huiste
huía	**huyó**
huíamos	huimos
huíais	huisteis
huían	**huyeron**

Futuro:
(Bello: Futuro)

Condicional:
(Bello: Pospretérito)
(Alarcos: Potencial)

huiré	huiría
huirás	huirías
huirá	huiría
huiremos	huiríamos
huiréis	huiríais
huirán	huirían

Modo subjuntivo

Presente:
(Bello: Presente)

Pretérito imperfecto
(Bello: Pretérito)

huya	**huyera** o **huyese**
huyas	**huyeras** o **huyeses**
huya	**huyera** o **huyese**
huyamos	**huyéramos** o **huyésemos**
huyáis	**huyerais** o **huyeseis**
huyan	**huyeran** o **huyesen**

Modo imperativo

huye tú

huya Ud.

huyamos nosotros

huid vosotros

huyan Uds.

Los siguientes verbos siguen el mismo modelo:

afluir	derruir	fluir	obstruir
argüir	destituir	imbuir	prostituir
atribuir	destruir	incluir	recluir
concluir	diluir	influir	reconstruir
confluir	disminuir	inmiscuir	rehuir
constituir	distribuir	instituir	restituir
construir	estatuir	instruir	retribuir
contribuir	excluir	intuir	sustituir

En el verbo oír alternan las variantes **o, oy** y **oig.**

Modelo: oír

Formas no personales:

Simples:

Infinitivo	oír
Gerundio	**oyendo**
Participio	oído

Formas personales:

Modo indicativo

Tiempos simples:

Presente:

(Bello: Presente)

Yo	oigo
Tú	**oyes**
Él/ella/Ud.	**oye**

Nosotros	oímos
Vosotros	oís
Ellos/ellas/Uds.	**oyen**

Pretérito imperfecto:	**Pretérito perfecto simple:**
(Bello: Copretérito)	*(Bello: Pretérito)*
	(RAE también: Pretérito indefinido)
oía	oí
oías	oíste
oía	**oyó**
oíamos	oímos
oíais	oísteis
oían	**oyeron**

Futuro:	**Condicional:**
(Bello: Futuro)	*(Bello: Pospretérito)*
	(Alarcos: Potencial)
oiré	oiría
oirás	oirías
oirá	oiría
oiremos	oiríamos
oiréis	oiríais
oirán	oirían

Modo subjuntivo

Presente:	**Pretérito imperfecto:**
(Bello: Presente)	*(Bello: Pretérito)*
oiga	**oyera** u **oyese**
oigas	**oyeras** u **oyeses**
oiga	**oyera** u **oyese**
oigamos	**oyéramos** u **oyésemos**
oigáis	**oyerais** u **oyeseis**
oigan	**oyéramos** u **oyésemos**
	oyeran u **oyesen**

Modo imperativo

oye tú

oiga Ud.

oigamos nosotros

oid vosotros

oigan Uds.

*Variación **ec~ig** + variación vocálica **e > i**.*

El verbo **decir** y sus compuestos presentan formas irregulares que se ilustran a continuación:

Modelo: decir

Formas no personales:

Simples:

Infinitivo	decir
Gerundio	**diciendo**
Participio	**dicho**

Formas personales:

Modo indicativo

Tiempos simples:

Presente:

(Bello: Presente)

Yo	digo
Tú	**dices**
Él/ella/Ud.	**dice**
Nosotros	decimos
Vosotros	decís
Ellos/ellas/Uds.	**dicen**

Pretérito imperfecto:

(Bello: Copretérito)

decía

decías

decía

decíamos

decíais

decían

Futuro:

(Bello: Futuro)

diré

dirás

dirá

diremos

diréis

dirán

Pretérito perfecto simple:

(Bello: Pretérito)

(RAE también: Pretérito indefinido)

dije

dijiste

dijo

dijimos

dijisteis

dijeron

Condicional:

(Bello: Pospretérito)

(Alarcos: Potencial)

diría

dirías

diría

diríamos

diríais

dirían

Modo subjuntivo

Presente:

(Bello: Presente)

diga

digas

diga

digamos

digáis

digan

Pretérito imperfecto

(Bello: Pretérito)

dijera o dijese

dijeras o dijeses

dijera o dijese

dijéramos o dijésemos

dijerais o dijeseis

dijeran o dijesen

di tú

diga Ud.

digamos nosotros

decid vosotros

digan Uds.

Los compuestos de **decir** siguen el mismo modelo, pero forman el imperativo de manera regular en la 2ª p. sg. **tú,** con la característica **e > i.** Por ejemplo:

bendice tú

contradice tú

Compuestos de **decir:**

antedecir

bendecir

contradecir

desdecir

maldecir

predecir

Nótese que el futuro y el condicional de **decir** tienen la raíz **dir-,** al igual que sus compuestos, con la excepción de **bendecir** y **maldecir,** según la Real Academia Española, cuyos futuro y condicional son regulares. Por ejemplo:

bendecirá, maldeciría, pero **contradiré, contradiría**

Sin embargo, en la práctica, tanto a nivel oral como escrito, **contradecir** y **predecir** también son usados de manera regular en el futuro y el condicional. Por ejemplo: **contadeciría, predeciré.**

Variación *ab~ep.*

Dos verbos, **caber** y **saber,** contienen estas variantes, aunque con diferentes irregularidades en la 1ª p. sg. del presente de indicativo.

Modelo: *caber*

Formas no personales:

Simples:

Infinitivo   caber

Gerundio   cabiendo

Participio   cabido

Formas personales:

Tiempos simples:

Presente:

(Bello: Presente)

Yo	**quepo**
Tú	cabes
Él/ella/Ud.	cabe
Nosotros	cabemos
Vosotros	cabéis
Ellos/ellas/Uds.	caben

Pretérito imperfecto:	**Pretérito perfecto simple:**
(Bello: Copretérito)	*(Bello: Pretérito)*
	(RAE también: Pretérito indefinido)
cabía	**cupe**
cabías	**cupiste**
cabía	**cupo**
cabíamos	**cupimos**
cabíais	**cupisteis**
cabían	**cupieron**

Futuro:	**Condicional:**
(Bello: Futuro)	*(Bello: Pospretérito)*
	(Alarcos: Potencial)
cabré	**cabría**
cabrás	**cabrías**
cabrá	**cabría**
cabremos	**cabríamos**
cabréis	**cabríais**
cabrán	**cabrían**

Presente:	Pretérito imperfecto:
(Bello: Presente)	*(Bello: Pretérito)*
quepa	cupiera o cupiese
quepas	cupieras o cupieses
quepa	cupiera o cupiese
quepamos	cupiéramos o cupiésemos
quepáis	cupierais o cupieseis
quepan	cupieran o cupiesen

Modo imperativo

cabe tú

quepa Ud.

quepamos nosotros

cabed vosotros

quepan Uds.

Modelo: saber

Formas no personales:

Simples:

Infinitivo	saber
Gerundio	sabiendo
Participio	sabido

Formas personales:

Modo indicativo

Tiempos simples:

Presente:

(Bello: Presente)

Yo	**sé**
Tú	sabes
Él/ella/Ud.	sabe

Nosotros   sabemos

Vosotros   sabéis

Ellos/ellas/Uds.   saben

Pretérito imperfecto:	**Pretérito perfecto simple:**
(Bello: Copretérito)	*(Bello: Pretérito)*
	(RAE también: Pretérito indefinido)
sabía	supe
sabías	supiste
sabía	supo
sabíamos	supimos
sabíais	supisteis
sabían	supieron

Futuro:	**Condicional:**
(Bello: Futuro)	*(Bello: Pospretérito)*
	(Alarcos: Potencial)
sabré	sabría
sabrás	sabrías
sabrá	sabría
sabremos	sabríamos
sabréis	sabríais
sabrán	sabrían

Modo subjuntivo

Presente:	**Pretérito imperfecto:**
(Bello: Presente)	*(Bello: Pretérito)*
sepa	supiera o supiese
sepas	supieras o supieses
sepa	supiera o supiese
sepamos	supiéramos o supiésemos
sepáis	supierais o supieseis
sepan	supieran o supiesen

Modo imperativo

sabe tú

sepa Ud.

sepamos nosotros

sabed vosotros

sepan Uds.

Verbos con variación *-ío~io.*

Los verbos terminados en **-iar** usan dos acentuaciones distintas en sus conjugaciones. Hay verbos que acentúan la -í- de la 1ª p. sg. y la 3ª p. pl. de los presentes de indicativo y de subjuntivo y del singular del imperativo, mientras otros diptongan dichas formas. Por ejemplo:

Modelo: *criar*

Formas personales:

Modo indicativo

Tiempos simples:
Presente:
(Bello: Presente)

Yo	crío
Tú	crías
Él/ella/Ud.	cría
Nosotros	criamos
Vosotros	criáis
Ellos/ellas/Uds.	crían

Modo subjuntivo

Presente:
(Bello: Presente)

críe

críes

críe

criemos

criéis

críen

cría tú

críe Ud.

criemos nosotros

criad vosotros

críen Uds.

Verbos que siguen el mismo modelo que **criar:**

agriar	desafiar	extasiarse	radiografiar
aliar	descarriar	extraviar	recriar
ampliar	desliar	fiar	repatriar
ansiar	desvariar	fotografiar	resfriarse
arriar	desviar	guiar	rociar
ataviar	enfriar	hastiar	telegrafiar
averiar	enviar	inventariar	vaciar
aviar	espiar	liar	variar
chirriar	esquiar	malcriar	vidriar
confiar	estriar	piar	
contrariar	expatriar	porfiar	

Verbos del tipo -io-.

Los siguientes verbos no siguen la ruptura de diptongo de los verbos anteriores. Por ejemplo:

Modelo: abreviar

Presente de indicativo:

abrevio

abrevias

abrevia

abreviamos

abreviáis

abrevian

Otros verbos del mismo modelo son:

acariciar	compendiar	enviciar	negociar
acopiar	conciliar	envidiar	noticiar
acuciar	conferenciar	escanciar	obsequiar
afiliar	congeniar	espaciar	obviar
agenciar	congraciar	estudiar	odiar
agobiar	contagiar	evidenciar	oficiar
agraviar	copiar	exiliar	paliar
agremiar	custodiar	expoliar	parodiar
ajusticiar	denunciar	expropiar	plagiar
aliviar	depreciar	fastidiar	potenciar
anestesiar	desagraviar	feriar	preciar
angustiar	desahuciar	fotocopiar	premiar
anunciar	desgraciar	hipertrofiarse	presagiar
apreciar	desperdiciar	historiar	presenciar
apremiar	despreciar	incendiar	principiar
apropiar	desprestigiar	incordiar	privilegiar
arreciar	desquiciar	ingeniar	promediar
asalariar	diferenciar	iniciar	pronunciar
asediar	disociar	injuriar	propiciar
asfixiar	distanciar	insidiar	rabiar
asociar	divorciar	intermediar	radiar
atrofiar	elogiar	irradiar	reconciliar
auspiciar	encomiar	licenciar	refugiar
auxiliar	endemoniar	lidiar	remediar
beneficiar	engraciar	limpiar	renunciar
calumniar	enjuiciar	lisiar	reverenciar
cambiar	ensuciar	maliciar	rumiar
codiciar	entibiar	mediar	saciar
columpiar	enturbiar	menospreciar	sentenciar
comerciar	enunciar	mustiarse	silenciar

sitiar	tapiar	testimoniar	vendimiar
su(b)stanciar	terciar	vanagloriar	viciar
sumariar			

*Variación en **-úo~uo**.*

Los verbos terminados en **-guar** diptongan, pero el resto de los verbos terminados en **-uar,** precedidos por una consonante que no sea **g-** tienen hiato. Por ejemplo:

Modelo: averiguar

Presente de indicativo:

averiguo

averiguas

averigua

averiguamos

averiguáis

averiguan

Otros verbos que siguen el mismo esquema son:

amortiguar

apaciguar

atestiguar

desaguar

fraguar

santiguar

(El verbo **apropincuar,** de raro uso, también diptonga.)

Los demas verbos presentan ruptura de diptongo en todas sus formas:

Modelo: graduar

Presente de indicativo:

gradúo

gradúas

gradúa

graduamos

graduáis

gradúan

Otros verbos del mismo tipo son:

acentuar	evaluar	insinuar	puntuar
actuar	exceptuar	licuar	tatuar
atenuar	habituar	menstruar	usufructuar
desvirtuar	individuar	perpetuar	

*Verbos con variación **a~aig**.*

Modelo: *caer*

Formas no personales:
Simples:

Infinitivo	caer
Gerundio	**cayendo**
Participio	caído

Formas personales:

Modo indicativo

Tiempos simples:
Presente:
(Bello: Presente)

Yo	**caigo**
Tú	caes
Él/ella/Ud.	cae
Nosotros	caemos
Vosotros	caéis
Ellos/ellas/Uds.	caen

Pretérito imperfecto:	**Pretérito perfecto simple:**
(Bello: Copretérito)	*(Bello: Pretérito)*
	(RAE también: Pretérito indefinido)
caía	caí
caías	caíste
caía	**cayó**
caíamos	caímos
caíais	caísteis
caían	**cayeron**

Futuro:

(Bello: Futuro)

caeré

caerás

caerá

caeremos

caeréis

caerán

Condicional:

(Bello: Pospretérito)

(Alarcos: Potencial)

caería

caerías

caería

caeríamos

caeríais

caerían

Modo subjuntivo

Presente:

(Bello: Presente)

caiga

caigas

caiga

caigamos

caigáis

caigan

Pretérito imperfecto:

(Bello: Pretérito)

cayera o **cayese**

cayeras o **cayeses**

cayera o **cayese**

cayéramos o **cayésemos**

cayerais o **cayeseis**

cayeran o **cayesen**

Modo imperativo

cae tú

caiga Ud.

caigamos nosotros

caed vosotros

caigan Uds.

Otros verbos que siguen esta conjugación son:

abstraer	decaer	extraer	retrotraer
atraer	detraer	recaer	su(b)straer
contraer	distraer	retraer	traer

Los verbos **dar, estar, ir** y **ver** (junto a sus compuestos como **entrever** y **prever**) contienen varias irregularidades. A continuación se incluyen sus conjugaciones.

Conjugación de dar

Formas no personales:

Simples:

Infinitivo	dar
Gerundio	dando
Participio	dado

Formas personales:

Modo indicativo

Tiempos simples:

Presente:

(Bello: Presente)

Yo	**doy**
Tú	das
Él/ella/Ud.	da
Nosotros	damos
Vosotros	dais
Ellos/ellas/Uds.	dan

Pretérito imperfecto:	**Pretérito perfecto simple:**
(Bello: Copretérito)	*(Bello: Pretérito)*
	(RAE también: Pretérito indefinido)
daba	**di**
dabas	**diste**
daba	**dio**
dábamos	**dimos**
dabais	**disteis**
daban	**dieron**

Futuro:

(Bello: Futuro)

daré

darás

dará

daremos

daréis

darán

Presente:

(Bello: Presente)

dé

des

dé

demos

deis

den

da tú

dé Ud.

demos nosotros

dad vosotros

den Uds.

Condicional:

(Bello: Pospretérito)

(Alarcos: Potencial)

daría

darías

daría

daríamos

daríais

darían

Modo subjuntivo

Pretérito imperfecto:

(Bello: Pretérito)

diera o **diese**

dieras o **dieses**

diera o **diese**

diéramos o **diésemos**

dierais o **dieseis**

dieran o **diesen**

Modo imperativo

estar

Formas no personales:

Simples:

Infinitivo	estar
Gerundio	estando
Participio	estado

Formas personales:

Modo indicativo

Tiempos simples:

Presente:

(Bello: Presente)

Yo	**estoy**
Tú	estás
Él/ella/Ud.	está
Nosotros	estamos
Vosotros	estáis
Ellos/ellas/Uds.	están

Pretérito imperfecto:	**Pretérito perfecto simple:**
(Bello: Copretérito)	*(Bello: Pretérito)*
	(RAE también: Pretérito indefinido)
estaba	estuve
estabas	estuviste
estaba	estuvo
estábamos	estuvimos
estabais	estuvisteis
estaban	estuvieron

Futuro:	**Condicional:**
(Bello: Futuro)	*(Bello: Pospretérito)*
	(Alarcos: Potencial)
estaré	estaría
estarás	estarías
estará	estaría
estaremos	estaríamos
estaréis	estaríais
estarán	estarían

Presente:

(Bello: Presente)

esté

estés

esté

estemos

estéis

estén

está tú

esté Ud.

estemos nosotros

estad vosotros

estén Uds.

Modo subjuntivo

Pretérito imperfecto:

(Bello: Pretérito)

estuviera o estuviese

estuvieras o estuvieses

estuviera o estuviese

estuviéramos o estuviésemos

estuvierais o estuvieseis

estuvieran o estuviesen

Modo imperativo

ir

Formas no personales:

Simples:

Infinitivo	ir
Gerundio	**yendo**
Participio	ido

Formas personales:

Modo indicativo

Tiempos simples:

Presente:

(Bello: Presente)

Yo	**voy**
Tú	**vas**
Él/ella/Ud.	**va**

Nosotros	**vamos**
Vosotros	**vais**
Ellos/ellas/Uds.	**van**

Pretérito imperfecto:	**Pretérito perfecto simple:**
(Bello: Copretérito)	*(Bello: Pretérito)*
	(RAE también: Pretérito indefinido)
iba	**fui**
ibas	**fuiste**
iba	**fue**
íbamos	**fuimos**
ibais	**fuisteis**
iban	**fueron**

Futuro:	**Condicional:**
(Bello: Futuro)	*(Bello: Pospretérito)*
	(Alarcos: Potencial)
iré	iría
irás	iríais
irá	iría
iremos	iríamos
iréis	iríais
irán	irían

Modo subjuntivo

Presente:	**Pretérito imperfecto:**
(Bello: Presente)	*(Bello: Pretérito)*
vaya	**fuera** o **fuese**
vayas	**fueras** o **fueses**
vaya	**fuera** o **fuese**
vayamos	**fuéramos** o **fuésemos**
vayáis	**fuerais** o **fueseis**
vayan	**fueran** o **fuesen**

ve tú

vaya Ud.

vayamos nosotros

id vosotros

vayan Uds.

ver

Formas no personales:
Simples:

Infinitivo   ver

Gerundio   viendo

Participio   **visto**

Formas personales:

Modo indicativo

Tiempos simples:
Presente:
(Bello: Presente)

Yo   **veo**

Tú   ves

Él/ella/Ud.   ve

Nosotros   vemos

Vosotros   veis

Ellos/ellas/Uds.   ven

Pretérito imperfecto:	**Pretérito perfecto simple:**
(Bello: Copretérito)	*(Bello: Pretérito)*
	(RAE también: Pretérito indefinido)
veía	vi
veías	viste
veía	vio

veíamos	vimos
veíais	visteis
veían	vieron

Futuro:	**Condicional:**
(Bello: Futuro)	*(Bello: Pospretérito)*
	(Alarcos: Potencial)
veré	vería
verás	verías
verá	vería
veremos	veríamos
veréis	veríais
verán	verían

Modo subjuntivo

Presente:	**Pretérito imperfecto:**
(Bello: Presente)	*(Bello: Pretérito)*
vea	viera o viese
veas	vieras o vieses
vea	viera o viese
veamos	viéramos o viésemos
veáis	vierais o vieseis
vean	vieran o viesen

Modo imperativo

ve tú

vea Ud.

veamos nosotros

ved vosotros

vean Uds.

El verbo **proveer,** compuesto de **ver,** no reduce las vocales **ee > e** como **ver** y sus otros compuestos:

proveer

Formas no personales:

Simples:

Infinitivo   proveer

Gerundio   **proveyendo**

Participio   proveído o **provisto**

Formas personales:

Modo indicativo

Tiempos simples:

Presente:

(Bello: Presente)

Yo	proveo
Tú	provees
Él/ella/Ud.	provee
Nosotros	proveemos
Vosotros	proveéis
Ellos/ellas/Uds.	proveen

Pretérito imperfecto:	**Pretérito perfecto simple:**
(Bello: Copretérito)	*(Bello: Pretérito)*
	(RAE también: Pretérito indefinido)
proveía	proveí
proveías	proveiste
proveía	**proveyó**
proveíamos	proveímos
proveíais	proveísteis
proveían	**proveyeron**

Futuro:

(Bello: Futuro)

proveeré

proveerás

proveerá

proveeremos

proveeréis

proveerán

Condicional:

(Bello: Pospretérito)

(Alarcos: Potencial)

proveería

proveerías

proveería

proveeríamos

proveeríais

proveerían

Modo subjuntivo

Presente:

(Bello: Presente)

provea

proveas

provea

proveamos

proveáis

provean

Pretérito imperfecto:

(Bello: Pretérito)

proveyera o **proveyese**

proveyeras o **proveyeses**

proveyera o **proveyese**

proveyéramos o **proveyésemos**

proveyerais o **proveyeseis**

proveyeran o **proveyesen**

Modo imperativo

provee tú

provea Ud.

proveamos nosotros

proveed vosotros

provean Uds.

Imperativos singulares apocopados (forma **tú**):

decir: **di**

hacer: **haz**

poner: **pon**

salir: **sal**

tener: **ten**

venir: **ven**

Futuros y condicionales irregulares. Los siguientes verbos y sus compuestos forman el futuro y el condicional con formas irregulares. A continuación se incluyen las primeras personas del singular de esos verbos.

caber: **cabré, cabría**

haber: **habré, habría**

hacer: **haré, haría**

poder: **podré, podría**

poner: **pondré, pondría**

querer: **querré, querría**

saber: **sabré, sabría**

salir: **saldré, saldría**

tener: **tendré, tendría**

valer: **valdré, valdría**

venir: **vendré, vendría**

Perfectos irregulares. Los siguientes verbos emplean perfectos irregulares, así como pretéritos imperfectos de subjuntivo y futuros de subjuntivo irregulares, basados estos últimos en las formas del pretérito perfecto simple. Téngase en cuenta que los compuestos de los verbos también siguen el mismo modelo. Por ejemplo: **aducir, deducir, inducir, introducir, producir, reducir, seducir, traducir** se conjugan como **conducir; deshacer** como **hacer; componer** como **poner; atraer** como **traer**, etc.

andar: anduve, anduviste, anduvo, anduvimos, anduvisteis, anduvieron

caber: cupe, cupiste, cupo, cupimos, cupisteis, cupieron

conducir: conduje, condujiste, condujo, condujimos, condujisteis, condujeron

decir: dije, dijiste, dijo, dijimos, dijisteis, dijeron

estar: estuve, estuviste, estuvo, estuvimos, estuvisteis, estuvieron

haber: hube, hubiste, hubo, hubieron, hubisteis, hubieron

hacer: hice, hiciste, hizo, hicimos, hicisteis, hicieron

poder: pude, pudiste, pudo, pudimos, pudisteis, pudieron

poner: puse, pusiste, puso, pusimos, pusisteis, pusieron

querer: quise, quisiste, quiso, quisimos, quisisteis, quisieron

responder (regular): respondí, respondiste, respondió, respondimos, respondisteis, respondieron

responder (irregular): repuse, repusiste, repuso, repusimos, repusisteis, repusieron

La forma irregular está hoy en desuso.

saber: supe, supiste, supo, supimos, supisteis, supieron

tener: tuve, tuviste, tuvo, tuvimos, tuvisteis, tuvieron

traer: traje, trajiste, trajo, trajimos, trajisteis, trajeron

venir: vine, viniste, vino, vinimos, vinisteis, vinieron

Participios pasados irregulares.

Algunos participios pasados coinciden con los respectivos adjetivos; aunque otros participios son regulares, pero sus correspondientes adjetivos son fuertes o irregulares. A continuación, los participios se presentan con la forma correspondiente del auxiliar **haber,** mientras los adjetivos van precedidos del verbo **estar,** para mostrar su función adjetival, y del verbo **ser,** para ilustrar su uso con la voz pasiva.

Infinitivo	*Pret. perf, comp.*	*Part. pas. con valor adjetival*	*Voz pasiva*
abrir	Ha abierto	Está abierto	Es abierto por. . .
absolver	Ha absuelto	Está absuelto	Es absuelto por. . .
abstraer	Ha abstraído	Está abstraído~abstracto	Es abstraído por. . .
atender	Ha atendido a	Está atendido~atento	Es atendido por. . .
bendecir	Ha bendecido	Está bendecido~bendito	Es bendecido por. . .
circuncidar	Ha circuncidado	Está circunciso	Es circuncidado por. . .
compeler	Ha compelido	Está compulso	Es compelido por. . .
concluir	Ha concluido	Está concluido~concluso	Es concluido por. . .
confesar	Ha confesado	Está confesado~confeso	Es confesado por. . .
confundir	Ha confundido	Está confundido~confuso	Es confundido por. . .
contundir	Ha contundido	Está contuso	Es contundido por. . .
corregir	Ha corregido	Está corregido~correcto	Es corregido por. . .
corromper	Ha corrompido	Está corrompido~corrupto	Es corrompido por. . .
cubrir	Ha cubierto	Está cubierto	Es cubierto por. . .
decir	Ha dicho	Está dicho	Es dicho por. . .
despertar	Ha despertado	Está despierto	Es despertado por. . .
difundir	Ha difundido	Está difundido~difuso	Es difundido por. . .
elegir	Ha elegido	Está elegido~electo	Es elegido por. . .
escribir	Ha escrito	Está escrito	Es escrito por. . .
eximir	Ha eximido	Está exento	Es eximido por. . .
expresar	Ha expresado	Está expresado~expreso	Es expresado por. . .
extender	Ha extendido	Está extendido~extenso	Es extendido por. . .
extinguir	Ha extinguido	Está extinguido~extinto	Es extinguido por. . .

fijar	Ha fijado	Está fijado~fijo	Es fijado por. . .
freír	Ha freído~frito	Está frito	Es freído~frito por. . .
hacer	Ha hecho	Está hecho	Es hecho por. . .
hartar	Ha hartado	Está harto	Es hartado por. . .
imprimir	Ha imprimido	Está impreso	Es imprimido por. . .
insertar	Ha insertado	Está insertado~inserto	Es insertado por. . .
juntar	Ha juntado	Está junto	Es juntado por. . .
maldecir	Ha maldecido	Está maldecido~maldito	Es maldecido por. . .
manifestar	Ha manifestado	Está manifiesto	Es manifestado por. . .
morir	Ha muerto	Está muerto	—
poner	Ha puesto	Está puesto	Es puesto por. . .
poseer	Ha poseído	Está poseído~poseso	Es poseído por. . .
prender	Ha prendido	Está prendido~preso	Es preso por. . .
presumir	Ha presumido	Está presunto	—
propender	Ha propendido	Está propenso	—
proveer	Ha proveído	Está provisto	Es proveído por. . .
recluir	Ha recluido	Está recluido~recluso	Es recluido por. . .
resolver	Ha resuelto	Está resuelto	Es resuelto por. . .
romper	Ha roto	Está roto	Es roto por. . .
soltar	Ha soltado	Está suelto	Es soltado por. . .
sujetar	Ha sujetado	Está sujeto	Es sujetado por. . .
suspender	Ha suspendido	Está suspendido~suspenso	Es suspendido por. . .
torcer	Ha torcido	Está torcido~tuerto	Es torcido por. . .
ver	Ha visto	Está visto	Es visto por. . .
volver	Ha vuelto	Está vuelto	Es vuelto por. . .

Hay participios pasados que han caído en desuso como:

compreso < comprimir	excluso < excluir	infuso < infundir
consunto < consumir	expulso < expeler	injerto < injertar
converso < convertir	extenso < extender	inverso < invertir
convicto < convencer	incluso < incluir	opreso < oprimir
diviso < dividir	incurso < incurrir	paso < pasar

pretenso < pretender	sepulto < sepultar	sustituto < sustituir	tinto < teñir
salvo < salvar	supreso < suprimir		

cuyos participios pasados son ahora regulares. Por ejemplo: **convertido, extendido, invertido,** etc. Otros participios deben explicarse por su diferente significado, ya sean regulares o irregulares. "Por ejemplo:

atender	Ha atendido a	Está atendido~atento	Es atendido por. . .

"Él está atendido" significa que alguien cuida de él, mientras "Él está atento" significa que presta atención.

confesar	Ha confesado	Está confesado~confeso	Es confesado por. . .

En "Está confesado" nos referimos a la condición de aquél que ha confesado sus pecados, mientras en "está confeso" el sentido es de aquél que ha confesado sus culpas o delito.

corregir	Ha corregido	Está corregido~correcto	Es corregido por. . .

"Corregido" significa 'enmendado', mientras "correcto" es algo 'libre de errores'

difundir	Ha difundido	Está difundido~difuso	Es difundido por. . .

Aunque "difundido" tiene el sentido de 'divulgado', "difuso" es más bien 'dilatado'.

enjugar	Ha enjugado	Está enjugado~enjuto	Es enjugado por. . .

"Enjuto" ha cobrado un significado distinto al de "enjugado", 'seco'. "Enjuto" significa en la actualidad 'delgado'.

prender	Ha prendido	Está prendido~preso	Es preso por. . .

"Está prendido" significa que algo 'está sujeto', pero "está preso" se refiere a alguien 'privado de libertad'.

Los participios *elegido-electo expresado-expreso, extinguido-extinto y fijado-fijo* tienen un significado cercano en sus respectivos dobletes, aunque no de exacta correspondencia:

"Elegido" 'que ha sido escogido'

"Electo" 'que todavía no ha tomado posesión del cargo'

"Expresado" 'mencionado'

"Expreso" 'claramente especificado'

"Extinguido" 'terminado', 'apagado'

"Extinto" 'muerto', 'desaparecido'

"Fijado" 'firme, asegurado'

"Fijo" 'firme, asegurado' y también 'permanente'

Finalmente, hay dobletes sin aparente diferencia semántica que se usan indistintamente, según la preferencia de los hablantes: Por ejemplo "El cable está torcido~tuerto", "el agua está bendecida~bendita", "el sistema está corrompido~corrupto".

Clave de respuestas

Capítulo 1

I. El presente de indicativo

Ejercicio A: 1. voy 2. conozco 3. tengo 4. estoy 5. quepo

Ejercicio B: 1. tengo 2. estudio 3. aprendemos 4. dice 5. debemos 6. creo 7. voy 8. conozco 9. sé 10. tengo 11. dicen 12. cabemos 13. creo 14. quepo 15. prefiero 16. está

Ejercicio C: Respuesta libre

Ejercicio D: Respuesta libre

II. Los adjetivos

Ejercicio A:

1. Adjetivos precedidos por el verbo "ser": "Sería exagerado", "Es hostil".

2. Adjetivos determinativos: su nombre, estas preferencias, nuestra relación, su literatura, esa literatura, ciertas páginas, esas páginas, algún instante, su perversa costumbre, todas las cosas, su ser, sus libros, muchos otros, esos juegos, otras cosas, mi vida, esta página.

3. Adjetivos calificativos: diccionario biográfico, páginas válidas, laborioso rasgueo.

Ejercicio B: Respuesta libre

Ejercicio C: Respuesta libre

Ejercicio D: Respuesta libre

Ejercicio E: Respuesta libre

Capítulo 2

I. Ser y estar

Ejercicio A: Respuesta libre

Ejercicio B:

1. Mi casa está en el edificio H.
2. La clase de español es en el aula.
3. El auto de mis padres está en el garage.
4. La Casa Blanca está en Washington.
5. La película es en el cine/está en el cajón/está en el archivo/está en la mesa.
6. La biblioteca está en Washington/está en el edificio H.
7. La fiesta es al aire libre.

8. El concierto es en el teratro/es al aire libre.

9. La entrevista es en el teatro/es en el edificio H/es en Washington/es en el aula.

   Los libros están en la mesa.

Ejercicio C:

1a. La reunión ocurre en mi casa.

  b. La comida se encuentra en mi casa.

2a. Es de estatura elevada. Ésa es su característica.

  b. La encuentro alta ahora. Tal vez creció.

3a. Se encontraba en ruinas.

  b. Lo destruyeron.

4a. Tiene un sabor muy bueno. Ésa es su condición.

  b. Ése es su carácter.

5a. Ésa es su profesión.

  b. Por el momento ejerce ese trabajo.

6a. Se encuentra aburrido en este momento.

  b. Es una persona aburrida.

Ejercicio D: Respuesta libre

II. Las comparaciones

Ejercicio A: 1. más 2. que 3. de 4. tantas 5. como 6. más 7. que 8. tan 9. como 10. más 11. más 12. que

Ejercicio B: Respuesta libre

Ejercicio C: Respuesta libre

Ejercicio D: Respuesta libre

Ejercicio E: Respuesta libre

Ejercicio F: Respuesta libre

Capítulo 3

I. Los adverbios

Ejercicio A: 1. recién 2. muy 3. pronto 4. como 5. inteligiblemente 6. nunca 7. tampoco 8. cerca 9. poco 10. dentro

Ejercicio B: Respuesta libre

Ejercicio C: Respuesta libre

Ejercicio D: Respuesta libre

Ejercicio E: Respuesta libre

Ejercicio F: Respuesta libre

Ejercicio G: Respuesta libre

II. *Los pronombres reflexivos*

Ejercicio A: 1. me desperté 2. me levanté 3. me duché 4. me lavé 5. me comuniqué 6. me reuní 7. me quejé 8. me senté 9. me acordé 10. me quedé 11. me acosté 12. me dormí

Ejercicio B: 1. se despertó 2. se levantó 3. se duchó 4. se lavó 5. se comunicó 6. se reunió 7. se quejó 8. se sentó 9. se acordó 10. se quedó 11. se acostó 12. se durmió

Ejercicio C: Respuesta libre

Ejercicio D: Respuesta libre

Ejercicio E: Respuesta libre

Capítulo 4

I. *Pretérito e imperfecto*

Ejercicio A: 1. got lost: círculo 2. she came: círculo 3. lived: línea 4. went inside: círculo 5. walked: círculo 6. saw: círculo 7. lived: línea 8. ate: círculo 9. sat: círculo 10. felt: círculo 11. went to sleep: círculo 12. slept: círculo 13. came back: círculo

Ejercicio B: 1. vivía: línea 2. llamaba: línea 3. dormía: línea 4. tenía: línea 5. tenía: línea 6. vino: círculo 7. anunció: círculo 8. quería: línea 9. se prepararon: círculo 10. sabía: línea 11. no podía: línea 12. faltaba: línea 13. apareció: círculo 14. llevaba: línea 15. dio: círculo 16. eran: línea 17. salió: círculo

Ejercicio C: 1. me dijo 2. me puse 3. hice 4. anduve 5. fui 6. tuve 7. me sentí 8. comencé 9. me di cuenta 10. pude

Ejercicio D: 1. Cada vez que **regresaba** a mi pueblo **solía** hacer lo mismo: Primero **paseaba** lentamente por la alameda que lleva a la entrada de la población. 2. **Miraba** las huertas, las colinas y las casas. 3. Siempre **notaba** algún cambio en el paisaje. 4. Aquí **había** unos nuevos postes eléctricos, allí **estaban** construyendo un nuevo edificio. 5. En esta pared siempre **ponían** carteles de propaganda política, el río **parecía** tener menos peces. 6. Luego **pasaba** al centro del pueblo y **empezaba** a saludar a aquéllos que aún **se acordaban** de mí. 7. **Era** agradable detenerse y charlar con viejos amigos. 8. **Recordábamos** nuestra niñez en la escuela y casi siempre **decíamos** que los tiempos **eran** distintos y que ya no se **vivía** como antes. 9. Más tarde, **entraba** a un restaurante y **pedía** un refresco. 10. A continuación **almorzaba** y **probaba** los platos típicos de mi tierra. 11. !Qué sabrosa **sabía** la comida! 12. En seguida el aroma me **traía** a la mente los olores y sabores que casi **había** olvidado . . .

Ejercicio E: Respuesta libre

Ejercicio F: Respuesta libre

II. Los usos de "se"

Ejercicio A:

1. se lavan: pasiva 2. se les echa: impersonal/pasiva

3. se sitúa: impersonal/pasiva 4. se agrega: impersonal/pasiva

5. se pone: impersonal/pasiva 6. se dore: reflexiva

7. se agrega: impersonal/pasiva 8. se haya dorado: reflexiva

9. se meten: pasiva 10. se desea: impersonal/pasiva

11. se mete: impersonal/pasiva 12. se remueve: impersonal/pasiva

13. se echa: impersonal/pasiva 14. se cubre: impersonal/pasiva

15. se echan: pasiva 16. se añade: impersonal/pasiva

17. se cubre: impersonal/pasiva 18. se queme: reflexiva

19. se saca: impersonal/pasiva 20. se deja: impersonal/pasiva

21. se evitará: impersonal/pasiva 22. se engrumezca: reflexiva

23. sírvase: impersonal/pasiva

Ejercicio B: Respuesta libre

Ejercicio C: Respuesta libre

Ejercicio D: 1b. ¡No te la bebas!: "te" incremento, "la" complemento directo. 1c. ¡No te me la bebas!: "te" incremento", "me" interés, "la" complemento directo. 2b. ¡No te me vayas!: "te" incremento, "me" interés.

Capítulo 5

I. Los pronombres

Ejercicio A: 1. Ella se lo regaló. 2. Ellas se los trajeron. 3. Ellas se lo trajeron. 4. Él se lo da. 5. Ellos me lo prestaron. 6. Ellos se la robaron. 7. Él se la sacará 8. Ella te lo ha cortado muy bien. 9. Ellos no me la dijeron. 10. Ellos se la cantarán el día de su cumpleaños.

Ejercicio B: 1. Ella se lo contará. 2. Ellos se los marcarán. 3. Él se la pela 4. Ella se las dedicó. 5. Él se las cargó. 6. Ella se la enseña. 7. Ellos se los mostrarán. 8. Ellos no siempre se las resuelven. 9. Él se lo otorgó. 10. Ellas me los grabarán.

Ejercicio C: "Te" complemento indirecto, "la" complemento directo "lo" complemento directo, "me" complemento indirecto, "lo" complemento directo.

II. Los pronombres preposicionales

Ejercicio A: 1. Ella sale conmigo. 2. Estudio contigo. 3. Hablamos con ellos. 4. Traen el almuerzo consigo.

Ejercicio B: 1. Todo lo que tengo es para/por ti. 2. Pienso para mí. 3. Ella trabajó para/por mí. 4. Decidiremos por ti. 5. Ella no sabe nada de/por ellos.

Ejercicio C: Respuesta libre.

Ejercicio D: 1. mía 2. nuestros 3. mi 4. mis 5. sus 6. mis 7. su 8. mi

Ejercicio E. Respuesta libre.

Capítulo 6

I. El futuro

Ejercicio A: 1. iré 2. Tendré 3. me pondré 4. saldré 5. cabrán 6. habré 7. querrán 8. podré 9. haré 10. saldré 11. me dirán 12. sabré 13. vendrá

Ejercicio B: 1. Voy a estudiar para ingeniero. 2. Voy a vivir en casa de mis padres. 3. Vamos a comprar una impresora. 4. Voy a montar en mi bicicleta para ir a las clases. 5. Voy a sacar buenas notas en cada curso.

Ejercicio C: 1. Hablará italiano. 2. ¿Cuántos dormitorios tendrá? 3. Tendrán razón porque tienen más experiencia que nosotros. 4. Costarán un dineral. 5. Será el agente de bienes raíces.

II. El condicional

Ejercicio A: 1. encontrarían 2. habría 3. gustaría 4. cocinarían 5. llevaría 6. traería

Ejercicio B: Respuesta libre

Ejercicio C: Respuesta libre

Ejercicio D: Respuesta libre

III. Voz pasiva con "se"

Ejercicio A: 1. Se cree que el clima está cambiando. 2. Se dice que cada vez hace más calor. 3. Se opina que la causa es el deterioro de la capa del ozono. 4. Se asegura que podemos disminuir el peligro con medidas ambientales. 5. No obstante, se explica la situación como uno de los muchos ciclos naturales que el planeta experimenta. 6. Se sabe que la tierra ha experimentado épocas glaciales y épocas muy cálidas. 7. Tal vez uno no se deba preocupar demasiado. 8. Se piensa que el mundo está en peligro. 9. Por otra parte, se asegura que no hay nada que temer. 10. Se presiente que los seres humanos debemos colaborar con la conservación del medio ambiente, pero tampoco debemos angustiarnos con este tema. 11. Seguramente, no se verá el resultado, pues un cambio en la situación ambiental puede durar siglos.

Ejercicio B: Respuesta libre

Ejercicio C: Respuesta libre

Capítulo 7

I. Uso del subjuntivo

Ejercicio A: Respuesta libre

Ejercicio B: Respuesta libre

Ejercicio C: 1. dieran/diesen 2. vinieras/vinieses 3. hiciera/hiciese 4. trajera/trajese 5. dijeran/dijesen 6. buscara/buscase 7. ayudara/ayudase 8. llevara/llevase 9. bajáramos/bajásemos 10. supiéramos/supiésemos

Ejercicio D: 1. recibieras/recibieses 2. fuera/fuese 3. pusiera/pusiese 4. haya salido 5. apoyan/apoyaron 6. decidamos

Ejercicio E: 1. compusiera/compusiese 2. conduce 3. compraran/comprasen 4. sea 5. tuviera/tuviese 6. pongan/pusieran/pusiesen

Ejercicio F: Respuesta libre

Capítulo 8

I. El subjuntivo con conjunciones

Ejercicio A: 1. llegue 2. cambie 3. termine 4. te vayas 5. pague

Ejercicio B: Respuesta libre

Ejercicio C: 1. va 2. llueva 3. durará 4. guste 5. pasar

Ejercicio D: Respuesta libre

II. Subjuntivo—indicativo

Ejercicio A: 1. llegue 2. espero 3. esté 4. buscan 5. sepa 6. hagan 7. sé 8. vivan 9. comprobaran/comprobasen 10. pague 11. pudieran/pudiesen 12. termine 13. diera/diese 14. tuviera/tuviese 15. digan

Ejercicio B: Respuesta libre

Capítulo 9

I. Los pronombres relativos

Ejercicio A:

"¿Cómo?" adverbio interrogativo

"como" 1ª persona del singular del presente de indicativo del verbo "comer"

"Como" 1ª persona del singular del presente de indicativo del verbo "comer" "como" adverbio de modo

"como" 1ª persona del singular del presente de indicativo del verbo "comer"

Ejercicio B: 1. la que/quien/la cual 2. cuyos 3. lo cual/lo que 4. quien/quienes 5. que/quien/el que/el cual/ 6. quien/quienes 7. lo cual/lo que

Ejercicio C: 1. que 2. quien 3. Quién 4. Quien/El que 5. El que/Quien 6. quien 7. El que/Quien 8. lo que 9. Quien/El que 10. Quien/El que. . . .quien/el que

Capítulo 10

I. Las preposiciones

Ejercicio A: 1. para 2. para 3. por 4. por 5. por 6. por 7. por 8. para 9. por 10. por

Ejercicio B: 1. por 2. para 3. por 4. para 5. por 6. para 7. a/en 8. de 9. para 10. a

Ejercicio C: 1. de 2. hacia 3. a 4. para 5. a 6. desde 7. tras/después de 8. por 9. para 10. en 11. de 12. por 13. de 14. en 15. a 16. por 17. para 18. en 19. entre 20. por 21. en 22. en 23. Ante/Delante de/Frente a 24. con 25. de 26. a 27. según 28. hacia

Capítulo 11

I. Los imperativos

Ejercicio A:

1. Sí, pónmelo./No, no me lo pongas.

2. Sí, sal y cómpramelo./No, no salgas y no me lo compres.

3. Sí, ven conmigo./No, no vengas conmigo.

4. Sí, tráigame algo más./No, no me traiga nada más.

5. Sí, hágamelo./No, no me lo haga.

6. Sí, bailemos esta noche./No, no bailemos esta noche.

7. Sí, espérame en la puerta./No, no me esperes en la puerta.

8. Sí, prepárenos algo más./No, no nos prepare nada más.

9. Sí, dísela./No, no se la digas.

Ejercicio B: 1. ve 2. sal 3. acuérdate de 4. paga 5. vuelve 6. lleva 7. pide 8. escribe 9. di 10. pregunta

Ejercicio C: 1. vayan 2. estacionen 3. sálganse 4. no esperen 5. tuerzan 6. entren 7. no tomen 8. siéntense 9. no se desvíen 10. pidan

Capítulo 12

I. Los verbos compuestos

Ejercicio A: 1. estado 2. encendido 3. visto 4. puesto 5. cubierto 6. abierto 7. dicho 8. existido 9. imaginado 10. vuelto

Ejercicio B: 1. hubiera/hubiese. . . . habría/hubiera 2. haber . . . ha 3. preparados . . . firmado 4. terminara/terminase . . . darían 5. visitaría . . . avisaran 6. tienen 7. he . . . ha. . . ha/has/han

II. Verbos del tipo gustar

Ejercicio A: 1. gusto: sustantivo 2. gustase: 3ª p. sg. imperfecto de subjuntivo 3. gusto: sustantivo 4. gusta: 3ª p. sg. presente de indicativo 5. gusto: sustantivo 6. gusto: sustantivo 7. gusta: 3ª p. sg. presente de indicativo 8. gusto: sustantivo 9. gusta: 3ª p. sg. presente de indicativo 10. gusto: sustantivo

Ejercicio B: Respuesta libre

Ejercicio C: 1. Le molesta el ruido. 2. Les encanta bailar tango. 3. Le duele la rodilla. 4. Me cae bien el profesor de inglés. 5. Nos quedan dos años para graduarnos. 6. Le hace falta un buen diccionario de español. 7. Me asustan los vaivenes de los aviones. 8. No les interesan los chismes. 9. Le encantan los cuentos de hadas. 10. Me sobran créditos para graduarme.

Ejercicio D: 1. sobran 2. molesta 3. les/nos cae bien 4. interesan 5. duele 6. falta